鷹眼之下

戰時航空照片中的香港

（1941-1945）

鄺智文——著

JPC

策劃編輯　梁偉基
責任編輯　梁偉基
書籍設計　陳朗思

書　　名　鷹眼之下：戰時航空照片中的香港（1941-1945）
著　　者　鄺智文
出　　版　三聯書店（香港）有限公司
　　　　　香港北角英皇道四九九號北角工業大廈二十樓
香港發行　香港聯合書刊物流有限公司
　　　　　香港新界荃灣德士古道二二〇至二四八號十六樓
印　　刷　寶華數碼印刷有限公司
　　　　　香港柴灣吉勝街四十五號四樓 A 室
版　　次　二〇二五年七月香港第一版第一次印刷
規　　格　大十六開（210 mm × 290 mm）四〇八面
國際書號　ISBN 978-962-04-5646-6

目錄

序一 006

序二 008

序三 010

序四 012

自序 014

前言 016

第一部分　歷史與技術背景 020

第一章　圍城告急：淪陷時期的香港（1941.12-1945.8） 020

第二章　俯瞰敵人：軍用航空攝影簡史（1858-1945） 023

第三章　空中諜戰：中緬印戰場的美軍航空偵察（1942-1945） 034

第四章　豈有完卵：美軍大規模空襲香港 068

第二部分　鷹眼之下：美軍航空照片中的香港 086

第一章　港島 087

第二章　九龍 213

第三章　新界 317

結論　香港城市發展史的空白一頁 380

附錄一　日本海陸軍拍攝的香港航空照片 384

附錄二　鮮為人知的神秘建築 388

附錄三　雙方軍機比較 396

參考資料 398

圖片目錄

圖 1 「老鷹與野鵝眼中的波士頓」，攝於 1860 年 10 月 13 日。 024
圖 2 美國內戰期間使用的氣球 025
圖 3 1900 年八國聯軍戰役期間法軍拍攝的北京紫禁城全貌 027
圖 4 掛上相機的信鴿 027
圖 5 1924 年 11 月拍攝的維多利亞港 031
圖 6 國軍在 1930 年拍攝的晉軍陣地 032
圖 7 中緬印戰場概圖 035
圖 8 第 21 航空照相中隊的徽章 035
圖 9 第 21 航空照相中隊長科士打正與屬下研究飛行路線 042
圖 10 第 21 航空照相中隊的地勤人員修理 F-5 偵察機，攝於中國。 042
圖 11 第 21 航空照相中隊的地勤人員正在安裝 K-22 相機於 F-5 機首內 043
圖 12 第 21 航空照相中隊的地勤人員處理照片 043
圖 13 第 21 航空照相中隊的地勤人員處理照片 044
圖 14 第 21 航空照相中隊的地勤人員以航空照片製作地圖 044
圖 15 第 18 照片情報組製作的香港照片研判地圖 050
圖 16 F-5 偵察機 053
圖 17 K-17 相機 055
圖 18 第 21 航空照相中隊的 K-22 相機 055
圖 19 約 1：50,000 的航空照進行地理配準處理後在地理資訊系統顯示，K-17 拍攝，6 吋鏡頭。 057
圖 20 約 1：12,000 的航空照進行空間對位處理後在地理資訊系統顯示，K-17 拍攝，24 吋鏡頭。 058
圖 21 約 1：8,900 的航空照進行地理配準處理後在地理資訊系統顯示，K-22 拍攝，40 吋鏡頭。 059
圖 22 《華僑日報》載關於處死盟軍 070
圖 23 第 308 轟炸大隊的 B-24 重型轟炸機，攝於中國。 072

圖 24 啟德機場的日軍戰機掩體 075
圖 25 第 308 轟炸大隊於 1944 年 10 月 16 日空襲的投彈範圍與彈著點 077
圖 26 遠東航空隊空襲日軍佔領地區的地圖，1945 年 4 月。 080
圖 27 遠東航空隊空襲紅磡，1945 年 4 月 5 日。 081
圖 28 遠東航空隊空襲日軍佔領地區的地圖，1945 年 4 月。 084
圖 29 日本海軍航空隊於 1941 年 11 月拍攝的航空照片 386
圖 30 日本海軍航空隊於 1941 年 11 月拍攝的航空照片 387
圖 31 1944 年 2 月的重慶市場 389
圖 32 1945 年 2 月的大坑東火葬場 390
圖 33 昂船洲的中式或日式建築 391
圖 34 調景嶺麵粉廠和茅湖石堡遺址 392
圖 35 半山的 Hillcrest 393
圖 36 1944 年 2 月的何文田 Cherry Hill Lodge 394
圖 37 禮頓山舍利塔與大坑朗園 395

序一

得知鄺智文博士深入研究二次大戰香港日據時期的航空偵察和戰時民生，令人深感欣慰。一般軍事愛好者通常只關注那些在空戰中擊落數十架甚至上百架敵機的英雄，卻往往忽略了背後默默付出的「航空偵察兵」。即使像德國空軍王牌埃里希 · 哈特曼（Erich Hartmann）擊落了 352 架敵機，也無法挽回盟軍對斯圖加特（Stuttgart）大轟炸所造成的巨大破壞與影響。如果沒有美軍 PBY 卡特琳娜偵察機及時發現南雲忠一的航母機動部隊，美軍也無法贏得中途島戰役，從而改變太平洋戰爭的態勢。每次戰略或戰術轟炸的成功背後，都離不開事前精確的航空偵察。若缺乏準確的目標情報，即便飛行員冒著被擊落的風險，昂貴的炸彈也可能落在毫無價值的目標上，造成人員和資源的浪費。

《小王子》的作者安東尼·聖修伯里（Antoine de Saint-Exupéry），正是一名無聲奉獻的航空偵察兵。他在駕駛 F-5 偵察機（由 P-38 改裝）執行偵察任務時，不幸被德軍 Me-109 擊落於地中海犧牲。

航空照片是一種中性的時空記錄。在戰爭期間，它們是關鍵的軍事情報；而在和平時期，則成為支撐社會建設與規劃的重要地理資訊。政府需要比對新舊航空照片，以掌握民生事務和環境變化的動態。一張航空照片更勝千言萬語，清晰呈現出人類活動和自然環境變遷的痕跡。然而，航空照片本身卻無法訴說拍攝者在拍攝瞬間的心情、壓力與想法。無論是飛行員、偵察員還是航空測量師，他們在有限的時間內，面對天氣變化、敵方炮火或緊迫航空交通管制，往往只有一次拍攝目標的機會，每一次拍攝都充滿著挑戰與壓力。希望大家亦同時能感受到拍攝每一張航空照片的困難，多少也是一種冒險與膽色。

透過這本書的介紹，讀者更能立體深入地了解日據時期香港市民的生活，感受到他們在戰爭中的苦難。願世界和平，讓航空照片僅用於和平時期的社會建設與地理資訊的應用。

區智浩

香港測量師學會會員

序二

歷史可以怎麼讀？文字讓史料保全，而幾世紀以來平面的製圖學豐富了史料中人與事的時間地理空間關係。但是僅一百多年前，飛機、照相機、菲林沖 和攝影測繪科技的發明讓人類跳出平面在穹蒼俯視眾生。20 世紀帝國主義和軍事家的野心則把這些科技高速推向極致。今天，我們以這些鷹眼回望被炸的黃埔和太古船塢、紅磡街坊學校等熟悉的名字又是如此緊張真實。在以軍事衛星作按鈕戰爭的年代，二戰和日據時期扭盡六壬的飛機軍事航拍故事已快成絕響，剩下堆積如山的史料文案冷眼看著後人如何理解或扭曲，如何讀通或讀不通，如何廣傳或淹沒這段香港歷史。

本書作者鄺智文博士卻重新理解讀通廣傳這段香港歷史。歷史的真實性只能從史料的瀚海中發掘。但人言人殊，並且年代久遠令個人偏見在所難免，唯有嵌入地理同測繪概念才可以自我規範去避免差不多先生的老吹誘惑。多年來智文竟以科學的方法，利用各國的航空照片和現代的空間對位科技求真。他透過不斷的觀測實驗，甚至重疊老照片製作成當年的三維地貌，以地理訊息資訊系統將封閉的資訊從新整合。而本書集中在航空相歷史的表敘，並不老派，沒有曲高和寡。智文一貫的說書人幽默引領大眾進入他的人文地理世界。歷史其實從不沉悶，如魏徵所言，它是一面鏡子。但年代久遠把它變凹凸，智文示範著以求真的精神科學的態度把這面鏡子磨滑，瞭解吾土吾地 1941 至 1945 年的那些人和事。

理解和讀通後需要廣傳，廣傳需要教育。大中小學課程中我們有偏文的歷史地理綜合人文，也有偏理工的數學物理。幾十分鐘一節又一節的鐘聲把它們隔得老死不相往來，我們的教育系統也是把老師一個又一個專業的去訓練。大學教育中的交叉學科，反轉學堂（flipped classroom）要求的專題研習談何容易。過去數年，我和智文兩所院校兩個完全不同範疇的學者不停的在文理的世界中合作無間，在香港各個戰場中反覆搜索。智文在全世界搜集回來的香港航空照片是我們團隊搜索二戰遺蹟的基礎；我們的三維數位地形模型數據和現場搜索的結果回饋豐富他的歷史詮釋。例如日軍記錄以文字描述在南丫島的四個炮台，我們和智文用不同年分不同國

家的航空照片初步定出了多於四個炮台的可能位置，然後畫一個一平方公里的範圍作無人機光達測繪並製作三維數位地形模型。最後才進行現場搜索，以衛星導航系統 (GNSS) 的實時動態技術 (RTK) 作厘米級的定位和三維立體雷射掃描，讓智文反推日本海軍的防守策略。古人以古諭今，明道理知進退。我有幸助智文以鷹眼看古，一點一滴地作巨細無遺的填充，盡可能在歲月的痕跡消失前把它記錄下來。

千百萬年人類仰望日月星辰，造夢也沒想到可以從穹蒼俯視過去和現在。百多年前畫像已是對人物和物件的最好描述，今天斑爛色彩竟都瞬間攝下。以當年最出色的科技幫助理解歷史最真實的一面，也許就是本書對歷史愛好者，對學子們歷史地理學習的最大裨益。

除了文字，歷史可以怎麼讀？希望讀者能從本書找到一點啟發。

賴緯樂 Wallace Lai
香港理工大學土地測量及地理資訊學系

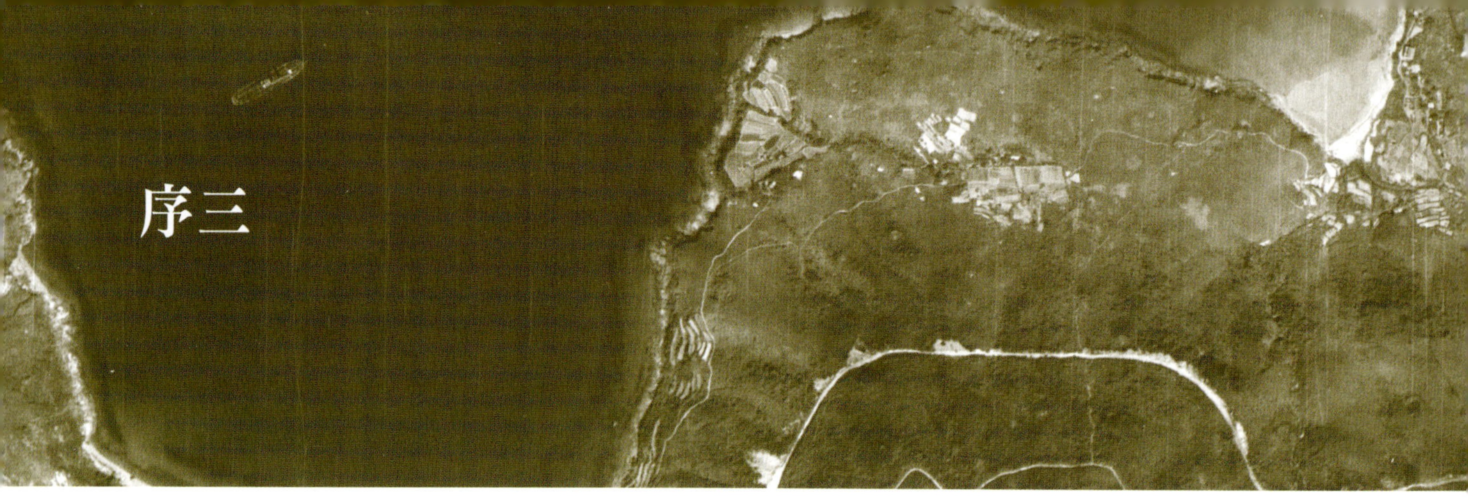

序三

現代的城市規劃，給人戲謔為以神的視角規劃民間，居高臨下區分土地用途與交通，遠離人的尺度。但同樣視點，若用於歷史考究，則可補地上凡人所見之不足。如要研究歷史場地的空間分佈、人的活動軌跡，不外分析各類地圖。不過昔日的地圖由人手繪，且受制於當時的測量知識和測繪技術，測繪員又可能憑藉自身經驗或其他因素，篩選記在地圖上的資訊。因此，從高空拍攝的照片，便成為近代研究空間歷史的重要佐證。

航空攝影於第一次世界大戰已有採用，到二戰時更是重要的偵測方式，應用更廣泛及成熟。多國空軍於二戰拍攝了大量航空照片，用以選取有戰略價值的目標，卻因而記錄了不復見的城市狀況與地貌。

鄺智文教授從美國國家檔案館，蒐集數百張覆蓋香港島、九龍、新界及離島等地，攝於一九四三至四五年而鮮有獲引用的航空照片，並整理成網上的公開資源，為香港的歷史和城市研究開啟了一道大門。香港受第二次世界大戰的影響遠比一戰大，無論官方抑或民間的歷史研究或保育倡議，在論及建築物與建設時，二戰都是重要的歷史分界，於是這批照片便更見重要，尤其對於一些以往在官方歷史或通史中，較少涵蓋的平民建築物。

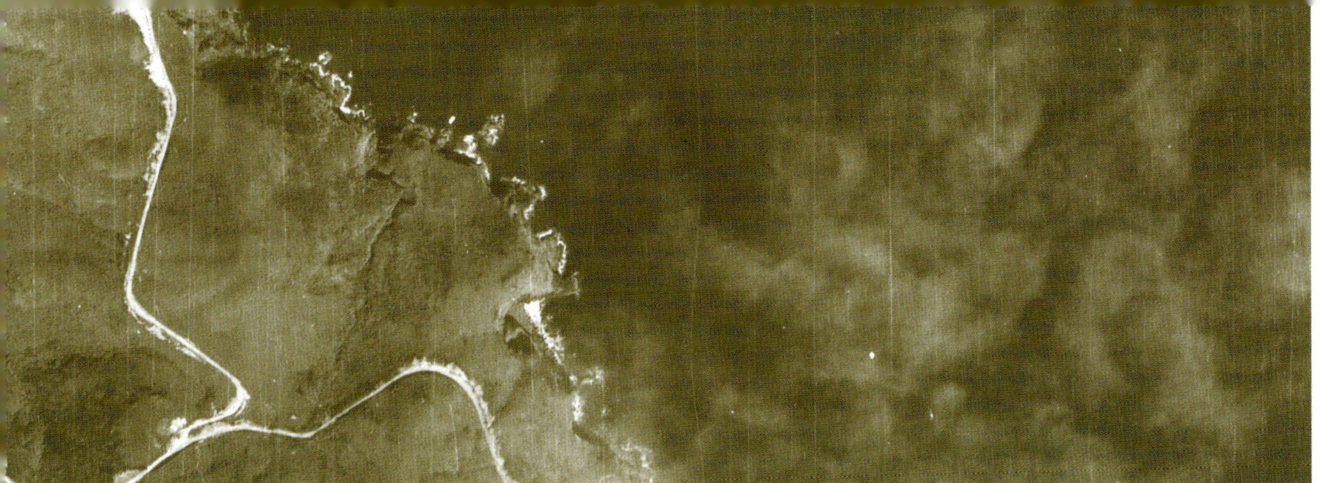

除把航空照片整理成三維地圖並配上資訊給大眾在網絡閱覽，鄺智文教授還藉照片再述二戰時香港各區的人和事，令描寫更具象。這是研究香港軍事、社會、空間歷史不容錯過的一本書。

何尚衡

考城學社創辦人兼董事

序四

何謂戰爭史？

小時候，每當師長們談及戰爭時，訴說的不外乎是各路英雄好漢、帝王將相，給人的都是談笑間、檣櫓灰飛煙滅的印象。書本上看到的不是帥氣的造型照，便是只能標示出大江大海、城池疆界的示意圖，頗有「紙上談兵」的味道。縱然人類就是脫不了情緒化地牢記某些血淚片段的習慣，也不免要問問這種見樹不見林的戰爭描述，能否真正啟發我們的下一代，達致鑑古知今、以免重蹈前人覆轍的宏願？

與鄺智文教授相識相知逾十載，猶如正在上一堂永無止境的戰史課。從他對郭松齡、張作霖的論述，民國史觀下的軍閥躍然活現在地緣政治錯綜複雜的環境之中；在《孤獨前哨：太平洋戰爭中的香港戰役》與《東方堡壘：香港軍事史 1840-1970》，香港被放於以中、英、美、日為首的全球視野之下，香港戰役從此不再被視為一場獨立而無關宏旨的小戰事；那些曾經與我們擦身而過的華籍英兵，在《老兵不死：香港華籍英兵》中成為了社會史的主角；《重光之路：日據香港與太平洋戰爭》所呈現的日據時代，則是一幅在戰爭中因缺乏計劃而導致管理全面陷入失敗、時人被迫苦撐待變的景象。隨著「1941 年香港戰役空間史研究計劃」的推出，《孤獨前哨：再論 1941 年香港戰役》進一步在時間、空間、人物三方面取得平衡，為讀者深入解構香港戰役的各個面貌。

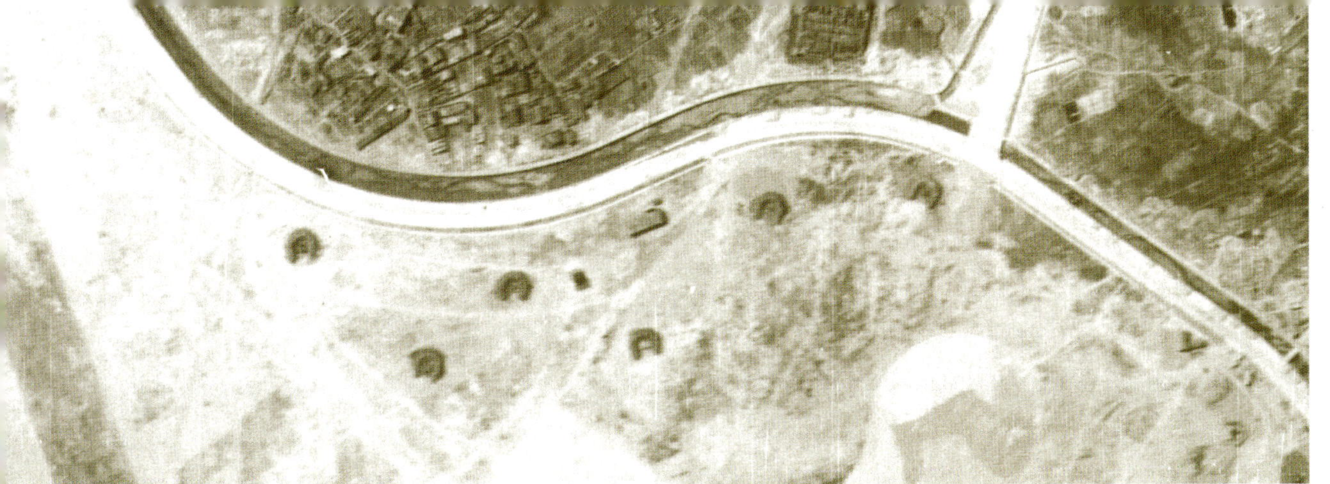

歷史研究本來就是動態的，學者發掘得越深入、未來的討論將會越具體。隨著近年科技的急速發展，鄺教授的團隊糅合了新發現的美軍航空照、地理資訊系統和累積多年來對戰時香港的研究，引領讀者俯瞰那個似曾相識、卻比過往更為立體的日據香港，喚醒那些被華麗光芒所掩蓋的輕聲細語，為那些將要被繁榮都會吞噬的角落留下最後的印記，令未來世代得以承傳這些歷史片段。

蔡耀倫

協恩中學

2025 年 6 月 4 日

自序

第二次世界大戰離香港遠嗎？自 1945 年以來，這個城市出現翻天覆地的變化，可是戰爭的痕跡卻依然幾乎隨處可見。滙豐銀行總行門前的一對銅獅子、和平紀念碑對海一邊的基座、山上的英軍與日軍陣地、不時在香港各地發現的炸彈和砲彈、從不同渠道浮現的新史料，以及戰爭留下來的詞匯如「蘿蔔頭」、「輪米」、「三年零八個月」等，這些事物均提醒我們這場戰爭的不同影響。戰後，香港經歷了急速的城市化，20 世紀初城市化過程中興建的大量房屋在 1960 至 1980 年代被拆卸，不少這些建築物再被新的建築物取代。可是，即使市區面貌不斷變更，不少戰前建築物卻仍然存在，有時更成為現代的街道的明顯地標，彷彿提醒著路人香港並非沒有歷史之地。

研究戰爭史的大師瑪嘉烈 · 麥米倫（Margaret Macmillian）提到，戰爭不斷改變人類歷史的走向，既開啟了新的方向，又中斷了一些發展（Wars have repeatedly changed the course of human history, opening up pathways into the future and closing down others）。從香港戰時的航空照片中，正可體現了這個觀察。在戰爭數年前，香港因抗日戰爭而人口增加，市區出現不少新建築物，政府甚至正在研究新市區的規劃。可是，由於戰爭關係，這個過程遭到打斷，直至 1950 年代才得以繼續。另一方面，照片亦顯示香港城市發展的延續性。香港的道路系統雖然不斷擴張，但港島、九龍，甚至新界的部分道路在數十年來卻未有太大改變，從戰時航空照片中可見，這些路段與今日亦大同小異。

本書來自於筆者和灣仔森記書店劉老闆的一段對話。2023 年，筆者從美國國家檔案署（National Archive and Record Services）找到大量戰時美軍拍攝的香港航空照片。在東華三院的資助下，我們將之使用在「日據香港空間史研究計劃」互動地圖內。當筆者和劉老闆分享這些照片時，他提出應該撰寫一本專書，介紹它們並以之為切入點討論香港的淪陷歷史。這個建議可算是「一言驚醒夢中人」，因筆者從未想過撰寫一本以照片為題的書，但研究過程卻使筆者對戰時香港、甚至太平洋戰爭有新的認識。筆者參閱美國陸軍航空隊的檔案後，發現原來在 1943 至

1945 年間，差不多整個東亞地區竟然只由數個航空偵察中隊進行照相工作。他們為盟軍的空中反攻提供了重要的情報基礎。此外，從中國維持對日航空作戰的複雜性與後勤規模原來遠比想像中複雜，其同盟戰爭的性質亦常被忽略。

此計劃得以成書，最要感激三聯書店出版人梁偉基先生的至誠合作。他對稿件的審閱及設計的用心無出其右，他和設計師陳朗思的工作把書稿提升到另一層次。此外筆者亦要感謝 Mark Byington 博士，他利用航空照片研究古蹟的創見是筆者探索利用戰時航空照片的源頭。許劍虹先生則為筆者打開了美國陸軍航空隊檔案的大門，使我得以參考構成本書關鍵部分的第 21 中隊檔案。在寫作過程中，筆者亦要感謝梁守朏先生、顏德新先生（Gordon Andreassend）、陳宇俊先生、歐智浩先生、葉偉淇先生、浸會大學中文、歷史、宗教及哲學部總監黃文江教授、理工大學土地測量及地理資訊學系賴緯樂教授、香港史學會總監鄧家宙先生、保育專家劉國偉先生、香港歷史研究社李澤恩會長、成力峰理事，維港檣櫓。Mast In Victoria 版主 Thomas Chan、建築史研究者何尚衡先生、建築師陳雅妍小姐，建築歷史學者黎雋維博士、Victor Li 先生，以及 June Fung 小姐的寶貴意見與幫助。

最後，筆者要鳴謝妻子嘉慧，她在筆者至為惶惑之時始終提醒他工作以外尚有一個美麗的世界。

謹以此書獻給經歷佔領與重建的一代香港人。

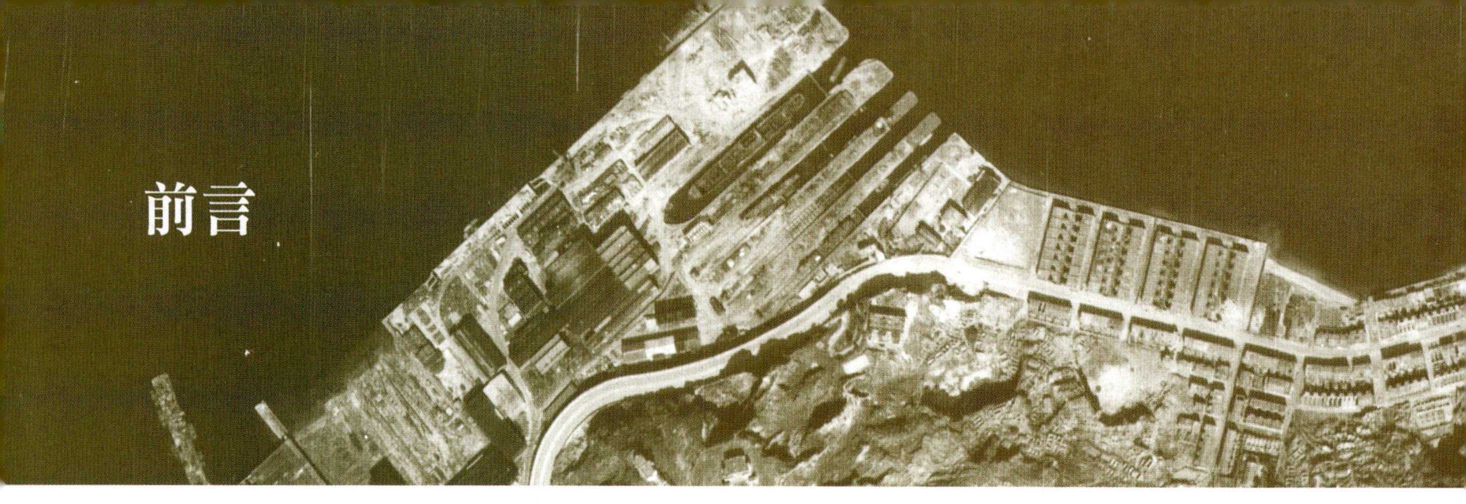

前言

軍事佔領是以壓倒性的武力奪取空間，並以軍事紀律為主導來加以控制與管理，以達到佔領者的戰略和政治目的之過程（見「日據香港空間史研究計劃」）。我們討論日本對香港在太平洋戰爭期間的佔領與軍政（1941 年 12 月 25 日至 1945 年 8 月 30 日，又稱三年零八個月或日據／佔時期）時，似乎有必要釐清我們對 1940 年代初「香港」這個空間的認識。以往我們撰寫《孤獨前哨：太平洋戰爭中的香港戰役》（2013 年出版）時，即痛感對香港地理及地形認識不足，如何限制了我們對 1941 年日軍入侵香港的討論。[1] 近年，我們透過「1941 年香港戰役空間史互動地圖」及新近發現的史料，在《孤獨前哨：再論 1941 年香港戰役》（2024 年出版）修正了不少以往的看法，並因為對地形有更深入的理解而有不同的結論。同理，歷史空間資訊以及對這些資料的更深入探索，自然有助我們處理日據時期這個混亂而複雜的時代，而航空照片亦增進了我們對空間的認識。利用航空照片，我們可以將史事及前人的經歷放在比以往更為具體的空間背景中討論。例如，以往討論日據時期時常會提到日軍擴建啟德機場並拆除宋皇臺、深水埗戰俘營、游擊隊活躍的新界，或是討論到美軍空襲香港；有了這批航空照片，地理和空間認知將可更為明確。

本書以第二次世界大戰（1939 至 1945 年）期間美國陸軍航空隊及日本陸海軍在香港上空拍攝的航空照片為中心，討論香港在日據時期城市空間的變遷 [2]（有關這些相片的拍攝背景和明細，詳見第一部分第二章與附錄一）。2023 年，我們在美國國家檔案

1 鄺智文、蔡耀倫，《孤獨前哨：再論 1941 年香港戰役》（香港：三聯書店，2024），頁 3-4；Kwong Chi Man, "Reappraising the Battle of Hong Kong: Preliminary Observations from a Spatial History Project," *Canadian Military History*, Vol. 30, No. 2, (2021), pp. 1-47。

2 近年，亞洲各地均有不少以美軍航空照片為中心的書籍出版，例如黃同弘，《反轉戰爭之眼：從美軍舊航照解讀台灣地景脈絡》（新北：暖暖書屋文化事業股份有限公司，2019）；一般財団法人日本地図センター，《1945・昭和 20 年米軍に撮影された日本：空中写真に遺された戦争と空襲の証言》（東京：日本地図センター，2015）；工藤洋三，《米軍の写真偵察と日本空襲 —— 写真偵察機が記録した日本本土と空襲被害》（周南市：工藤洋三，2011）。

館（National Archives and Records Administration）的目錄中，發現了大量戰爭期間美軍收藏的香港航空照片。[3] 在其後一年間，我們蒐集了大約 17 組共 500 多張這些航空照片，其覆蓋範圍包括港島、九龍、新界、離島，以及寶安縣（今深圳）等地。其中大部分這些照片均屬於垂直（vertical）或三鏡（trimetrogon）拍攝的照片，亦有少量斜影（oblique）照片。此外，在蒐集美軍照片期間，亦意外發現了兩組日軍於 1942 至 1943 年期間拍攝的新界航空照片，覆蓋範圍由后海灣至大埔海，但日軍拍攝香港其他地區的菲林則尚未尋獲。為討論美國陸軍航空隊在香港的任務，我們則使用了美國空軍歷史研究機構（United States Air Force Historical Research Agency, AFHRA）所藏的相關部隊記錄，大部分這些記錄以往均少有被引用。[4]

與其他從飛機上拍攝的照片不同，軍用航空攝影主要是就敵方控制範圍進行有系統的偵察和測量，其目的是為了給軍方決策者提供關於敵方部隊或作戰地域的資訊。在兩次世界大戰中，航空照片主要用作尋找並選取有價值的目標、判斷轟炸命中精度和成效、估計敵軍數量和組成、分析敵軍武器裝備能力、定位敵軍陣地、分辨敵我雙方位置，以及理解作戰地域的特徵和地貌等。即使在戰爭結束後，這些航空照片亦極為有用；它們可用來製作或修正地圖，成為歷史和考古研究者的史料、規劃者的原始資料，或成為法律訴訟或土地行政的憑據。在兩次世界大戰中，各國均拍攝了大量航空照片（詳見第一部分第二章），這些照片彷彿把當時世

3 蒙哈佛大學空間史專家 Mark Byington 博士及美國國家檔案館人員協助。

4 蒙許劍虹先生以及 Steve Bailey 教授為我們提供了這些檔案，特此鳴謝。

界各地做了一次徹底的掃瞄，把今日已不復見的地貌和城市景觀留住。更重要者，是雖然在細節捕捉方面航空照片可能遜於透視照片（perspective photo），但航空照片提供了全景式的視角，使觀者對整體有更準確的掌握，而且可以捕捉例如屋頂等透視照片少有觸及的部分。

「日據香港空間史研究 1941-1945」

除了研讀這些照片外，我們亦可利用地理資訊系統將之加以處理，如以空間對位 / 地理配準將這些照片置入地理資訊系統內（本書研究計劃使用 ArcGIS 系統），使我們可以將這些照片與其他歷史資料並列或比對，或以這些拍攝於不同時期的照片作比對，使我們不但可以看到日據時期香港城市空間的轉變，亦可以發現同一空間背景下，其他人和事之間存在的相互關係。利用地理資訊系統，研究者不但可以比對各種資料，把各種數據視像化並置於更具體的空間討論，更可以把不同性質的史料，放在同一空間背景下審視。[5] 2024 年，我們使用了這批航空照片，完成了「日據香港空間史研究 1941-1945」。

本書結構主要分為兩大部分：第一部分〈歷史與技術背景〉簡述日據香港、討論軍事航空攝影的發展，並詳論美軍在香港的空中偵察和空中攻擊。第二部分〈鷹眼之下：美軍航空照片中的香港〉則從日人劃分的香港 28 區出發，逐區討論從航空照片下看到的香港。附錄則討論一些在照片中出現但已少有人知的歷史建築，以及日本陸海軍航空隊的航空照片。本書將以戰時美日兩國拍攝的航空照片為主軸，輔以檔案、報紙以及回憶史料，討論香港於戰爭期間在空間上的變遷。職是之故，本書未必會詳細討論航空照片「不可見」但可能為人熟知的部分，例如日人治港的政策、市民的刻苦生活、戰俘和被拘留者的經歷，以及抗日活動等，但這些事件與經歷跟照片中的「可見」部分亦有關係，因此亦會被置於照片顯示的空間背景之中加以討論。

5 以往研究淪陷時期香港歷史時論者大多會引用香港當時出版的報紙，但當時報紙被當局嚴厲審查，因此其內容有時不能盡信。另一方面，澳門報紙亦載有不少香港消息，正好補足了香港資料的空白。例如，1945 年 12 月嶺南丸沉沒時，香港報紙只能簡短報道，但澳門的《華僑報》與《大眾報》則詳細報道了事件，又列出乘客名單。此資料由何頌衡先生提供，特此鳴謝。

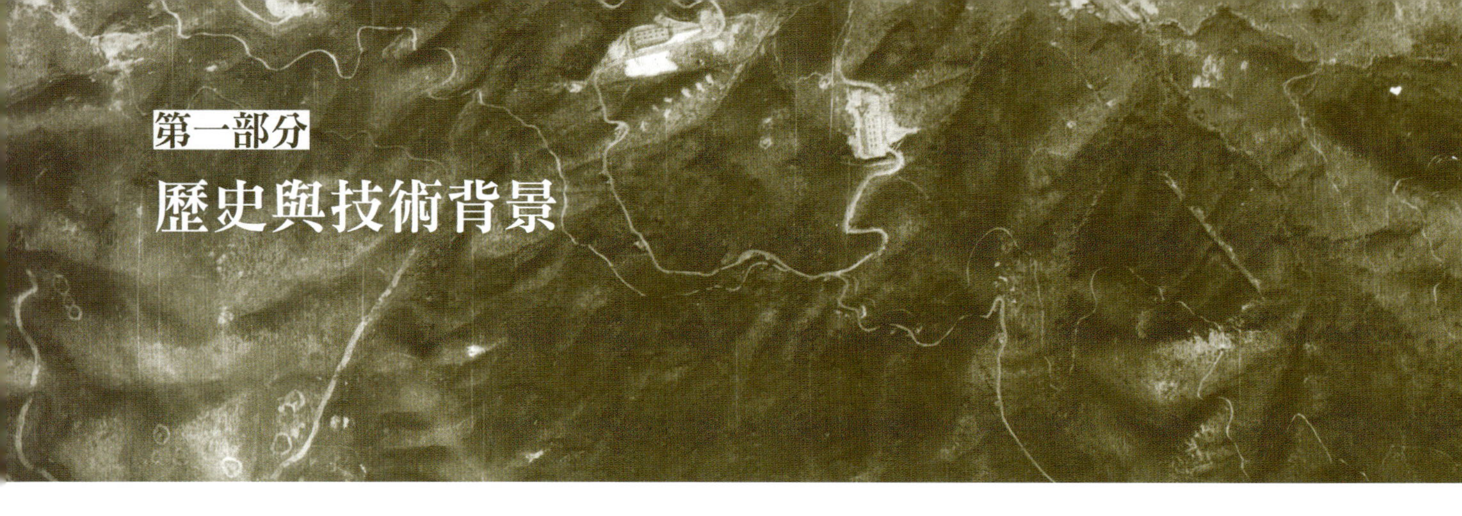

第一部分
歷史與技術背景

| 第一章 |
圍城告急：淪陷時期的香港（1941.12-1945.8）[1]

1937 年 8 月，抗日戰爭（1937-1945）爆發，香港當時受英國殖民管治，暫未受到戰禍波及，更成為支援抗戰的要地之一。1941 年 12 月 8 日，太平洋戰爭爆發，經過 18 日戰鬥後，日軍佔領香港，展開了長達三年零八個月的日本軍政統治。

佔領期間，日人在香港施行的政策是保存並拓展香港的戰略功能（即其海港設施與工業）、減少對戰爭「無用」的人口、控制香港經濟，以及消滅香港的「敵性」，即西方和重慶國民政府的影響。日人先後成立軍政廳（1941 年 12 月 30 日至 1942 年 2 月 19 日）與總督部（1942 年 2 月 20 日至 1945 年 8 月 30 日），由陸軍中將磯谷廉介擔任總督。總督部下設參謀部與總務部，前者負責軍事，後者負責管理經濟、市政、民生等事務，屬下有經濟、衛生、文教課等部門。總督部並以軍政廳的基礎，成立香港、九龍，以及新界區政事務所，劃分 28 區和四個自治區，成立區役所和區會（其具體範圍在 1942 年 7 月確定），又在市區推行鄰保制和戶籍登記制度，以加強控制市民。[2] 在此期間，香港憲兵隊在香港儼然是太上政府，它以武力協助總督部推行各種政策，包括軍票、歸鄉、各種登記、糧食以及其他重要物資的配給等。[3] 當時憲兵隊長野間

1 由於本書將從航空照片和各區情況為切入點討論日據時期的香港，因此這個部分只會介紹日據時期的概況。有關日據時期的香港歷史，近年出版者包括：莫世祥，《香港抗戰親歷記》（香港：中華書局，2023）；David St Maur Sheil, Kwong Chi Man, and Tony Banham (eds.), *More than 1001 Days and Nights of Hong Kong Internment* (Hong Kong: Hong Kong University Press, 2022); Philip Cracknell, *The Occupation of Hong Kong 1941-45* (Stroud: Amberley Publishing, 2022); G. S. P. Heywood; G. C. Emerson (ed.), *It Won't Be Long Now: the Diary of a Hong Kong Prisoner of War* (Hong Kong: Blacksmith Books, 2015); Barbara Anslow, *Tin Hats and Rice: a Diary of Life as a Hong Kong Prisoner of War 1941-1945* (Hong Kong: Blacksmith Books, Hong Kong, 2018); John Charter and Yvonne Charter; Anthony Crowley Charter (ed.), *The First Shall be Last: the War Journal of John Charter and the Memoirs of Yvonne Charter: Hong Kong 1940-1945 & Stanley Civilian Internment Camp* (Tolworth, Surrey: Grosvenor House, 2018);

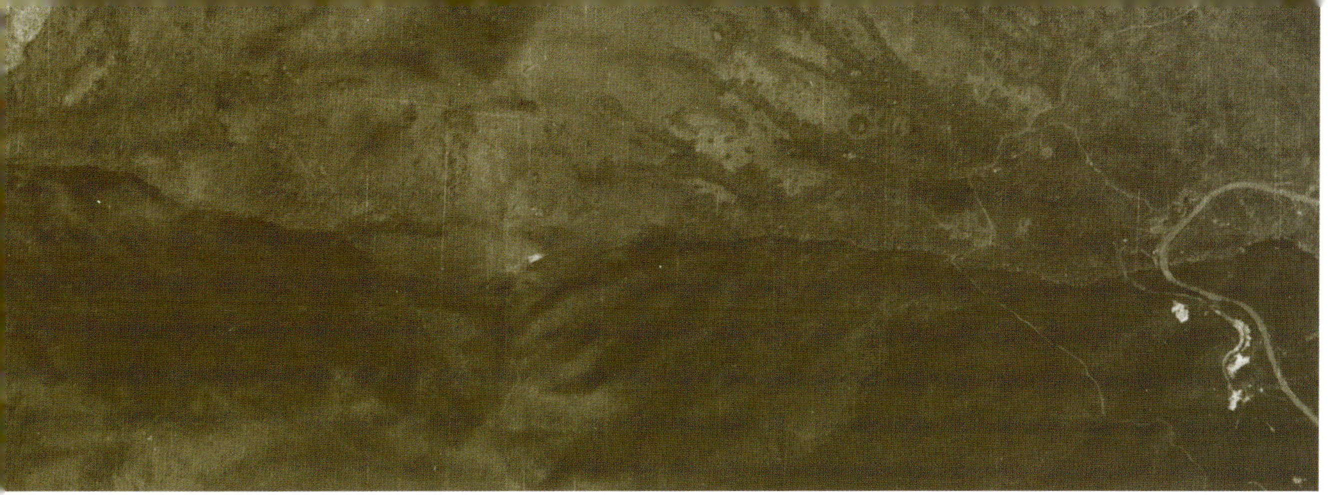

賢之助信奉嚴刑峻法，推行各種禁令，甚至禁止打麻雀和跳舞等消遣娛樂。[4]

在香港施行的軍政主要服務於日本的戰爭機器，香港的主要經濟活動大多被日人接管，例如船塢和主要工廠等，不少公共設施如醫院、學校等亦被日軍用作軍事用途。市民的財富則被日軍以軍票剝奪，總督部利用配給政策一面維持民生，一面控制市區的工人人口。為加強糧食生產，總督部又在各地成立漁業組合，派員到新界改善農業，又由臺灣拓殖株式會社（以下簡稱臺拓）開闢農場（錦田機場、沙田哥爾夫球場、古洞村—粉嶺哥爾夫球場，大埔康樂園，以及軍地馬場等）。[5] 總督部屬下的民政部門曾嘗試推行例如種痘等防疫措施，並維持公共衛生工作，又成立慈善總會（1942 年 11 月）整合資源進行慈善工作。[6] 可是，戰爭與軍事佔領為香港的城市空間、經濟活動、公共醫療，以及文化生活均帶來極大破壞。當時市區大部分政府醫療設施被日軍佔據，公共診所（醫局）的運作亦極為有限。全港學生人數更由戰前約 11 萬名跌至戰爭末期約 3,000 名。[7] 缺乏資金的總督部又透過裕貞公司公開售賣鴉片，足見當時社會之倒退。[8]

日軍在佔領香港初期曾嘗試粉飾太平，舉辦多次大型活動，又恢復賽馬，但情況卻因為日本在太平洋戰況失利而漸走下坡。總督部於 1942 年 7 月更改軍票兌換率至一比四，又於 1943 年 6 月宣稱要徹底禁用港幣，兩次措施均導致物價飛漲。[9] 總督部在香港不斷加強對貿易和經濟活動的統制，相繼成立香港貿易組合（1942

Tony Banham, *Reduced to a Symbolical Scale: The Evacuation of British Women and Children from Hong Kong to Australia in 1940* (Hong Kong: Hong Kong University Press, 2017)；鄺智文，《重光之路：日據香港與太平洋戰爭》（香港：天地圖書有限公司，2015）。此處的具體事件和日期大多來自當時報紙，雖然報道內容有時有誇張之嫌，但這些引述的內容均可以其他資料證實。

2《華僑日報》，1942 年 7 月 20 日，頁 1。

3 日人曾進行廣泛的物業登記（稱為家屋登記），無意中為 1940 年代的香港留下珍貴記錄。《華僑日報》，1942 年 8 月 1 日，頁 4。

4《華僑日報》，1942 年 7 月 22 日，頁 2。

5《華僑日報》，1942 年 9 月 20 日，頁 4。

6《華僑日報》，1942 年 11 月 15 日，頁 4；1944 年 7 月 29 日，頁 4。

7 詳見張慧真、孔強生編著，《從十一萬到三千：淪陷時期香港教育口述歷史》（香港：牛津，2005）。

年 10 月）、機帆船營運團（1944 年 8 月）、香港貿易公社（1944 年 9 月）、香港興發營團（1945 年 3 月）等，但海運則因為盟軍的海空進擊而逐漸中斷。[10] 總督部又推行強制歸鄉政策，把所謂「游手好閒」者趕走，部分市民甚至被遺棄荒島。[11] 至 1944 年 3 月，總督部放棄全民糧食配給，只有特定工作者才獲得配給米。憲兵強行迫令米商減價，但軍票暴跌下，此舉只是推卸責任。[12] 此時，不少市民已不能負擔食物開支，街上亦長期出現餓死者，甚至出現人食人的情況。

至 1944 年 11 月，日本大本營放棄直接管治香港，並將之交予駐華南的第 23 軍控制，由該軍司令官田中久一擔任總督（1 月 10 日到任）。[13] 12 月 24 日，四個華民代表之一的陳廉伯乘離開香港，但船隻被美軍擊沉遇難。不久，另一位華民代表劉鐵城亦於 1 月 16 日的空襲中受傷，數月後死亡。[13] 與此同時，總督部和憲兵隊仍強行把市民「疏散」，亦有市民被徵募到海南島工作，不少人客死異鄉。當時報紙更刊登日本海軍人員吹噓海南島發展的文章，以吸引市民前往工作。[15]

有見形勢日壞，總督部至 1945 年 1 月開始縮編，各區區會被告知要自籌經費。[16] 3 月，總督部警察局成立，憲兵退居幕後，但鎮壓手段不減。[17] 香港市民面對經濟凋零、糧食短缺，只能勉強維持，期間慈善團體如東華三院、保良局、紅十字會，以及仍在運作的宗教機構等均盡力救濟貧苦大眾，但總督部幾乎已沒有任何資源提供予慈善和醫療團體。[18] 1945 年 1 至 6 月間，香港經歷了數次大型空襲，導致過千名市民死傷。在美軍的空中攻擊下，總督部雖然成立了應急的救濟組織非常救護團及後援會，但工作只是杯水車薪。[19]

在戰爭最後數月，香港情況已經極壞，由於總督部濫發軍票導致物價飛漲，物資已達極端昂貴地步，街上亦出現大量餓死者。其時，總督部只能繼續採取高壓措施，但已沒有能力照顧市民。1945 年 8 月 15 日日本投降，但總督部直至 8 月 30 日皇家海軍進入香港的才結束對香港的控制。

8《華僑日報》，1943 年 3 月 25 日，頁 4；1944 年 1 月 19 日，頁 4。

9《華僑日報》，1943 年 5 月 10 日，頁 4。

10《華僑日報》，1942 年 8 月 2 日，頁 4；1942 年 10 月 9 日，頁 4；1944 年 8 月 15 日，頁 4；1944 年 9 月 2 日，頁 1；1945 年 3 月 29 日，頁 2。

11《華僑日報》，1943 年 5 月 10 日，頁 4。「游手好閒」一語來自總督磯谷廉介。

12《華僑日報》，1944 年 11 月 19 日，頁 2。

13《香島日報》，1945 年 1 月 11 日，頁 2。

14《華僑日報》，1945 年 1 月 18 日，頁 2；1945 年 4 月 11 日，頁 2。

15《華僑日報》，1944 年 7 月 18 日，頁 4；1945 年 7 月 28 日，頁 2。

16《華僑日報》，1945 年 3 月 2 日，頁 2；1945 年 3 月 16 日，頁 2。

17《華僑日報》，1945 年 2 月 27 日，頁 2；1945 年 3 月 2 日，頁 2。

18《華僑日報》，1945 年 7 月 19 日，頁 2。

19《華僑日報》，1945 年 4 月 16 日，頁 2；1945 年 5 月 14 日，頁 2。

| 第二章 |

俯瞰敵人：軍用航空攝影簡史（1858-1945）

自 1826 年法國人涅普斯（Nicéphore Niépce）發明攝影技術後，人們即利用相機拍攝各種景物，自然亦希望從上而下拍攝城市景觀。隨著相機體積日漸縮小，加上氣球越見普及，人們開始嘗試在氣球上使用相機拍攝。1858 年，法國人圖納雄（Gasper Felix Tournachon，又稱 Nadar）成功在巴黎從熱氣球上拍攝照片，是為人類第一張航空照片。可惜，他拍攝的照片未能留存下來。現存最早的航空照片，是 1860 年 10 月 13 日由美國攝影師布萊克（James Wallace Black）在山姆．京（Samuel A. King）的氣球上於波士頓拍攝。當時兩人利用氣球飛到 630 米的高空拍攝照片，並將其中一張照片命名為「鷹與雁眼中的波士頓」（Boston, as the Eagle and the Wild Goose See It，圖 1）。[1]

歷史上，指揮軍隊者不斷嘗試佔據可以俯瞰戰場的位置，以獲得對方部署的資訊，並更有效察知己方各部隊的行動。因此當人類在 18 世紀末嘗試飛行時，很快便有人將其使用於戰爭中。人類有記錄的第一次使用飛行器作戰，是 1794 年弗勒呂斯戰役（Battle of Fleurus），當時法軍的飛行兵連（Compagnie d'Aérostiers）使用一個氣球協助指揮官觀察奧軍動靜。可是，此次實驗似乎頗為失敗，部隊亦於 1797 年解散。攝影技術的出現又使得空中偵察的潛力再次受到注意。在美國內戰（1861-1865）期間，聯邦軍（Union Army）嘗試利用氣球拍攝照片偵察，由於氣球使用的氫氣會損毀照片底片，氣球拍攝照片後只能立刻降落，因此利用氫氣球拍攝空中照片的實用性極為有限（圖 2）。在戰爭期間，雙方均未有系統地利用空中拍攝的照片作軍事用途。在其後的普法戰爭（1870-1871）中，亦因為同樣的技術原因而出現類似情況。[2]

其後，人們不斷探索從空中拍攝地面景物的方法。1882 年，英國人薩博特（Cecil Shadbolt）把相機安裝在一個熱氣球底部，

1 Colin Schultz, "This Picture of Boston, Circa 1860, Is the World's Oldest Surviving Aerial Photo: A sight from 2,000 feet, a view of 1860s Boston," Smithsonian Magazine, 3/4/2013. Link: https://www.smithsonianmag.com/smart-news/this-picture-of-boston-circa-1860-is-the-worlds-oldest-surviving-aerial-photo-14756301/ (Access Date: 1/11/2025).

2 Roy M. Stanley, *World War II Photo Intelligence* (New York: Charles Scribner's Sons, 1981), p. 19.

圖 1「老鷹與野鵝眼中的波士頓」，攝於 1860 年 10 月 13 日。（Digital Commonwealth）

圖 2　美國內戰期間使用的氣球（Library of Congress）

然後於史丹福山（Stamford Hill）上空約 600 米（2,000 呎）拍攝了一個街景。他把作品取名為「從 2,000 呎高的氣球艙拍攝的實時地圖照片」（An Instantaneous Map Photograph taken from the Car of a Balloon, 2,000 feet high）。此處的「地圖照片」一語，充分表現出航空照片在測繪和地圖製作的重要潛力，以及時人對這個潛力的期待。[3] 同年，阿奇博（Edmund Archibald）成功利用一個計時器啟動一台在風箏上的攝影機，拍攝了照片。1889 年，法國人巴脫（Arthur Batut）亦成功使用風箏拍攝照片，使照片拍攝過程免受熱氣球干擾。[4] 1891 年，美國的鮑德溫兄弟（Thomas and James Baldwin）已在香港試飛氫氣球成功，但兩人當時未有拍下任何照片。[5]

直至 1890 年代，空中拍攝的照片才開始有系統地用於軍事行動。包括美軍在內的列強軍隊開始把相機安裝在大風箏上，利用計時器設定相機自動拍攝照片，然後以風箏的纜繩把相機收回再沖曬照片。這個技術在 1898 年美西戰爭期間用於實戰，可算是戰爭中首次利用空中照片作戰。[6] 由於相機體積日益縮小，加上底片和沖曬技術的改進，從熱氣球上拍攝照片已更為容易。在 1900 年八國聯軍戰役中，參與佔領北京城的法軍曾經利用熱氣球上升至北京和天津上空，拍攝了可能是中國最早的航空照片。這批照片現藏於香港歷史博物館，其中一張照片顯示了紫禁城的全貌（圖 3）。[7] 有見空中攝影的軍事潛力，各國均嘗試各種方法，甚至一些今人看來古怪的方法亦被使用。1900 年代，德國人奈邦納（Julius Neubronner）鑽研由信鴿攜帶小型相機進行拍攝的方法，甚至引起德國陸軍的注意。在第一次世界大戰期間，德軍曾運用這個方法，但未有將之普及（圖 4）。[8]

真正為空中拍攝帶來革命者，自然是 1903 年出現的動力飛行器 —— 飛機。該年 12 月 17 日，萊特兄弟（Wright Brothers）在美國試飛了他們研製的飛機。當時在世界各地亦有類似的實驗者，例如美國的蘭利（Samuel Pierpont Langley）以及巴西的山度士—杜蒙（Alberto Santos-Dumont），後者的飛機於 1906 年在沒有任何推力下起飛成功並飛行約 60 米。[9] 飛機出現後，各國

3 "The Shadbolt Collection," Historic England. Link: https://historicengland.org.uk/images-books/archive/collections/photographs/shadbolt-collection/ (Access Date: 1/11/2025).

4 "Pioneers of Aerial Photography," Explorersweb. Link: https://explorersweb.com/history-aerial-photography/ (Access Date: 1/11/2025).

5 "Aerospace History: Hong Kong," Air Cadets Hong Kong Website, Link: https://www.aircadets.org.hk/web/form/ah_hk.html (Access Date: 1/11/2025).

6 Roy M. Stanley, pp. 19-21.

7 香港歷史博物館藏。

8 Franziska Brons "Faksimile: "siehe oben," in Matthias Bruhn (ed.), *Bilder ohne Betrachter* (Berlin: Akademie Verlag, 2006), pp. 58-63, Link: https://en.wikipedia.org/wiki/Pigeon_photography (Access Date: 1/11/2025); Siamuk Khorram, Frank H. Koch, Cynthia Evan der Wiele, Stacy A.C. Nelson, *Remote Sensing* (New York: Springer, 2012), pp. 7-9.

9 Paul Hoffman, *Wings of Madness: Alberto Santos-Dumont and the Invention of Flight* (London: William Collins, 2016).

▲ 圖 3 1900 年八國聯軍戰役期間法軍拍攝的北京紫禁城全貌（香港歷史博物館）
▼ 圖 4 掛上相機的信鴿（Wikimedia Commons）

軍隊逐步建立其航空武力。1911 年，英國陸軍皇家工兵（Royal Engineers）成立了航空營（Air Battalion），其後帝國國防委員會（Committee of Imperial Defence）更討論成立空軍的問題。美國陸軍則於 1911 年在通訊兵團（Army Signal Corps）旗下成立了飛行學校。雖然各國決策當局均瞭解飛機的潛力，但有見其性能有限，因此大多視之為輔助兵種並摸索其使用方法。獨立空軍的構想當時尚未普及。由於當時飛機的引擎動力不足（大多只有數十匹馬力），承受機師的重量已捉襟見肘，遑論相機甚至額外的操作者。1908 年，法國出現首張自飛機拍攝的照片，其後各國亦陸續使用航拍技術。美軍首次飛機拍攝照片出現於 1911 年，當時一名美軍軍官從一架寇蒂斯（Curtis）水上機中於加州聖迭戈（San Diego）上空拍攝了照片。[10] 當年更出現了人類史上第一次空襲，意大利飛行員在的黎波里（Tripoli）向一條村落投下了 1.5 公斤的炸彈。[11] 同年 2、3 月，上海和香港均首次有飛機起飛；3 月 11 日，比利時飛行員溫德邦（Charles Van den Born）在沙田試飛沙田精神號飛機。該年稍早，美國飛行員湯瑪士．鮑德溫（Thomas Baldwin）等即因為未能取得政府批准而不能在跑馬地試飛其飛機。[12]

空戰的技術在第一次世界大戰中進步神速。大戰期間，不少參戰國均曾使用飛機和飛船（Zeppelin）轟炸和偵察地面。亞洲首次在實戰中使用飛機要數 1914 年青島圍攻戰，日軍和德軍均曾使用飛機作戰，甚至出現飛機之間的對決。1917 年張勳復辟時，北洋政府的南苑航空學校更曾派飛機到紫禁城投下炸彈，是為亞洲最早的一次空襲之一。[13] 其時，戰鬥機性能已有長足進步：1903 年萊特兄弟的飛機引擎功率為 12 匹；1917 年投入使用的英國戰鬥機索普威思駱駝式（Sopwith Camel）的引擎功率則為 130 匹。因此，偵察機只能利用速度或高度躲避戰鬥機，但相機又難以在溫度較低的高空運作正常。為此，德軍發明了以電力為相機保暖的系統。此外，由於當時相機笨重但飛機機艙空間有限，相機有時會以懸掛支架扣在機身旁邊進行垂直拍攝，但此舉又會使飛機的震動影響了拍攝，使照片變得模糊。如以較為穩定的飛船進行拍攝，飛船又容易被敵軍戰鬥機擊落。[14]

10 Roy M. Stanley, p. 21.

11 "Strategic Bombing," Britannica.com. Link: https://www.britannica.com/topic/strategic-bombing (Access Date: 1/11/2025).

12 政府當時拒絕其申請是否與軍事機密有關，則尚未有相關證據。*South China Morning Post*, 7/2/1911, p. 7。

13 Kwong Chi Man, "Debating 'Douhetism': Competing Airpower Theories in Republican China, 1928–1945." *War in History*, Vol. 28, No. 1 (2021), p. 122, 118–42.

14 Roy M. Stanley, pp. 26-29.

即使有種種問題，航空照相技術因為戰爭而變得普及。至大戰末期，德軍已能每日拍攝 4,000 張航空照片，數量和英法盟軍接近。[15] 在前線，不少官兵利用其創意和技術改進了航拍攝影和研讀的技藝。[16] 一本 1918 年美國遠征軍（American Expeditionary Force）的手冊如此描述航空照片和專業研讀航空照片之必要：[17]

> 航空攝影起源於戰壕戰。此技術迅速發展，已成為指揮官手中最重要的情報來源之一。實際上，它使得精確定位敵方防禦工事及其詳細研究成為可能。敵人意識到其重要性，試圖使這種工作變得困難。巧妙的偽裝、大量的防禦設施和仿製工程均是一些常用手段。因此，航空照片的研究必須委託給專家，並應提供一切可能的驗證手段。

由此可見，包括在戰爭後期參戰的美軍等各國軍隊，均已認識到航空照片在戰爭中的重要性：在戰術上，它們提供了前人難以想像的情報資訊；拍攝照片的技術日益進步，但反制措施亦越見成熟；在發展的過程中，專職拍攝航空照片的飛機、相機、飛行員、觀測員、處理照片的技術人員，以及研判照片的情報人員亦日益專職化。戰爭亦為航空照片研判和記錄技術打下了基礎，例如重複拍攝同一地段以判明敵人活動，以及把地球表面分為同等大小的方格，並記錄每次飛行路線所覆蓋的範圍。這些技巧在第二次世界大戰期間亦繼續使用。[18]

在兩次大戰之間，各國軍事首腦均極為重視空中偵察和航空照片。1938 年，德國陸軍總司令佛立契將軍（General Werner von Fritsch）更直言，擁有最佳航空照片的軍隊將會打贏戰爭。[19] 一戰後，戰勝國都將其空中偵察技術用於測量和地圖製作，亞洲亦出現以航拍為基礎的測量工作。1924 年，皇家海軍在香港進行了首次詳細的空中測量，其結果最終用作英國陸軍總參謀部地理科第 3868 號地圖（Geographical Section, General Staff, No. 3868，比例 1:20,000）的更新基礎之一。皇家海軍使用水上機母艦天馬號（HMS Pegasus）搭載的飛亞利（Fairey IIID）型飛機從維港起飛，

15 Roy M. Stanley, p. 26.

16 James B. Campbell, "Origins of Aerial Photographic Interpretation, U.S. Army, 1916-1918," *Photogrammetric Engineering & Remote Sensing*, Vol. 74, No. 1, (Jan 2008), pp. 77-93.

17 Roy M. Stanley, p. 29.

18 Roy M. Stanley, pp. 31-32.

19 Roy M. Stanley, p. 16.

在香港進行了多次空中偵察。天馬號的飛機幾乎拍攝了整個香港（圖 5）。[20] 香港淪陷前，皇家空軍分別於 1930 年和 1934 年為香港拍攝了兩輯航空照。[21]

美軍亦在 1927 至 1929 年間對菲律賓呂宋島進行空中拍攝，其照片亦用作地圖製作。[22] 空軍成為獨立兵種的泰國則於 1921 年拍攝了第一輯航拍照片，雖然只是利用相機在空中拍攝而非垂直測量照片。[23] 至於中國空軍第一次航空拍攝，可能是 1925 年奉軍圍攻南口的國民軍時，奉系空軍偵察後者的陣地。北伐戰爭時，雙方均有使用飛機，但航空攝影似乎沒有對戰局起到任何作用。在南京國民政府時期，國軍飛機隊曾在 1930 年中原大戰期間拍攝晉軍陣地，照片甚至出現在《良友》雜誌，成為一時話題（圖 6）。其後，國民政府於 1935 年建立了第 12 中隊，該隊是中國首隊專職航空偵察部隊，曾於江南地區進行空中測量工作。中日戰爭初期，雙方均曾進行航空拍攝，但第 12 中隊很快即消耗殆盡，至 1943 年撤銷番號，其後才在美軍協助下重建，他們曾派員到美國接受訓練，駕駛 F-5 偵察機，在戰爭結束前不久投入實戰。[24]

一戰後，航空技術延續戰爭期間的態勢快速發展。1930 年代初，金屬機身成為主流，引擎功率超過 1,000 匹（例如霍克颶風戰鬥機 Hawker Hurricane 的引擎功率為 1,185 匹）。飛機的速度、高度，以及續航力均大為躍進。同時，相機、鏡頭，以及菲林均有改進，使空中拍攝更為有效可靠。相機開始使用鋁合金外殼，使它們在新型的快速飛機中使用無礙。新型飛機亦可攜帶更大和更重的相機，而且特製的載具亦減少了飛機震動對拍攝的影響。單純的垂直拍攝亦被多鏡頭的三鏡航拍（trimetrogon）所取代。相機亦被加上電動的菲林機，可以連續拍攝大量照片。此段期間，最大的進步來自菲林本身：新型菲林使用更小的鹽化銀晶體，因此沖曬出來的照片更為清晰。這意味著即使飛機飛得更高並使用更大的鏡頭，仍可拍攝出可以加倍放大亦不至模糊的照片。[25]

雖然重要盟國（英、美、法）在二戰前因為經費原因，其航空部隊的航拍力量發展有限，但民間技術和科技已非常成熟。在戰雲密佈的 1938 至 1940 年，法國總參謀部第二局（Deuxième

20 G. E. Livock, *To the Ends of the Air* (London: Her Majesty's Stationery Office, 1973), p. 89; Valrie Ann Penlington, *Winged Dragon: The History of the Royal Hong Kong Auxiliary Air Force*, Revised E-Book Version (Hong Kong: Tiger Bay Enterprises, 2021) p. 20.

21 Historic Map Hong Kong Website: https://www.hkmaps.hk/.

22 George Goddard and Dewitt Copp, *Overview: A Life-Long Adventure in Aerial Photography* (Garden City, NY: Doubleday, 1969).

23 "Old Aerial Photography of Thailand," Travel and History. Link: https://travel-and-history.com/old-aerial-photography-of-thailand/ (Access Date: 1/11/2025).

24 唐飛，〈「乾坤一鏡」：空軍照相偵察機部隊史（一）〉，《空軍學術雙月刊》，第 651 期，（2016 年），頁 121-150；唐飛，〈「乾坤一鏡」—空軍照相偵察機部隊史（二）〉，《空軍學術雙月刊》，第 652 期，（2016 年），頁 135-158；〈民國空軍偵察機部隊簡史〉，《航空知識》，第 7 期，（2019）。

25 Roy M. Stanley, pp. 34-36.

圖 5 1924 年 11 月拍攝的維多利亞港（National Collection of Aerial Photography）

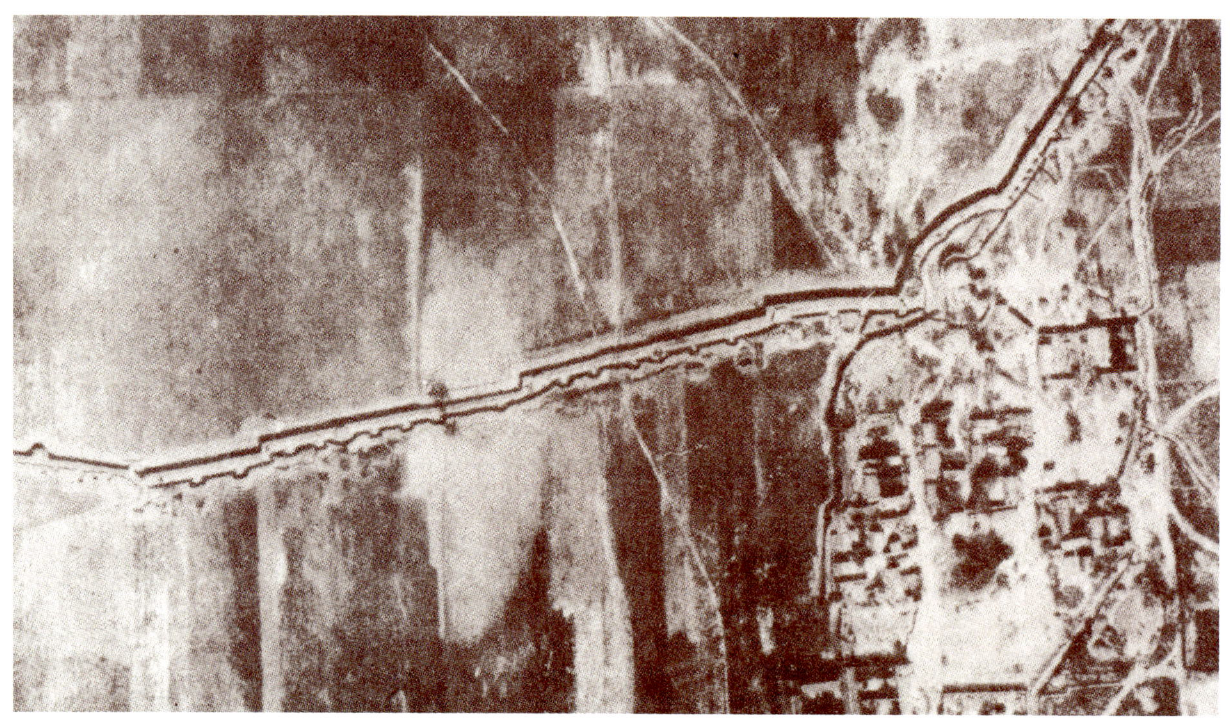

圖 6　國軍在 1930 年拍攝的晉軍陣地（《良友畫報》）

Bureau，即情報局）和英國軍情六處（Military Intelligence 6）委託澳州航空攝影師覺頓（Sidney Cotton）使用一架美國洛歇（Lockheed）黑天使（Electra）小型客機以商業名目在歐洲飛行，拍攝到德國、意大利，以及蘇聯的軍事設施，最遠者達到蘇聯石油生產重地巴庫（Baku）和巴統（Batum）。覺頓的飛機使用英國的 F-24 型相機，利用 5 吋鏡頭拍攝了大約 1:48,000 的照片。由於菲林質素極佳，這些照片放大時仍能清楚看到地面景物的輪廓。當時德軍亦在進行類似工作，主事者則是德國空軍的羅維爾（Theodor Rowehl）。[26]

第二次世界大戰期間，航空照片成為各主要參戰國的重要情報來源。開戰初期，在覺頓的基礎下，盟軍旋即發展有系統的空中拍攝和解讀工作，並發展出在快速飛機（限於英國生產的噴火式戰鬥機 Spitfire 和蚊式轟炸機 Mosquito）上安裝相機的技術。受限於當時飛機設計，機師往往無法清楚看見大部分偵察機的機首和正下

26 "Significant Aviator & Aviation Event Profiles: Aerial Photography Part 3 - Developments during World War II," South Australian Aviation Museum. Link: https://www.saam.org.au/history_group_docs/SAAM%20History%20-%20Aerial%20Photography%20Pt3%20WWII.pdf (Access Date: 1/11/2025). Roy M. Stanley, pp. 40-44.

方的影像，因此偵察時機師有時難以看清其目標。同時，指揮官也不會清楚告訴機師目標，只著其沿著特定航線飛行，以免洩露機密情報。有時空中偵察任務只是為了確認目標區的大致規模，然後再進行更細緻的偵察。[27] 英國又成立中央的相片研讀機構〔照片沖印組（Photo Development Unit），後稱照片偵察組（Photo Reconnaissance Unit），以及照片情報組（Photo Intelligence Unit）〕處理大量的航空照片。前線的空軍部隊亦有自己的照片處理和研讀部門。空中偵察機的數量亦由戰前的寥寥數架增加至多個中隊，並有專門利用雷達飛行進行夜間偵察的航拍中隊。雖然美國在這方面準備不足，但借助英國的經驗，加上其物量優勢，在戰爭期間順理成章成為航空照片的最大生產國。[28]

這段期間，各國空軍均拍攝了大量照片。其數量之龐大，在數十年前嘗試進行空中攝影者可能難以想像。例如，皇家空軍於1944 年 9 月至 1945 年 5 月間，在荷蘭拍攝了最少 94,257 張照片。[29] 二戰結束後，美國仍保留了大量的戰時航空照片，甚至得到了來自戰敗國德國和日本的航空照片。戰爭結束後 20 多年，美國開始整理其戰時航空照片，參與者之一、詳細研究二戰航空照片的士丹利（Roy M. Stanley）提到他們發現「多達 100,000 卷菲林，每卷可能有多達 300 張照片」。[30] 言下之意，單是遺留下來的戰時照片可能已多達 30,000,000 張，還未計算附帶在航空部隊作戰記錄中的大量照片（本書亦有引用）。在戰爭期間，各方在相機、菲林、飛機、以及照片研讀機制和技巧等均有飛躍的進步。由於篇幅所限，本書將只就中緬印戰區的航空照片情報工作作較深入的討論。

27 Roy M. Stanley, p. 11.

28 Roy M. Stanley, pp. 51-76.

29 "About the RAF aerial photographs, 1943 – 1947," Wageningen University & Research (WUR) Library. Link: https://www.wur.nl/en/article/about-the-raf-aerial-photographs-1943-1947.htm (Access Date: 1/11/2025).

30 Roy M. Stanley, p. ix.

｜第三章｜
空中諜戰：中緬印戰場的美軍航空偵察（1942-1945）

在中緬印戰場（圖 7），負責為盟軍拍攝航空照片的部隊為第 9、第 21，以及第 25 航空照相中隊（9th, 21st, and 25th Photographic Reconnaissance Squadrons），其中第 21 航空照相中隊（以下簡稱第 21 中隊）於 1943 年中以後，負責第 14 航空隊的空中照相任務，現存航空照片大部分由其拍攝。

第一節　部隊歷史

第 21 中隊於 1942 年 7 月於科羅拉多泉（Colorado Spring）成軍，本來加上「輕型」一字，後來則無此劃分。第 21 中隊的徽章是「在深紅色圓盤上方，底部有一個淺灰色的半球，上面標有深灰色的經緯線，周圍環繞著一對金色的分規，頂端是一隻飛鷹，爪子抓著一個金色的航空攝影機」。[1]（圖 8）部隊最初隸屬第 5 航空照片大隊（5th Photo Group），但直至 12 月除了指揮官外仍未有官兵。該月，共有 10 名軍官、一名士官，以及 120 名士兵加入部隊，並開始基本士兵訓練。中隊其後接收了機師和飛機（最初為 F-5A），並啟動了航拍訓練。1943 年 2 月，第 21 中隊收到「警戒令」（Warning Order），即處於隨時會被調動的狀態。[2]

從第 21 中隊由美國前往中國的行程，顯示了盟軍在第二次世界大戰時的後勤路線，以及美、英、中等國在中間的角色，因此這個過程值得仔細描述。3 月中，中隊開始把裝備和物資移離科羅拉多泉的基地前往集結區。第 21 中隊則繼續進行「清點檢查、射擊練習、戰鬥訓練、牙科檢查以及報廢不堪使用的衣物和裝備」等活動。[3] 4 月 27 日，除了部分骨幹人員外，第 21 中隊乘火車前往新澤西州基爾默營（Camp Kilmer, New Jersey）。他們在基爾默營

1 Maurer Maurer, *Combat Squadrons of the Air Force - World War II* (Washington: Albert F. Simpson Historical Research Center and Office of Air Force History Headquarters USAF, 1982), pp. 111-112.

2 "Squadron History: Twenty First Photographic RCN Squadron," 19/7/1944, IAW EO12958, AFHRA, p. 1.

3 "Squadron History: Twenty First Photographic RCN Squadron," 19/7/1944, IAW EO12958, AFHRA, p. 2.

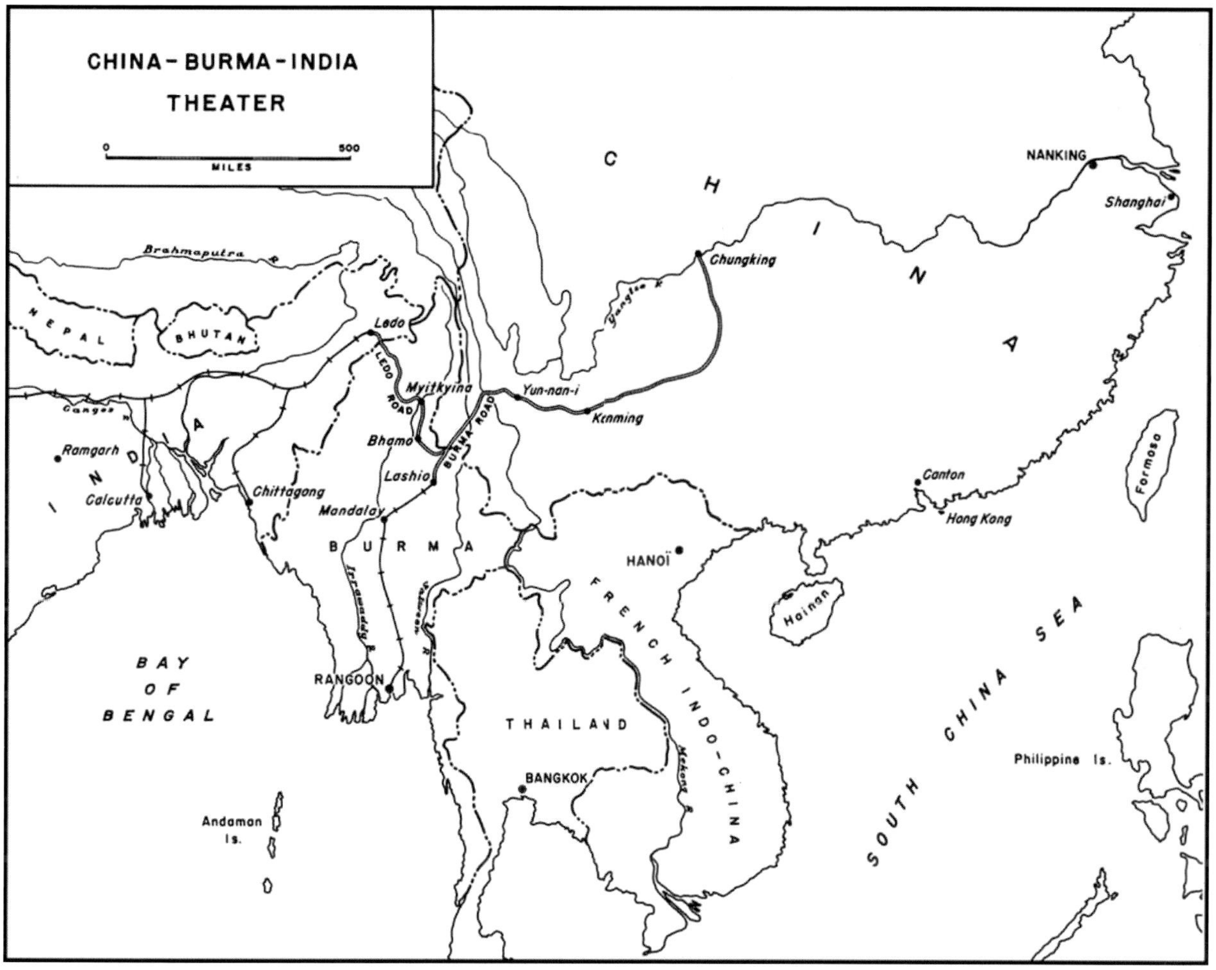

▲ 圖 7 中緬印戰場概圖（取材自 United States Army in World War II: Pictorial Record ,The War Aguinst Japan）
▼ 圖 8 第 21 航空照相中隊的徽章（取材自 Maurer Maurer, Combat Squadrons of the Air Force-World War II）

休息、接種疫苗，並進行步槍射擊等少量訓練。中隊的列車一共有三節行李車、七節臥鋪車，以及一節餐車，並經過德梅因（Des Monies）、芝加哥（Chicago）、密歇根州休倫港（Port Huron），然後進入加拿大，最後於 5 月 9 日從澤西市（Jersey City）乘坐渡輪到達紐約州尼亞加拉（Niagara）。第 21 中隊抵達時共有 241 名官兵，其後增至 261 人，包括 33 名軍官。此時，中隊指揮官為科士打（Major John C. Foster）陸軍少校。

第 21 中隊歷史提到，當時「所有士兵都瞥見了曼哈頓因燈火管制而被遮黑的天際線」。[4] 當他們在庫納德 —— 白星碼頭（Cunard White Star，鐵達尼號的公司）下船時，一支軍樂隊奏響了《陸軍航空隊歌》（*Army Air Corps*）。其後，他們登上新型客輪改裝的運輸艦毛利塔尼亞號（H.M.T.S. Mauretania，排水量 35,738 噸），該艦於 5 月 10 日上午出發。毛利塔尼亞號是庫納德—白星公司最新的客輪之一，於 1939 年 6 月首航。該船可算是「生不逢時」，其客輪生涯只過了數月不久，戰爭於 9 月就爆發了。該船其後被英國政府徵用，成為戰時運輸部（Ministry of War Transport）的船隻，因此其前綴由 R.M.S.（Royal Mail Ship，即可以為皇家郵政送信的船隻，部分英國遠洋商船有此前綴）改為 H.M.T.（His Majesty's Transport）。在船上，地勤人員進行逃生演習，並設立廚房值勤，以及廁所、船廠、甲板等清潔安排。

毛利塔尼亞號的第一站是千里達（Trinidad）的西班牙港（Port of Spain），然後到巴西里約熱內盧補充燃料。從里約出發後，該船越過有德軍潛艇埋伏的大西洋前往南非開普敦。當時大西洋戰役仍然持續，但盟軍已因為長程飛機的投入，以及護航航空母艦的活躍而逐漸取得優勢。毛利塔尼亞號的航速達 23 節，對其規避潛水艇亦有幫助。該船在開普敦停留兩日半，期間官兵獲准上岸休息。船隻的下一站是馬達加斯加北部的主要港口迭戈—蘇亞雷斯（Diego-Suarez，今稱安齊拉納納 Antsiranana）。該港本為法國殖民地，但法國投降後，該港的官員和守軍服從納粹德國扶植的維希政府（Vichy France）領導。英軍於 1942 年 5 月將港口佔領，並於其後數月完全佔領馬達加斯加。中隊的歷史特別提到：「在這

4 "Squadron History: Twenty First Photographic RCN Squadron," 19/7/1944, IAW EO12958, AFHRA, p. 2.

裏，我們第一次看到了戰爭的結果，那是英國攻擊法國人留下的痕跡——港口裏半沉的船隻，岸上無屋頂的建築物。」[5]

6 月 20 日，毛利塔尼亞號抵達錫蘭科倫坡（Colombo），官兵下船轉乘另一艘英國運兵艦施卓弗號（TSS Strathaird，排水量 22,284 噸）。該船本來屬於活躍於亞洲的鐵行輪船公司（The Peninsular and Oriental Steam Navigation Company），於 1932 年首航。在船上，一條纜繩突然斷裂，差點擊中一批正在睡覺的第 21 中隊人員。幸好一名下士奮不顧身捉住繩索，才沒有造成傷亡。三日後，施卓弗號駛入印度孟買港（Bombay，今 Mumbai），第 21 中隊終於完成了海上旅程。可是，接下來他們仍要繼續舟車勞頓，由印度前往中國。他們於 24 日下船後，即乘坐軍用列車前往孟加拉邦的比什努普爾（Bishnupur）。這次車旅程需時三日，官兵均感到不適。抵達目的地後，他們被編入第 436 重轟炸機中隊以安排住宿和口糧。他們在此地待命，準備乘飛機經「駝峰」（The Hump，即喜馬拉雅山脈）進入中國。

當第 21 中隊人員前往中國時，其補給官和數名士官兵則負責押運其物資和器材經太平洋前往中國。這批物資由東岸以火車運往西岸的加州聖佩德羅（San Pedro），然後於 5 月 12 日離開美國，經澳洲塔斯曼尼亞的荷巴特（Hobart），抵達科倫坡，再轉往印度馬德拉斯（Madras），於 6 月 2 日抵達加爾各答（Calcutta，今天的 Kolkata），再轉往比什努普爾。這批物資亦在印度通用空運進入中國。為免物資在空運中損失使部隊不能行動，這批的物資被分成三份裝在三架飛機上，每份可以供應他們其中一個飛行分隊。[6]

至於最重要的飛行員和飛機，他（它）們的運輸方式又有所不同。地勤人員和物資離開時，第 21 中隊指揮官（他自己亦是飛行員）、飛行員，以及隊醫則準備乘飛機前往中國。他們等候出發時亦有時間進行儀錶飛行訓練（instrument flying，即在視野受限時依靠若干儀器飛行）。1943 年 5 月 1 日，這 16 名軍官乘飛機離開彼得森機場，經芝加哥和亞特蘭大，抵達佛羅里達州的西棕櫚灘（West Palm Beach），然後再前往邁阿密（Miami）。

5 "Squadron History: Twenty First Photographic RCN Squadron," 19/7/1944, IAW EO12958, AFHRA, p. 2.

6 "Short History of the 21st Photographic Reconnaissance Squadron and its Operations in China," 26/9/1944, IAW EO12958, AFHRA, p. 2.

其中隊醫與第 14 航空隊指揮官陳納德陸軍少將（Major General Claire Chennault）同行，乘坐 C-54 運輸機直飛英屬印度卡拉奇（Karachi，今天巴基斯坦境內）。陳納德當時剛在美國參與三叉戟會議（Trident Conference），準備回到中國繼續指揮第 14 航空隊。

其餘 15 名軍官分為兩組，在他們指揮官科士打少校指揮下，分別於 6 月 2 日和 4 日出發，經波多黎各、英屬圭亞那（British Guiana）、貝倫（Belium）、納塔爾（Natal）、阿森松島（Ascension Island）、非洲阿克拉（Accru）、卡諾（Kano）、邁杜古里（Maiduguri）、法希爾（El Fashir）、喀土穆（Khartoum）、古拉（Gura）、亞丁（Aden）、薩拉拉（Salala），最後於 6 月 11 日抵達印度卡拉奇。抵達印度後，科士打少校向德里的第 10 航空隊總部報到，接收到他們被分配給陳納德陸軍少將的第 14 航空隊的命令。其後，機師們前往阿格拉等待飛機和地面梯隊的到來。他們的飛機由陸軍航空隊的運輸指揮部（AAF Ferry Command）人員操作，由美國出發，一路經指揮部的中轉站前往印度，最終於 7 月 1 日在比什努普爾與機師和人員會合。

在比什努普爾，已有兩個月未有駕駛飛機的一眾機師熟習駕駛新運到的飛機，補給人員則集中運來的物資，準備把它們經「駝峰」運到中國。其後，部分人員和飛機暫時和第 9 航空照相中隊一起執行任務，該隊自 1943 年 3 月 13 日起已在中國的桂林和昆明執行任務，但實際上只有一個飛行分隊在中國。7 月 23 日，這批先頭部隊為香港拍攝了戰爭期間第一批航空照片。8 月，第 21 中隊的其餘人員和飛機開始分三批進入中國，從阿薩姆邦的喬爾哈特利用空運飛越「駝峰」進入中國，他們在 8 月 22 日抵達昆明並成立總部。至此，第 21 中隊完成由美國到中國的調配，一共花了差不多五個月，他們橫跨大半個地球，移動過程利用了各種海陸空交通工具，牽涉大量人力物力，其間亦有無數出現意外的可能。試想像所有用作對日航空作戰的飛機、油彈、零件、工具、人員等，均要以此方式甚至更複雜的辦法前往西南中國。由於在華對日航空作戰的後勤規模和困難程度，因此美軍在 1944 年中以前只能進行規模較小的行動。

抵達昆明後，第 21 中隊即面對戰火洗禮。9 月 20 日，日本陸軍航空隊攻擊昆明，但他們未有受到攻擊。一星期後，他們的一名攝影師在一架迫降的偵察機中陣亡，成為他們首位陣亡者。至 10 月底，他們已全部在中國配置完畢，共分為 A、B、C 三個飛行分隊（Flights），分別駐在昆明、桂林、遂川，總部則設於昆明，並於 12 月 3 日全部重歸第 21 中隊的建制。12 月 19 日，他們的飛行隊分別舉行了「啟動日」派對，以慶祝中隊成立一週年。派對中的食物均特別以空運從印度送到，更播放了來自美國的最新電影。[7]

自三個分隊抵達後，他們各自執行亞洲不同地區的拍攝工作。他們和分駐各地運作的聯隊合作，為他們執行戰術偵察任務，並按照第 14 航空隊的要求對特定目標（例如香港）進行戰略偵察。其中 A 分隊負責執行緬甸、泰國、法屬印度支那和海南島；B 分隊負責廣州—香港和漢口—武昌地區包括上海。B 分隊有時亦會前往台灣偵察。由於距離較遠，飛機要在衡陽加油。C 分隊規模較小，基地位於最前線的湖南遂川，主要負責超長距離的任務。首次超長距離任務目標為佐世保和長崎，往返約 3,500 公里，飛行時間超過九小時。C 分隊為此小心準備，確保儀器在長時間飛行中運作正常。當時的報告指出：「可以想像溫弗里 A. 索德萊特上尉（Captain Winfree A. Sordelett）獨自飛行九小時的心情。當他在那個難忘的傍晚滑翔降落在基地，所有人都鬆了一口氣。」[8] 1944 年 5 月，C 分隊甚至曾到日軍控制下的菲律賓進行偵察，是美軍於 1942 年 5 月在菲島投降後首次。1944 年 4 月，第 21 中隊新增了部署於重慶附近的諒山的 D 分隊，其主要負責範圍是華北地區，遠達東北的奉天（瀋陽）、撫順，以及鞍山等地。因此，有關香港的航空照片絕大部分應為 B 分隊負責拍攝，其航程亦為各分隊中最短。

日軍在 1944 年春天發動「一號作戰」後[9]，開始影響到第 21 中隊的運作，特別是基地位於日軍進攻方向的各個飛行分隊。同時，第 21 中隊亦要支援第 20 航空隊攻擊日本的任務，為日本的戰略目標進行攝影和轟炸後偵察。6 月初，在遂川的 C 分隊即因

7 "Squadron History: Twenty First Photographic RCN Squadron," 19/7/1944, IAW EO12958, AFHRA, p. 4.

8 "Short History of the 21st Photographic Reconnaissance Squadron and its Operations in China," 26/9/1944, IAW EO12958, AFHRA, p. 3.

9 1944 年春，日軍發動「大陸打通作戰」，其在華北、華中，以及華南的部隊相繼發動，先在春天跨越黃河，使華北、華中日軍連成一氣，日軍進而向衡陽等地推進，並威脅桂林等地。至 1944 年秋，桂林失陷，華南的日軍在 1944 年冬和 1945 年初在廣東和廣西擴大戰果，把國軍趕出粵北根據地。日軍甚至威脅到美國空運援取中國的終端站昆明。「一號作戰」使國民政府元氣大傷，亦使中共得以擴張在廣東的活動範圍，對戰後局勢有不少影響。有關「一號作戰」，詳見 Hans Van de Ven, *China at War: Triumph and Tragedy in the Emergence of the New China* (Cambridge, Massachusetts: Harvard University Press, 2018)。

為日軍推進，需要準備把非必要的人員和物資撤退。另一方面，C分隊仍然進行戰略偵察，更於第 20 航空隊空襲日本八幡後立即前往拍攝，直至 6 月 25 日才離開遂川。其人員經歷了漫長的地面輸送，至 7 月才到達桂林。[10] 即使在日軍進攻期間，第 21 中隊以下各飛行分隊仍不斷進行偵察任務；單是 1944 年 9 月，他們已執行了 111 次航空攝影與天氣報告任務，其中 80 次由位於桂林的 B 分隊負責，而桂林當時亦受日軍威脅。[11] 他們的另一個成就，就是利用航空照片在兩星期內把湖南和廣西的地圖更新，陳納德更因此寫信嘉獎了他們的攝影測量組。當時任務之頻繁，使他們司令部的照片沖曬組需要分三班 24 小時不停運作。[12] 在此期間，科士打中校晉升到在第 14 航空隊擔任參謀，第 21 中隊指揮官由 B 分隊的富查（Major George H. Fulcher）頂替。

1944 年 9 月，零陵（今湖南永州）失陷，桂林成為日軍進攻的目標。9 月 10 日，B 分隊終於接到命令離開桂林，連帶在桂林的相片沖曬實驗室亦要遷離。所有人員和裝備均轉往柳州機場，不能帶走者則悉數破壞之。[13] 第 21 中隊在此時繼續協助地面部隊偵察，監視日軍最新的動向。可是，正如他們歷史提到「日軍以閃電般的速度推進」。[14] 11 月 6 日，在柳州的四架 F-5 從機場起飛前往昆明，象徵著第 21 中隊撤離柳州，該城其後迅即陷落。可是，第 21 中隊仍然繼續在各地執行任務，包括昆明、漢中，以及重新使用的遂川機場，但後者又於 1945 年初因日軍逼近而停用。[15] 在 11 月，第 21 中隊在中國共有 365 名官兵，其中有 60 名軍官和 305 名士兵，其四個分隊位於昆明（A，八架）、陸良（B，三架）、遂川（C，兩架），以及漢中（D，二架），共 15 架 F-5 偵察機。[16]

在其後數月中，第 21 中隊繼續一面協助國軍行動擋住日軍在西南地區的攻勢，一面繼續在亞洲各地執行偵察任務。在 1945 年 2 月，他們的飛機（應為 B 分隊）曾於 1 日和 27 日兩次偵察香港，並於 3 月、4 月再行偵察。與此同時，不少第 21 中隊人員開始因為完成所需任務數量而被調離部隊。由於歐戰於 5 月結束，美軍亦準備大規模復員，並推出計分制度。1945 年春，日軍在中國戰場進行戰略收縮，故無太大動作，因此第 21 中隊雖然進行了不少

10 "21st Photo Recon Squadron History 1 June 1944 to 31 July 1944," 9/8/1944, IAW EO12958, AFHRA, p. 1.

11 "Squadron History: Month of September," 12/10/1944, IAW EO12958, AFHRA, p. 1.

12 "Squadron History: Month of September," 12/10/1944, IAW EO12958, AFHRA, p. 2.

13 "Squadron History: Month of September," 12/10/1944, IAW EO12958, AFHRA, pp. 2-3.

14 "Squadron History: Month of October," 26/12/1944, IAW EO12958, AFHRA, p. 1.

15 "Flight C: Twenty First Photographic RCN Squadron," 9/4/1945, IAW EO12958, AFHRA, pp. 1-2.

16 "Squadron History: Month of November," 26/12/1944, IAW EO12958, AFHRA, Appendix.

任務，亦未有遇到太大危險。第 21 中隊在夏天時分配了 P-51 戰鬥機改裝的偵察版本。戰爭於 8 月結束後，他們仍在拍攝北京、上海、漢口等地，並於 10 月後陸續轉往杭州，其人員首次到「傳說」中（fabled）的上海享受休假。[17] 其後，他們於 12 月離開上海，飛機則留下予中國空軍使用，結束了在中國的任務。

第二節　偵察任務流程

由於長程偵察需要長時間在敵佔範圍內飛行，而且要帶著珍貴的照片回來並不容易，因此任務對機師與飛機均有極高要求，每次任務均需要詳細計劃與準備。進行任務前，機師會得知他的目標，並指示他應以甚麼高度接近目標，每個目標需要多少張照片，以及如何最有效率地覆蓋他需要拍攝的各個目標（圖 9）。如果屬於長程任務，部隊則會準備一架長程飛行紀錄良好的飛機，而且不會選擇剛大修完畢的飛機，而是曾經使用數次短途任務的飛機，以免大修時的潛在問題出現（圖 10）。地勤人員亦會檢查燃油消耗量，以確定在長程飛行時不會有太大的變化。機師亦會記錄每架飛機在不同高度的表現與特性，並將之告訴接收這架飛機的飛行員。機師完成一定數量的任務後，會被調離前線回國，但飛機卻只會在前線消耗至不能使用或在戰鬥中被擊毀。

雖然偵察任務少有遇上敵人，但其危險性不比其他作戰任務低。例如，1944 年 3 月 3 日，第 21 中隊指揮官科士打在偵察越南西貢完畢後返航，因天氣不佳而未能找到中途站降落，因此被迫在機場附近棄機跳傘，幸好落在國軍控制範圍，由當地人協助他返回機場。第 21 中隊最長程的任務發生於 1944 年 6 月 18 日，飛機由桂林出發經中途站到達日本八幡市，該地剛被第 20 航空隊的 B-29 轟炸機攻擊。第 21 中隊負責任務的飛機共飛了 11 小時。[18]

飛機帶回珍貴的航空照片後，即會從飛機卸下菲林進行沖曬程序（圖 11）。這項工作由每個飛行隊的照片沖曬室進行（圖 12、13、14）。在戰爭期間，每個飛行偵察中隊均有自己的流動沖曬室，其人員會先在黑房中把底片從相機中取出，並將之安裝在手

17 "Squadron History, during the Month of April," 26/6/1945, IAW EO12958, AFHRA, p. 1; "History of the 21st Photo RCN Squadron," 24/11/1945, IAW EO12958, AFHRA, pp. 1-2.

18 "Short History of the 21st Photographic Reconnaissance Squadron and its Operations in China," 26/9/1944, IAW EO12958, AFHRA, p. 6.

▲ 圖 9　第 21 航空照相中隊長科士打正與屬下研究飛行路線（Alamy）
▼ 圖 10　第 21 航空照相中隊的地勤人員修理 F-5 偵察機，攝於中國（Alamy）

▲ 圖 11　第 21 航空照相中隊的地勤人員正在安裝 K-22 相機於 F-5 機首內（Alamy）
▼ 圖 12　第 21 航空照相中隊的地勤人員處理照片（Alamy）

▲ 圖 13　第 21 航空照相中隊的地勤人員處理照片（Alamy）
▼ 圖 14　第 21 航空照相中隊的地勤人員以航空照片製作地圖（Alamy）

動或機械的菲林架上，以免底片曝光，因此人員只能摸黑進行此工序。人員會把各種用作沖曬照片的液體混合，並將之倒進用作沖曬菲林的容器內，之後把安裝在菲林架的菲林放在這個注滿化學液體的容器中，再攪動轉盤，確保菲林均勻地沾上化學劑然後生成影像。[19] 至此，工序仍然在漆黑中進行，人員會用「安全燈」（即橙色或淺青色的燈）檢查菲林影像生成的狀況，直至操作者滿意為止，然後再將菲林放置另一個裝滿化學劑的容器中，以停止生成影像的化學反應。最後，菲林將被放在第三個注滿水的容器中，以洗去化學劑。如果這個過程出現任何差錯，飛行任務的時間、資源將化為烏有，機師所冒的風險也會前功盡廢。以上過程完成後，照片將進行複印程序，這亦要在黑房中進行。1944 年，沖曬這些照片再送往後方的情報中心約需一日；該年 6 月 18 日，中隊 C 隊的一架偵察機在 1655 時降落，它所拍攝的照片在翌日 1620 時送到了昆明的第 21 中隊司令部。[20]

照片亦要加上標題，標明任務名稱、日期、飛行方向與高度、相機參數等。例如，在一張 1945 年 2 月 1 日拍攝的照片中，相片參數是「→ N / 21PR / 5MB5 / LV25 / 2：1：1232 / 24：30500 / A：SL：ME / 22 / 8N 114 / 11E / HONGKONG DOCKS — CHINA」。這串數字的內容應為「北（方向）/ 21PR（第 21 航空照相中隊，部隊名稱）/ 5MB5（任務號碼，5 為 1945 年，B 為 B 分隊）/ LV25（第 25 格菲林）/ 2：1：1232（1945 年 2 月 1 日 1232 時）/ 24：30500（24 吋鏡頭，30,500 呎高度）/ A：SL：ME（任務和相片，但具體內容不詳，此處可能為 A（航空）：SL（不明）：ME（地圖任務 Mapping Exercise）/ 22 / 8N 114 / 11E（經緯度）/ HONGKONG DOCKS — CHINA（地方名稱）」。

沖曬好照片後，人員會以實物鏡（stereoscope）研讀照片，由於航空照片頗為重疊，因此人員只需用兩張重疊率較高的照片，以左右兩眼各自看拍攝角度有少許不同的景物，即可以看到立體圖像，使他們更能辨識照片中的景物。由於地球是球體，加上飛機不一定在完美的水平狀態下拍攝照片，因此照片的邊緣部分並非與鏡頭呈現水平狀態，景物會打斜呈現，故此人們如要利用航空照片製

19 Roy M. Stanley, pp. 221-227.

20 "21st Photo Recon Squadron History 1 June 1944 to 31 July 1944," 9/8/1944, IAW EO12958, AFHRA, p. 1.

作地圖，則要使用攝影測量法（photogrammtery）進行。

至於研讀航空照片，則由另一批專業人員負責。威廉．伊域（William R. Evitt, 1923-2009）在中國的戰爭經歷是個好例子，說明他們的背景和經歷。[21] 伊域來自馬里蘭州巴爾的摩鄉郊，其父親是地產和保險經紀，其後在乳製品公司工作、母親是畫家。伊域在當地一個普通小學就讀，雖然他非常勤力，但對社交卻頗感為難。1936 年，他在安納波利斯附近一所中學就讀四年，修讀數學、物理、生物學、化學、英文、法文、拉丁文、歷史，以及社會科學。父母自小鼓勵他對科學的愛好，更為他購買了一台顯微鏡，使他在年少時已懂得觀察微生物並做記錄。

1940 年秋天，伊域順利入讀約翰霍普金斯大學（John Hopkins University），主修化學。他又參加了學校的兄弟會（Alpha Delta Phi）。亦修讀了關於地質學和德文的課程。其時，世界大戰已經爆發，伊域關注局勢之餘，亦參加了大學的步兵預備軍官訓練隊（Infantry Reserve Office Training Corps），但戰爭似乎距離他非常遙遠。1941 年 12 月，美國參戰，但未有影響他的學業。他修讀期間發現自己的化學成績普通，但對地質學有濃厚興趣，成為其中一名教授的助理，更首次參與了學術出版。此時，伊域開始鑽研關於維珍尼亞州地質的課題，並考慮攻讀博士學位，走上學者之路。

由於伊域是步兵預備軍官訓練隊隊員，所以在 1943 年開始研究生生涯一年後被徵召入伍，前往本寧堡（Fort Benning）步兵學校受訓，並成為步兵少尉。他在 9 月被送到麥加倫堡（Fort McClellan），加入一支準備到意大利作戰的步兵部隊服役。官拜少尉的他很可能會成為排長，指揮大約 40 名步兵在最前線作戰。可是，他的指導老師認為陸軍航空隊或可利用他地質學的專長，因此說服他申請調職。他的老師可能認為他擔任步兵軍官太危險，不希望失去一個有前途的學者才提出此議。幾經轉折，他在 12 月從哈里斯堡（Harrisburg）畢業，成為陸軍航空隊的一員。這一調動，不但改變了他的戰爭經歷和學術生涯，甚至拯救了他的性命。與他同期的兩名同學均在意大利陣亡；以步兵軍官傷亡之重，如他在 1944 年上半被派往歐洲，他全身而退的機會十分渺茫。

21 James Riding and Joyce Lucas-Clark, "The Life and Scientific Work of William R. Evitt (1923-2009)," in *Palynology*, 2016 Vol. 40, No. S1, pp. 2-15 (2-131).

伊域轉到陸軍航空隊後，即開展了一段漫長之旅。這個旅程說明了中緬印戰場由於其位置和複雜後勤所衍生的特殊性，亦有助解釋美軍在中國境內維持對日航空作戰之困難。1944 年初，他從北卡羅萊納州的西摩莊臣陸軍航空基地（Seymour Johnson Army Air Force Base）出發，抵達維珍尼亞州的柏卓亨利營（Camp Patrick Henry）（直線距離約 400 多公里）。然後，他前往紐波特（Newport News，直線距離 250 公里）登上由客輪改裝為運兵船的蘇格蘭女皇號（SS Empress of Scotland），經開普敦前往孟買（直線距離 20,200 公里），單是航行時間已需要一個月。抵達印度後，他在孟買附近的英軍軍營短暫休息，然後坐火車到加爾各答（Calcutta，直線距離 1,660 公里），被編入一個航空情報部隊。他們再從加爾各答乘飛機到卓巴（Chabua，880 公里），最終在 1944 年 3 月 30 日抵達昆明（815 公里）。以上整個旅程共約 24,000 公里。

抵達昆明後，伊域成為第 18 照片情報組（18th Photo Reconnaissance Detachment）的成員，該部負責研判包括香港在內的照片，並撰寫報告。他使用實體鏡細看航空照，方便他發現諸如高射砲陣地等重要設施。他使用實體鏡的經驗與他的地質學研究相吻合，更有助他將來進行古生物研究。他甚至收到父親寄來的學術論文，又曾於昆明附近研究寒武紀地層並發現三葉蟲化石。他亦曾被派到印度研究雷達照像，但他及同僚均認為作用不大。1945 年 8 月，第 18 照片情報組被調往重慶附近的白市驛，但戰爭隨即結束，他們亦於翌月解散。伊域和同僚前往杭州一處日軍機場，然後到上海乘船回國，至 1945 年 12 月回到普吉特灣（Puget Sound），結束了他的戰爭歷程。由於他的功績，他獲得銀星勳章（Silver Star）。戰後，他回到約翰霍普金斯大學完成博士論文，最終成為一名古生物研究者。

伊域所屬的第 18 照片情報組，隸屬第 14 航空隊，是該航空隊的航空照片研讀部門，其人員除了伊域等陸軍航空隊人員外，亦有來自海軍的情報人員。他們的工作，就是利用第 21 中隊拍攝的航空照片，以攝影測量法等方式把目標地區重組，從而更有效地找出有價值的軍事目標。他們會仔細研判航空照片，然後製作

「照片情報報告」(Photo Intelligence Report)。一份 1944 年 6 月的香港照片情報報告如此形容香港(暫時未知伊域有否參與撰寫這份報告):[22]

> 香港 —— 九龍地區是中國東南沿海最重要的航運中心之一,擁有大都市、海軍基地和要塞的所有典型設施。
>
> 1943 年 9 月至 1944 年 3 月期間,港口內平均約有 110,000 噸商船。
>
> 位於該地區北部的啟德機場是個一流的軍事機場,目前仍在改善中。
>
> 該地區的造船和修理設施包括六個船塢,其中最大的船塢能處理各種類型的修理、改裝、翻新和建造最高 10,000 噸的船隻。這些船塢共有八個乾船塢。該地區還有幾個較小的造船廠。碼頭設施包括許多碼頭和碼頭,其中最重要的位於九龍半島西南側。
>
> 該地區包含幾個大型倉庫區、四組燃料儲存罐、許多彈藥儲存區,以及幾個營地和兵營區,其中四個據報被用作戰俘營。
>
> 香港島和鄰近的九龍區由許多海岸防禦、防空和機槍陣地防衛。昂船洲上可能有一個雷達裝置。
>
> 該地區的公共設施包括一個複雜的互聯水庫系統、兩個蒸汽發電廠和四個煤氣廠。該地區由廣九鐵路和街道及改良道路網絡服務。
>
> 該地區的工業工廠包括一個小型飛機組裝廠、一個水泥廠、一個糖廠、一個啤酒廠、一個據報的小型零件組裝廠和眾多輕工業。

這份報告然後在一張由多張航空照拼湊出來的航拍照 —— 地圖中標示出香港各地的 239 個可能目標和地點:

> 1-28 啟德機場及其各種設施和高射砲陣地
>
> 29-34 黃埔船塢等土瓜灣到紅磡一帶的造船設施

22 "Eighteenth Photo Intelligence Detachment," Headquarters, Fourteenth Air Force: Hong Kong-Kowloon. WO1931925, TNA.

35-43 九龍的港口設施

44-59 港島的港口設施

60-72 港島的貨倉

73-76 九龍的燃料和彈藥儲存倉庫

77-84 港島的燃料和彈藥儲存倉庫

85-92 九龍的戰俘營和軍營

93-102 港島的戰俘營和軍營

103-120 九龍的防禦設施

121-149 港島的防禦設施

150-174 港九各地的水塘

175-181 供電等基礎設施

182-192 港島和九龍的交通設施

193-201 通訊設施和可能的雷達設施

202-219 工廠

220-239 大學、醫院等其他設施

處理好照片後，他們會製作相關的「照片研判地圖」（圖 15，Photo Interpretation Map）。我們現時仍未發現利用美軍在 1943 至 1945 年拍攝的航空照片更新的香港地圖。戰後第一次更新 GSGS 3868 地圖雖然是 1945 年，但只有更新座標系統而未有更新地圖內容。[23]

據第 21 中隊歷史的估計，在 1943 年 7 月 12 日至 1944 年 7 月 13 日，他們的飛機進行了 549 次偵察任務。他們每日平均可用飛機數量為 7.5 架，其飛機和人員均未曾滿額。在 500 多個任務中，共有 78.5% 為成功任務，其他則是因為機件或天氣問題等而放棄任務。此期間只有一名機師陣亡，他是在敵軍攻擊機場時緊急起飛後，因耗盡燃料迫降失敗而陣亡。在上述期間，他們的四個飛行隊一共覆蓋了約 10,350,000 平方公里的土地（即 4,000,000 平方英里）。香港土地面積則是 1,110 平方公里。[24] 換言之，他們的偵察任務覆蓋了大約 10,000 個香港的面積。

23 直至戰後，英軍再次利用航空照片更新 GSGS 地圖已是 1957 年，當時使用了皇家空軍在 1954 年拍攝的航拍照。https://www.hkmaps.hk/viewer.html。

24 "Short History of the 21 st Photo graphic Reconnaissance Sguardron and its Operations in China," 26/9/1944, IAW EO12958, AFHRA, pp. 7-9.

RESERVOIR
153
151 RESERVOIR
154
152 RESERVOIR
PROB. POWER PLANT
190 HWY TO CANTON
157-FILTER BED
191 ROAD
74
LAI CHI KOK OIL STORAGE
33
CAMP-90
43
32
213
30
75
OIL STOR.
42
38
238
102
58
195-RADIO
STONECUTTERS ISLAND
57
101
56
72
DP
136
A/A
139
S/L
84
83
71
55
201 POSS. RADAR
183 TUNNEL
182 HONG KONG CANTON RR
M/G
107
S/L
188 RR BRIDGES
187 YAUMATI RR STA.
RR BRIDGES 188
KOWLOON
185 RR REPAIR YARDS
A/A
178
A/A
103
193 RADIO
M/G
113
29 KOWLOON
HUNG HOM STA.-186
M/G
112
41
37
104
A/A
106
M/G
194 RADIO
35 KOWLOON WHARVES
36
40
M/G
111
184 RR YARDS
A/A
115
76
KAI TA
91
210
S/L 118
31
202-CEM
39
216
219
52
237-KELLET IS.
48
50
61
60
49
62
149
A/A
180
63
VICTORIA
167
168
229
227
DP
137
A/A
140
132
C/D
78
198 RADIO
96
231
POSS.
A/A
146
162-RESERVOIR
229
200
141
M/G
199 RADIO
44 ROYAL NAVY YD.
51
94
DP
A/A
131
S/L
80
228
229
171
181
70
164 RESERVOIR
HONG K
ISLAN
163 RESERVOIR
174
227
218
67
97
68
227
69
46
147
M/G

圖 15 第 18 照片情報組製作的香港照片研判地圖（The National Archives）

第三節　機體

第 21 中隊所使用的飛機主要是 F-5，但亦曾使用 F-4 和 F-6。F-4 和 F-5 均是 P-38 型戰鬥機的偵察機版本（圖 16）。P-38 於 1939 年 1 月首次飛行，是美國陸軍航空隊在第二次世界大戰中期的主力戰鬥機之一。它機體設計特別，擁有兩個各自有一個引擎的機身，以及位於兩個引擎中間的駕駛倉，其前方可以容納多達一門 20 毫米機關砲和四門 .50 吋（12.7 毫米）機關槍。P-38 加上輔助油箱後戰鬥半逕可達 2,100 公里，後期型號更可搭載重達兩個 2,000 磅炸彈或火箭。由於擁有兩個 1,600 匹馬力的引擎，P-38 巡航速度為每小時 443 公里，最高可達逾 678 公里，比日軍的零式戰鬥機快近 100 公里。其最大升限是 13,000 米（44,000 呎），比零式要高 3,000 米（約 10,000 呎）[25]。P-38 各式型號共生產了約 10,000 架，反映了美國在第二次世界大戰期間的工業力量。

由於 F-4 和 F-5 是偵察機，本來用作安裝機槍的位置改為放置航空相機（詳見下述）。它們的最大武器不是其武裝，而是其飛行高度和速度。大部分日軍戰鬥機的速度均不及 P-38，因此沒有武裝的 F-4 和 F-5 速度更快，而且飛行高度更高，因此即使未有帶上武裝亦少有被日軍截擊擊落的記錄。如前述，在 1943 年 7 月至 1944 年 7 月的一年間，第 21 中隊沒有 F-5 被擊落的記錄。

在第 21 中隊歷史中，曾提到幾架特別的 F-5A，我們可以由它們的經歷看到這些飛機在中緬印戰場的使用。瑪祖麗 J（Marjorie J）是第一架飛往日本的飛機，但她兩個月後被日軍轟炸機炸毀。第二架飛機高第娃夫人（Lady Godiva）至 1944 年夏共執行了 102 次作戰任務，並累積了 500 小時的作戰時數。她曾到過上海與曼谷。有一次，她在起飛時一個機頭輪胎爆破，然後起火燒毀。第三架是狂熱號（Frantic），她在 1944 年夏天已執行了 105 次作戰任務，總飛行時數超過 640 小時，其中約有 500 小時是作戰時數。她曾到過日本，並從所有四個基地起飛，幾乎所有飛行員都曾駕駛過她。她曾在海南島上空遭遇日機並被擊傷，但僥倖得以回到基地。第四架則是旅行者號（Traveller），原名為特魯迪小姐（Miss

25 "Lockheed P-38 Lightning," Wikipedia.

圖 16　F-5 偵察機（Imperial War Museum）

Trudy）。她在 1943 年 12 月於地面被日機擊傷，需要大修三個月，但其後成為他們最可靠的飛機之一，曾到過越南、菲律賓、韓國、中國東北等地，亦曾從所有基地起飛，完成超過 75 次任務。[26] 可見，地勤人員即使在缺乏物資的中國，亦能完滿地完成修理工作。

至於 F-6 則是 P-51 戰鬥機的偵察機版本，在 1945 年面世。P-51 與 P-38 一樣，均屬長程戰鬥機，如攜帶輔助油箱，其戰鬥半徑達 2,200 公里。她的速度甚至比 P-38 更快，達到每小時 710 公里，因此可以擺脫所有日本飛機，只有戰爭末期出產的四式戰機可與她媲美（最高速度 689 公里）。在戰爭末期，第 21 中隊亦裝備了 F-6，但未知它有否在香港上空拍攝航空照片。

26 "Short History of the 21st Photographic Reconnaissance Squadron and its Operations in China," 26/9/1944, IAW EO12958, AFHRA, p. 10.

第四節　相機

第 21 中隊的飛機在香港上空拍攝時，大多使用費爾柴德飛機公司（Fairchild Aviation Corporation）的相機。費爾柴德本來生產飛機，其後主要業務亦包括生產航空用相機和機槍鏡頭等航空用光學儀器，並於 1944 年註冊了費爾柴德相機與器材公司（Fairchild Camera and Instrument Corporation）。自 1918 年開始，費爾柴德已為美國陸軍航空隊生產航空相機，當時的型號為 K-3。在第二次世界大戰期間，美國陸軍航空隊主要使用的相機，包括 K-17 至 K-22 以及 F-40 和 F-56 等型號（圖 17、18）。這些相機可用於偵察、測繪等工作，除了拍攝垂直航空照片外，亦可以拍攝傾斜航空照片，以及用作三鏡航拍。

從現有航空照片和記錄觀察，第 21 中隊主要使用 K-17 和 K-18 兩款相機，亦有使用自 1941 年生產的 K-22。K-18 相機、K-17 則於 1944 年開始在中緬印戰場使用。這兩款相機大致上均以三個部分組成：相機、可以替換鏡頭的鏡筒，以及一個外置的底片匣。這些相機體型巨大，如安裝 24 吋長鏡頭，K-17 重近 34 公斤（75 磅），因此通常安裝在基座中被固定在機頭中，亦可以在手動相機架中控制。這兩款相機均由機械自動輸入菲林，K-18 使用 75 呎或 390 呎的菲林卷（可拍攝 45 和 245 張底片），K-17 則使用可拍攝 250 張底片的 200 呎菲林。K-18 相機底片為 9 吋 ×18 吋，K-17 的底片則為 9 吋 ×9 吋。這兩款相機均可以手動或間隔計時器（intervalometer）操作，於特定間隔（例如三秒）拍攝一連串照片，以覆蓋一個大範圍。

K-18 和 K-17 使用的鏡頭均為博士倫（Bausch and Lomb）公司生產的 Metrogon 鏡頭，其中 K-18 使用 24 吋鏡頭，K-17 則可更換 6 吋（實際為 154.2mm）、12 吋，以及 24 吋焦距鏡頭。K-17 的 6 吋、12 吋，以及 24 吋焦距鏡頭的焦比，分別為 6.3、5.0，以及 6.0，其視角則分別為 73.74° x 73.74° 、41.11° x 41.11° ，以及 21.24° x 21.24° ，因此焦距鏡頭越大，可以覆蓋的範圍越小，照片亦呈正方形。K-18 的 24 吋鏡頭則擁有 21.24° x 41.11° 的視角，

▲ 圖 17 K-17 相機（網上照片）
▼ 圖 18 第 21 航空照相中隊的 K-22 相機（Alamy）

因此拍攝出來的照片呈長方形。

K-18 的快門在鏡頭內，可調校 50、100 或 150 分之一秒。K-17 的快門速度和 K-18 稍有不同，但 24 吋鏡頭的速度則和 K-18 一樣。[27] 由於美軍的偵察機大多在極高空進行空中偵察，因此焦距大小不同的鏡頭，對照片可以呈現的精密程度有極大影響。如使用 6 吋焦距鏡頭，在 30,000 呎高空拍攝到的照片只能呈現海岸線和山脊等基本地貌，雖然道路仍可以清晰辨別，但除了大型工廠和地標建築物等外，個別房屋只有一個小影像，難以進行更細緻的研判。

1945 年，K-22 開始在中緬印戰場使用，大為提高了美軍航空照片的質素。2 月 28 日，第 21 中隊的飛機到香港偵察，雖然飛行高度為 30,000 呎，但由於該機的 K-22 使用了 40 吋焦距鏡頭，因此可以拍攝更為精密的照片。以 1940 年代的標準而言，該批航空照片可謂極之清晰，其質素遠超當時日軍的航空照片（詳見附錄一〈日本海陸軍拍攝的香港航空照片〉）。可惜的是，我們在美國檔案館暫時只發現了一輯利用 K-22 拍攝的香港航空照片。一般而言，使用 6 吋鏡頭時照片比例大約為 1：50,000，每張菲林大約可以攝得 130 平方公里的景物（圖 19）；24 吋鏡頭則為 1：16,000，每張菲林約攝得 13 平方公里的景物（圖 20）；40 吋鏡頭則為 1：8,960，每張菲林約攝得 2 平方公里的景物（圖 21）。

27 "Aerial Camera Types K-17, K-18, K-19B, AND K-22," 20th Combat Mapping Squadron Website, Link: https://web.archive.org/web/20121012190620/http://mysite.verizon.net/yenrav/20cms/cameras.htm (Access Date 11/1/2025).

圖 19　約 1：50,000 的航空照進行地理配準處理後在地理資訊系統顯示，
K-17 拍攝，6 吋鏡頭。（香港空間史研究計劃）

圖 20　約 1：16,000 的航空照進行空間對位處理後在地理資訊系統顯示，K-17 拍攝，24 吋鏡頭。（香港空間史研究計劃）

圖 21 約 1：8,900 的航空照進行地理配準處理後在地理資訊系統顯示，K-22 拍攝，40 吋鏡頭。（香港空間史研究計劃）

第五節　戰時美軍在香港航空照片一覽（1943-1945）

現存美軍在戰爭期間拍攝的部分照片記錄如下：[28]

任務名稱	21PS-M7-6B
日期	1943 年 7 月 26 日上午 1015-1200
涵蓋範圍	香港島和九龍半島大部、部分九龍山脊、青衣島、昂船洲。
飛行高度	27,600-29,400 呎
鏡頭	6 吋
照片比例	1：58,800
質素	佳；雲層遮蓋：5-20%
說明	照片有少量雲層覆蓋，但由於鏡頭所限，雖然覆蓋範圍非常大，照片只能顯示主要道路和建築物的外型等較容易辨認的部分。這次任務後不久，第 14 航空隊於 7 月 29 日對太古進行了一次空襲，造成不少破壞。

任務名稱	21PRS-M10-9-B
日期	1943 年 10 月 7 日上午 1000-1145
涵蓋範圍	從西貢到大嶼山的一直線，包括大部分西貢區、九龍山脊、九龍半島、鶴咀和赤柱半島以外的香港島，以及大嶼山的部分。
飛行高度	26,500-31,000 呎
鏡頭	6 吋
照片比例	1：59,000-62,000
質素	佳；雲層遮蓋：0%
說明	照片幾乎完全沒有雲層覆蓋，但由於也是使用了 6 吋鏡頭，因此這輯照片的細緻程度亦頗為有限，但亦顯示了當時日軍正在進行的啟德機場工程。此外，此輯照片的水面反光非常嚴重。

28 航空照片參數來自" Aerial Flight Overlays for Degree/Square N22-00-00 / E 114-00-00," National Archives, College Park, NARA。

任務名稱	21PS-M11-18
日期	1943 年 11 月 2 日下午 1400-1410
涵蓋範圍	西貢大環和橋咀洲至尖沙咀和灣仔
飛行高度	32,600 呎
鏡頭	24 吋
照片比例	1：16,000
質素	佳；雲層遮蓋：0%
說明	這輯照片是首次使用 24 吋鏡頭的航空照片，效果遠勝 21PS-M7-6B 和 21PRS-M10-9-B。這輯照片不但清晰顯示拍攝範圍的建築物和設施，甚至船隻和山路等亦可清晰看見。可是，由於第 21 航空照相中隊的 K-18 相機仍有不少問題，因此亦可發現照片有瑕疵，例如在每張照片中的摺痕。這次偵察後，美軍於 11 月 15 日對當時為日軍後勤基地的威非路軍營（詳見第二部分第二章〈九龍〉第三節〈湊區〉）進行空襲，雖然破壞了數座軍營內的建築，但部分炸彈落在官涌一帶。

任務名稱	21PR-4MB-8
日期	1944 年 2 月 11 日上午 1015
涵蓋範圍	西貢大環和橋咀洲至尖沙咀和灣仔，與 21PS-M11-18 幾乎一樣，但加上了港島南的香港仔和鴨脷洲一帶。
飛行高度	30,000 呎
鏡頭	24 吋
照片比例	1：16,250
質素	極佳；雲層遮蓋：0%
說明	這輯照片是首次使用 K-17 攝影機加上 24 吋焦距鏡頭，因此照片為 9 吋乘 9 吋的正方形，但飛機使用了左右兩個鏡頭的設定，因此可以拍攝到維港兩岸。這輯照片幸好亦未有雲層覆蓋，因此可以清晰見到地面情況，由於飛行路線所限，九龍大部分地區均未攝入鏡頭，但主要目標黃埔船塢、威菲路軍營、槍會山軍營，以及金鐘、灣仔、銅鑼灣一帶均攝入鏡頭。

任務名稱	21PR-4MB-21
日期	1944 年 3 月 13 日下午 1227
涵蓋範圍	馬鞍山至羅湖、深圳鹽田。
飛行高度	31,000 呎
鏡頭	6 吋
照片比例	1：59,000
質素	佳
說明	這輯照片的拍攝背景可能為 1944 年 2 月第 14 航空隊克爾中尉在香港獲救後，美軍在此地段進行空中偵察以便更新對此地區的地理資訊。由於這批照片使用 6 吋鏡頭，因此每張照片的涵蓋範圍頗大，但細緻程度則有限。如仔細觀察，仍可以發現例如日軍在山嘴挖掘的陣地等細節。可是，部分地段則被雲層遮蓋，例如當時可能已開始建築的鹿頸陣地。

任務名稱	21PR-5MB-3
日期	1945 年 1 月 20 日下午 1327-
涵蓋範圍	港島西和九龍西至大嶼山東面和屯門、錦田。
飛行高度	30,000 呎
鏡頭	6 吋
照片比例	
質素	佳；雲層遮蓋：0%
說明	這張是少數現存的斜拍航空照片，涵蓋範圍包括新界西的大部分。但由於所用鏡頭的限制，照片未能呈現太多關於建築物和道路的資訊，其作用主要是為其他水平拍攝的照片作參考。

任務名稱	21PR-5MB-5
日期	1945 年 2 月 1 日下午 1230-
涵蓋範圍	西貢、九龍山脊至筆架山、九龍半島、昂船洲、香港島大部分。
飛行高度	30,500 呎
鏡頭	24 吋
照片比例	1：17,000
質素	佳；雲層遮蓋：部分
說明	這是戰爭期間美軍航空照片中質素最好的一輯之一，除了赤柱一帶以外，香港上空當時未有被雲層覆蓋，可是部分地段的照片（特別是尖沙咀）則因為飛機或相機震動而顯得模糊。由於照片拍攝時是美國海軍第 3 艦隊攻擊香港後不久，因此可見到維港內尚有不少沉船（詳見第二部第一章〈港島〉第三節〈藏前區〉）。

任務名稱	21PR-5MB-9
日期	1945 年 2 月 28 日下午 1320-
涵蓋範圍	大帽山、西九龍、昂船洲、尖沙咀、紅磡、啟德、東九龍、上環至灣仔
飛行高度	28,000-29,500 呎
鏡頭	40 吋
照片比例	1：8,940
質素	佳；雲層遮蓋：部分
說明	這輯航空照片是暫時發現唯一使用了 K-22 相機和 40 吋焦距鏡頭的航拍照，使用了垂直雙鏡（split vertical camera）和三鏡兩種方式。使用 40 吋鏡頭後，照片可謂非常清晰，建築物的輪廓和自上方可見的特徵亦可清楚辨認。由於 40 吋焦距鏡頭的視角比 24 吋焦距鏡頭更小，因此偵察機使用了三個相機來進行偵察，底片分為左中右三段。可能正因為使用了此方法，因此九龍半島中段未有被拍攝到。可是，屬於主要目標的紅磡和金鐘則被清晰攝入鏡頭。此外，可能是由於地面情報提到日軍在大帽山進行工程甚至有雷達站，此次偵察任務亦特地包括大帽山，並成功拍攝到當時日軍雷達站的外貌。

任務名稱	25PS-5M-93-E-3
日期	1945 年 3 月 4 日下午 1430-
涵蓋範圍	香港島西半部、南丫島。
飛行高度	30,000 呎
鏡頭	6 吋
照片比例	1：60,000
質素	佳；雲層遮蓋：10%
說明	這輯照片由第 5 航空隊的第 25 航空偵察中隊拍攝，該隊配備 F-5 偵察機。這輯照片可能是此部隊少數在香港進行的空中偵察。由於只使用了 6 吋鏡頭，因此地面內容並不太清楚，但此輯照片是暫時發現有關薄扶林和南丫島一帶的戰時航空照片。

任務名稱	21PR-5MB-104-E-5
日期	1945 年 4 月 14 日上午 1140-1215
涵蓋範圍	后海灣至伙頭墳洲和浪茄一帶
飛行高度	26,500 呎
鏡頭	6 吋
照片比例	1：53,000
質素	佳；雲層遮蓋：0%
說明	這輯照片是美軍少數拍攝新界區的照片之一，但由於其主要作用可能是更新地圖和偵察地貌，因此使用了視角較廣但放大較少的 6 吋鏡頭，因此照片中的村落和墟市只能見到輪廓。此外，這輯照片是暫時可以找到關於大埔的戰時航空照片。

第六節　地面情報的重要性

據曾任航空情報人員的士丹利指出，在有限的情報下研判航空照片只能極為謹慎。他有一次看見一名同僚把一座建築物判別為「很有可能是可能的不知名工廠」（probably a possible unidentified industry），可見如果缺乏地面的實際情報，航空照片很多時候只能提供極為有限的資訊。[29] 另一方面，「眼見為實」，航空照片在更多時候提供了毋庸置疑的證據，足以支持或推翻其他來自訊號或人力的情報。可是，航空照片充其量只能提供敵人部隊或設施的位置，至於對方的意圖、組織、指揮等資料，航空照片則只能提供間接的證據以資判斷。

美軍空襲香港時，亦不只是依賴從 30,000 呎高空拍攝的航空照片。除了航空照片外，他們尚要利用大量其他人力情報（human intelligence）以相互對照。香港淪陷前後，中共的港九大隊已進入香港，至 1942 年初已在西貢、沙頭角、元朗，以及大嶼山建立根據地。中共在廣東和香港的游擊隊，雖然在 1944 年下半年至 1945 年才開始直接為美軍提供情報，但它亦有和英軍情報人員合作，特別是在西貢維持了交通站至 1943 年秋。自 1942 年中開始，英軍服務團一直在香港活動，為盟軍在華空軍提供各種日軍動向和主要設施等情報。英軍服務團出版《惠州情報彙編》（*Waichow Intelligence Summary*），其中大部分內容是關於香港內部情況。英軍服務團的情報來自尚在香港的人員，他們的族群、文化，以及社會背景均各有不同，包括公務員、前英軍士兵、葡裔人士、混血兒、甚至中立國人士等。

英軍服務團在桂林建立總部後，《惠州情報彙編》改為《桂林情報彙編》（下稱《彙編》），至 1945 年初共出版了 70 多期。《彙編》被送到不同部門和機構，包括駐華美國陸軍第 14 航空隊司令部以及相關的航空部隊等。每期《彙編》分為戰俘、一般軍事情報、非軍事情報等部分。[30] 這些地面情報除了協助美國空軍尋找目標外，更重要者，是要避免攻擊部分對美軍有價值、但破壞會對民生造成重大影響的目標。例如，1942 年 10 月美軍攻擊香港時，即

29 Roy M. Stanley, p. x.

30 鄺智文，〈在華的英美情報機構競合〉，收入吳淑鳳、李道緝編著，《東南亞戰場的情報與敵後工作》（台北：政大出版社，2022），頁 127–58。

以北角發電廠為目標。當時仍可在拘留營外工作的香港政府醫務衛生總監司徒永覺（Selwyn Selwyn-Clarke），即透過情報管道向美國表示不應再攻擊發電廠，以免市民和拘留營的英、美、加僑民失去電力供應。[31] 可是，美軍在華南亦希望擺脫對英軍服務團在情報方面的依賴，因此逐漸建立了自己的情報網絡，其中最重要者要數美國戰略情報局（Office of Strategic Services）的工作。1943 年 12 月，美國戰略情報局和第 14 航空隊司令陳納德建立了地空技術處（Air Ground Forces Resources and Technical Staff），以加強美軍在地的情報收集能力。

自中共游擊隊救援克爾中尉後，美軍在該年下半年和中共游擊隊全面合作，後者開始向美軍提供各種關於日軍動向、後勤，以及防禦設施的情報。港九大隊曾列出從 1944 年 12 月至 1945 年 7 月部分向美軍提供的情報：[32]

（1）1944 年 12 月 4 日：啟德飛機場之圖例及說明、香港船塢的圖例和材料。

（2）1944 年 12 月 18 日：太古船塢的圖例計劃、油麻地區的目標。

（3）1945 年 1 月 5 日：啟德機場圖、太古船塢圖樣、香港海傍圖，以及日軍在港之機關、油倉、船塢等之詳細大幅圖樣。

（4）1945 年 3 月 3 日：香港政府之文件、報告概要，香港政府組織和軍事斥候手冊之摘錄。

（5）1945 年 4 月 20 日：圖南船塢組織之詳細報告。

（6）1945 年 4 月 26 日：香港政府之 3 月份香港情報總結。

（7）1945 年 5 月 11 日：港九地圖、傳染病圖表、新界等地工事圖例。

（8）1945 年 5 月 17 日，香港政府之 3 月份對港九第三國人及「敵國人」的報告。

（9）1945 年 5 月 19 日：香港政府之命令文件。

（10）1945 年 6 月 26 日：香港政府第 36 號及 40 號情報（機密）。

（11）1945 年 7 月 5 日：日軍在香港之防衛力量及意圖之詳細

31 鄺智文，《重光之路：日據香港與太平洋戰爭》，頁 336。

32 有關中共游擊隊與盟軍的合作，詳見：孫揚，〈抗戰時期中共國際統一戰線在香港的實踐〉，《歷史研究》，2024 年第 2 期，頁 124-145。

報告。

從上可見，這些資料例如機場和船塢的圖則，對攻擊這些目標有莫大幫助。由於香港市區建築極其密集，如果美軍飛機空襲香港時炸彈稍為偏離目標，即會對鄰近民居造成極大威脅。即使擁有準確的目標地圖，有時亦難以避免誤擊發生。

| 第四章 |
豈有完卵：美軍大規模空襲香港

1942 年 10 月 25 日至 1945 年 7 月底，香港至少遭到 60 次不同規模的空中攻擊。這些空襲大多是由駐華美軍第 14 航空隊進行，直至 1945 年 4 月則由來自菲律賓的遠東航空隊（Far East Air Force）負責。美國海軍在整個戰爭期間，只有在 1945 年 1 月 15 日、16 日兩次攻擊香港（詳見下述）。自太平洋戰爭爆發後，美國已打算使用中國內陸為對日空中戰爭的策源地。1941 年 12 月 22 日至 1 月 14 日，美國總統羅斯福（Franklin D. Roosevelt, Jr.）和邱吉爾等英美軍政首腦，在華盛頓進行亞卡迪亞會議（Acadia Conference）時，美方的《對英方備忘錄的初步意見》提出，中國戰場的主要戰略目標是「防守（中國）本土、協防緬甸，並為對日空中作戰提供基地」。[1] 1942 年中，駐華美軍航空特遣隊（China Air Task Force）在中國西南地區部署 B-25 中型轟炸機，其續航能力可以覆蓋粵港地區。

另一方面，日軍佔領香港後，空防頗見薄弱。戰前，英軍在香港共有九個高射砲台，共部署了 17 門高射砲。[2] 香港戰役期間，香港的高射砲台火網對日機構成一定威脅，直至日軍重砲兵把港島北岸的部分高射砲台（如摩星嶺、松林、西灣等高射砲台）摧毀為止。駐港英軍投降後，雖然日軍視察了香港各個高射砲台，但發現火砲大多已被破壞或擊毀，餘下者則缺乏彈藥和部件。至 1942 年春，日軍只有沙頭角、落馬洲、元朗、大欖涌、太平山、鶴咀等地設有防空監視哨。防空部隊則只有沙田樟樹灘、大欖涌、紅磡黃埔船塢和太平山的步槍排，以及元朗警署、防衛隊司令部（中電大樓）、啟德機場、半島酒店和總督部的機槍陣地。由於當時美軍尚未有能力空襲香港，所以這些武器只屬象徵式存在。[3]

至 1942 年 9 至 10 月間，日軍發現中美空軍在西南地區開始活躍。10 月 1 日，日軍情報指中國西南地區出現美軍戰鬥機和轟

1 "Papers by the Joint Board," 21/12/1941, Office of the Historian, Foreign Service Institute. United States Department of State (Hereafter, OHFSI), *Foreign Relations of The United States, The Conferences at Washington, 1941–1942, and Casablanca, 1943* (Hereafter, FRUS), frus1941-43/d34: https://history.state.gov/historicaldocuments/frus1941-43/d34；有關美軍空襲香港，詳見：許劍虹，《中美聯合：美國陸航在二戰中國戰場》（台北：燎原出版，2023）；Steven Bailey, *Bold Venture: the American Bombing of Japanese- Occupied Hong Kong 1942-1945* (Lincoln, NE: Potomac Books, 2019)。

2 見鄺智文（2021）。1941 年香港戰役地圖。檢索於 2021 年 11 月 01 日，取自香港浸會大學圖書館《史庫》：https://digital.lib.hkbu.edu.hk/1941hkbattle/ (登入日期：2025 年 1 月 11 日)。

3 鄺智文，《重光之路：日據香港與太平洋戰爭》，頁 257。

炸機，而且開始偵察香港和廣州，並判斷這些飛機會攻擊法屬印度支那和滇緬地區。日軍隨即調派戰鬥機和高射砲至香港。1942 年 10 月，第二遣支艦隊報告，香港共有 11 門高射砲和 55 挺各式機槍和機關砲。從報告中可見，幾乎所有防空武器均擄獲自英軍。其中海軍提到有兩門「八釐高角砲」，這應是其 1930 年代通用的三年式高射砲，或英軍的 3 吋高射砲。陸軍則有六門「七釐高角砲」，這應為其制式八八式七糎（75 毫米）野戰高射砲。陸軍另外有三門「對空可能七釐山砲」，這似乎是改裝武器，但其來源不明。另外兩門「40 粍機銃」，則可能是駐港英軍的 40 毫米波福斯砲。日軍的近距離防空武器有 10 挺「13 粍機銃」，這可能是九三式高射機槍，或英軍的 0.50 吋 Mark III 機槍，報告提到其中有兩個四聯裝系統、一個兩聯裝系統，共三個單位。[4] 九三式高射機槍自 1930 年代開始常裝備在日本軍艦上。此外，日軍尚有 37 挺「7.7 粍機銃」，這可能為英軍的維克斯機槍或日軍的九二式機槍，又或相同口徑的其他型號。可是，日軍只有兩座 90 厘米高射探照燈。[5] 上述這些武器的最大射程約 9,100 米，射高 3,300 多米（約 11,000 公尺），雖然它們全部不能攻擊在 10,000 米空中偵察的飛機，但部分卻可以射擊在約 3,000 米上空接近並轟炸香港的美軍轟炸機。

除了數量和質量外，日軍在港防空的最大問題是缺乏協調。首先，日本海陸軍防空部隊未有如駐港英軍般建立統一指揮，只能各自為戰。雙方的防空力量大致分佈在港島和九龍，其中海軍集中保護北角到金鐘海軍基地一帶，陸軍則專注於九龍半島南端的後勤設施和紅磡船塢，同時在港島只部署了少數防空機槍。此外，日軍在香港和廣州直至 1943 年前沒有雷達等設施，因此難以有組織地截擊飛臨香港的美軍轟炸機，只能長期在香港上空維持數架戰鬥機戒備。[6]

為迎擊美軍的轟炸機，日本陸軍航空隊特地於 10 月調派飛行第 33 戰隊 12 架一式戰鬥機「隼」到啟德機場戒備。一式當時屬於較舊式的戰鬥機，其速度和火力均略遜於美國在華空軍使用的 P-40（見附錄三〈雙方軍機比較〉）。日軍在廣東和香港地區的主

4 "Japan 12 mm/62 "BI" Type," Navweaps Website, Link: http://www.navweaps.com/Weapons/WNBR_5-62_mk3.php (Access Date: 1/11/2025).

5「昭和 16 年 12 月 1 日～昭和 18 年 5 月 31 日 第 2 遣支艦隊戦時日誌戦闘詳報（4）」，《海軍一般史料》，アジア歴史資料センター（JACAR），Ref: C08030033800，頁 1192-1195。

6 鄺智文，《重光之路：日據香港與太平洋戰爭》，頁 261。

要航空基地並非啟德，而是廣州的白雲機場和天河機場。為阻嚇盟軍飛行員並向市民示威，總督部特地於 10 月 19 日宣佈將對轟炸香港時擊中市民和私人財產的飛行員處以極刑（見圖 22）。[7]

10 月 25 日，美軍第一次對香港空襲，12 架駐華美軍航空特遣隊的 B-25 轟炸機在七架 P-40 戰鬥機護航下，於下午 3 時半左右自西北面飛抵香港，高度約 4,000 米。當時日軍已預先收到線報（可能來自間諜或訊號情報），即於上午 8 時半公佈將於下午實施防空警戒，因此空中已有日軍戰鬥機戒備。據日軍情報，美軍投下了約 80 個炸彈，其效果「僅少」，只擊中了陸軍的軍需設施。其中陸軍共有八座倉庫損毀，並有一艘陸軍船艇被炸沉。另一方面，空襲共破壞了 12 間房屋。日軍統計有三名日本軍人死亡，五人受傷；三名華人平民喪生，47 人受傷。行動中，駐華美軍航空

處罰敵航空機機師

軍律制定

總督部制定軍律．處罰敵國航空機師並作非軍事目標．日昨特頒佈香督令第四十五號．查該令所制定軍律．適用於空襲日本帝國本土．滿洲國．及日軍作戰地域．及進入香港占領地總督管區領空據內之敵國航空員．而尚非軍事目標施行濫炸．違反戰時國際法規．出以暴虐行爲者．擬交軍法會議．處以死刑．或嚴懲不貸．該令由本月十九日起實施．並適用於施行前之敵國航空員之行爲云．茲併錄香督令第四十五號及布告第十七號如后．

圖 22 《華僑日報》載關於處死盟軍

7 《華僑日報》，1942 年 10 月 21 日，頁 4。

特遣隊的編隊遭到日本戰鬥機攔截，一架 B-25 和一架 P-40 被擊落，是駐華美國陸軍航空隊首次損失 B-25 轟炸機。[8]

翌日清晨約 1 時半，六架駐華美軍航空特遣隊的 B-25 轟炸機，於凌晨 1 點 25 分左右抵達香港，並攻擊了黃埔船塢和北角發電廠，投下約 20 個炸彈。雖然雙方記錄均未提到有任何炸彈命中目標，但日軍報告稱有多幢民房受損。至 28 日，美軍再派出七架 P-40 從 2,000 米低空突襲香港，日軍記錄美機曾攻擊維港船隻，並曾於城門水塘附近投彈。日軍聲稱於土瓜灣上空擊落一架 P-40，又於美軍飛離香港時再擊落三架。可是，美軍實際上沒有任何損失。[9]

其後數月，由於盟軍未有在香港附近計劃大規模行動，而且尚未有足夠能力派出可以摧毀香港主要設施的機群，因此盟軍在其後數月未有派機空襲香港。1943 年 1 月，英美軍事首腦在卡薩布蘭卡會議（Casablanca）再次確認，利用中國作為空中攻擊日本的基地，其間聯合參謀長委員會（Combined Chiefs of Staff）在《1943 年的太平洋戰爭指導》（*Conduct of the War in the Pacific Theater in 1943*）中如此寫道：[10]

> 擊敗日本的終極方法與有效對抗英國的措施類似，即封鎖（攻擊船隻與海運）、空襲（部隊、防禦設施、工業、國民士氣）以及兩棲攻擊。以上措施中，攻擊敵人交通線上的船隻與海運貫穿了所有行動；我們在 1943 年需要取得可以利用岸基航空兵力，以攻擊日本的地位；直接攻擊日本本土可能性不大，亦未必需要。盟國在 1943 年的行動包括持續並加強對敵軍船隻與海運的攻擊，以切斷或威脅切斷日本與其佔領地的交通線。地面部隊則迫使敵人派兵防守他的佔領地，並維持其交通線。

在此背景下，美軍繼續增派航空部隊到西南地區以對日本佔領地進行攻擊。1943 年 4 月，第 308 轟炸大隊（308th Bombardment Group，以下簡稱第 308 大隊）抵達中國，他們配備了四引擎 B-24 重型轟炸機（圖 23），象徵在華美國陸軍航空隊

8「昭和 16 年 12 月 1 日～昭和 18 年 5 月 31 日　第 2 遣支艦隊戦時日誌戦闘詳報（4）」，《海軍一般史料》，アジア歴史資料センター（JACAR），Ref: C08030033800，頁 1196-1197。

9 "Waichow Intelligence Summary No. 19," 17/2/1943, ERC, EMR-1B-02, Hong Kong Heritage Project.

10「昭和 16 年 12 月 1 日～昭和 18 年 5 月 31 日 第 2 遣支艦隊戦時日誌戦闘詳報（4）」，《海軍一般史料》，アジア歴史資料センター（JACAR），Ref: C08030033800，頁 1197。

圖 23　第 308 轟炸大隊的 B-24 重型轟炸機，攝於中國。（Alamy）

所擁有的戰略打擊能力。

1943 年 7 月，美軍再次連續三日攻擊香港目標。27 日，第 14 航空隊派出六架 B-25 攻擊昂船洲和附近的「機會目標」（targets of opportunity），即隨時遇到的有價值的目標，但雙方均未有記錄戰果。翌日，第 308 大隊首次空襲香港，目標是黃埔船塢，但攻擊並無效果。經兩日試探性攻擊後，第 308 大隊於 29 日派出 18 架 B-24 轟炸太古船塢，造成不少破壞：其中巡邏艇 101 號（即皇家海軍的色雷斯人號驅逐艦 HMS Thracian）和太古船塢的起重機受損。根據日軍記錄，日軍有 35 人傷亡，另外船塢一帶有 265 名平民死傷。[11]

一個月後，第 14 航空隊派出八架 B-25 突襲黃埔船塢和太古船塢，又在啟德機場進行低空掃射。美軍在紅磡炸毀兩艘船隻，並擊中一個車間，造成逾 100 人死傷。與之前的戰術一樣，美軍於低空攻擊後隨即派出 B-24 進行高空轟炸，目的可能是先引誘日本戰鬥機至低空。26 日，第 308 大隊 15 架 B-24 在 17 架 P-40 的護航下轟炸了土瓜灣的船廠和黃埔船塢，兩處只受到輕微損壞，地面共有 14 人傷亡。[12]

有見日軍缺乏預警，美軍開始派出少數飛機到香港突襲，攻擊香港水域內航行和在維多利亞港停泊的船隻。美軍一直使用這個戰術，直至日軍在戰爭最後階段放棄使用香港為海運中心為止。8 月 30 日，三架 P-40 在昂船洲外擊沉了一艘日軍巡邏艇（5 號）。9 月 2 日，美軍達成了空襲香港至今最大的戰果：10 架 B-25 攻擊荔枝角（美孚）油庫和昂船洲外的船隻。結果，美軍準確命中部分油庫，大部分油鼓均遭摧毀。[13] 位於油庫旁邊的荔枝角醫院（詳見第二部分第二章〈九龍〉第八節〈青山區〉）則幸未波及。在一張 1944 年 3 月拍攝並被第 18 航空情報組標示目標的照片中，美軍把醫院也劃進了油庫範圍內（詳見圖 15）。幸好 9 月 2 日的攻擊被視為非常成功，因此美軍未有再攻擊油庫一帶。這次空襲甚至影響了公共交通的運作。10 日後，美軍再派出八架 P-38 發動低空突襲，掃射太古船塢外的船隻，雖未有造成重大破壞，但日軍對此類攻擊顯然束手無策。[14]，美軍的高空攻擊有時亦不順利。11 月 3

11 "Conduct of the War in the Pacific Theater in 1943," Joint History and Research Office, World War II Inter-Allied Conferences, C.C.S. 168, Casablanca Conference: January 1943, pp. 95-96.

12「昭和 18 年 6 月～昭和 20 年 1 月　第 2 遣支艦隊戦時日誌（1）」，《海軍一般史料》，アジア歴史資料センター（JACAR），Ref: C08030032100，頁 0534。

13「昭和 18 年 6 月～昭和 20 年 1 月　第 2 遣支艦隊戦時日誌（1）」，《海軍一般史料》，アジア歴史資料センター（JACAR），Ref: C08030032100，頁 0549-550。

14「波集参電第 594 號」，1943 年 9 月 2 日，〈支那派遣軍電報（航空）綴　自昭和 18 年 2 月 27 日至昭和 18 年 12 月 29 日〉，《陸軍一般史料》，JACAR，Ref: C12122333000，頁 1-2；「昭和 18 年 6 月～昭和 20 年 1 月　第 2 遣支艦隊戦時日誌（2）」，《海軍一般史料》，アジア歴史資料センター（JACAR），Ref: C08030032200，頁 0575。

日，第 308 大隊派出 21 架 B-24，在多達 30 架 P-40 和 P-38 護航下攻擊黃埔船塢，但目標區被雲層掩蓋，他們只有放棄任務未有投彈。紅磡雖然因此避過一劫，但它始終是美軍在香港的首要攻擊目標。[15]

其後，美軍繼續高空與低空同時進襲的戰術，更於 11 月 15 日晚上派出 20 架 B-24 攻擊香港，其中 14 架負責轟炸美軍所謂的「九龍倉庫」，即威菲路軍營與旁邊的海軍基地（詳見第二部分第二章〈九龍〉第二節〈香取區〉、第三節〈湊區〉），另有六架 B-24 在航道佈雷。這次轟炸擊中了尖沙咀海軍基地的油庫，威菲路軍營亦有營房受損，但炸彈亦落在軍營以北的官涌一帶（詳見第二部分第二章〈九龍〉第二節〈香取區〉）。翌日，美軍再派出 11 架 B-24、兩架 B-25，以及多架 P-40 攻擊荔枝角、位於香港仔的南了造船所、牛奶公司和太古船塢外的船隻。[16] 可是，這次空襲似乎沒有太多戰果。約一星期後，美軍於 12 月 1 日再派遣多達 21 架 B-25、24 架 P-40，以及 10 架新到華南戰場的 P-51，攻擊黃埔船塢和太古船塢。據日軍事後統計，美軍擊中了一艘在黃埔船塢停靠的船隻，但船塢沒有受損。美軍又於太古船塢擊沉一艘貨船和三艘拖網船，並炸毀兩個工場、診所，以及營房，造成 12 人死傷。[17]

1944 年初，美軍已成功取得華南日據地區的制空權，不但可持續攻擊日軍的海運，更對日軍的機場發動攻擊。1 月 23 日，美軍派出多達 28 架 P-40 和九架 B-25 攻擊啟德機場，包括地面的飛機和設施。為防飛機被破壞，日軍把飛機存放在泥土堆成的掩體之內（圖 24）。在空襲中，機場未有設施被破壞，只有三名日軍受傷，地面卻有 90 人傷亡，部分傷亡可能是地面還擊砲火所造成的。[18] 2 月 11 日，中美空軍聯合空襲香港，美軍派出六架 B-25 和 20 架 P-40、中國空軍則派出六架 P-40 再次攻擊啟德機場。這次日軍戰鬥機已經起飛，雙方在香港上空纏鬥。結果，中美空軍與日軍各損失一架戰鬥機。美軍雖然擊中機場，但後者損失輕微。[19] 美軍被擊落的 P-40 飛行員克爾中尉（Lieutenant Donald Kerr）成功跳傘落在西貢山區，被東江縱隊港九獨立大隊人員救援，其後被游擊隊送到後方國民政府控制區，再回到部隊（詳見第二部分第三章

15「昭和 18 年 6 月～昭和 20 年 1 月　第 2 遣支艦隊戦時日誌（2）」，《海軍一般史料》，アジア歴史資料センター（JACAR），Ref: C08030032200，頁 0576。

16 Carroll Glines, *Chennault's Forgotten Warriors: the Saga of the 308th Bomb Group in China* (Atglen, PA: Schiffer, 1995), p. 95.

17「昭和 18 年 6 月～昭和 20 年 1 月　第 2 遣支艦隊戦時日誌（3）」，《海軍一般史料》，アジア歴史資料センター（JACAR），Ref: C08030032300，頁 0618-619。日軍將 16 日的攻擊誤寫為 15 日。

18「昭和 18 年 6 月～昭和 20 年 1 月　第 2 遣支艦隊戦時日誌（3）」，《海軍一般史料》，アジア歴史資料センター（JACAR），Ref: C08030032300，頁 0646。

19「昭和 18 年 6 月～昭和 20 年 1 月　第 2 遣支艦隊戦時日誌（4）」，《海軍一般史料》，アジア歴史資料センター（JACAR），Ref: C08030032400，頁 0680。

圖 24　啟德機場的日軍戰機掩體（「香港空間史研究計劃」）

〈新界〉第一節〈西貢區〉）。以此為契機，中共游擊隊開展了與美軍的合作。

1944 年 3 月 10 日，美軍再次嘗試在晚上進行空襲，由第 308 大隊的 11 架 B-24 在晚上 10 時左右飛抵黃埔船塢攻擊，由照明彈照亮目標再投彈。由於只有半數飛機得見目標投彈，因此空襲再次失敗，日軍亦未有記錄任何損失。[20] 此後數月，由於日軍發動「一號作戰」，美軍要集中兵力應付，因此鮮有再攻擊香港，只在 6 月 30 日和 9 月 2 日、22 日、30 日，派出數架 B-24 到香港佈雷，並於 8 月 25 日攻擊黃埔船塢，期間損失了一架 B-24。

20「昭和 18 年 6 月～昭和 20 年 1 月　第 2 遣支艦隊戦時日誌（5）」，《海軍一般史料》，アジア歴史資料センター（JACAR），Ref: C08030032500，頁 0715。

同年夏天，美軍在夏威夷會議中決定反攻菲律賓，擱置了進攻香港與珠三角的行動，並於 10 月收復馬里亞納群島和帛琉後，進攻菲律賓的雷伊泰島（Lyete）。為準備反攻菲律賓，美國海空軍對日軍在菲島及其附近的據點進行大規模的空中攻勢，以軟化其抵抗並削弱其後勤。同年 10 月 16 日，第 308 大隊發動了對香港最大規模的空襲，目標是日本陸軍曉部隊在香港的主要設施黃埔船塢。當日上午，第 308 大隊 28 架 B-24 從雲南昆明起飛，到約 80 公里外的陸良基地上空集合。美軍機群集合後前往 600 公里外的廣西柳州，和當地起飛的 10 多架 P-40、P-51 以及 B-25 會合，然後一同飛到香港。他們大約於下午 3 時抵達香港上空。當時香港上空已有日軍戰鬥機戒備，從美軍拍攝的照片中可看出，空中的日機應為日本陸軍的戰機。美軍記錄提到這些日機只攻擊數次後即行放棄，美機則共發射了 2,545 發機槍子彈還擊，但亦未擊落日機。日軍在槍會山、紅磡，以及土瓜灣的高射砲台，應有開火對美機射擊，但幾乎毫無效果，只對三架轟炸機造成輕微損傷。[21]

美軍的攻擊分為兩部分：（1）B-24 機群由高空進入到紅磡上空投彈，（2）B-25 機群則由低空攻擊日本船隻。B-24 機群以緊密的菱形隊形飛行，高度為 17,000 呎（5,182 米）。下午 3 時 37 分，飛臨紅磡上空的 B-24 開始投彈，一共投下了 294 個 500 磅 M-24 型普通炸彈，投下的間距為每個約 15 米（50 呎）。它們大多落在一個長 1,000 呎、闊 3,000 呎的目標區內，第 308 大隊的報告甚至樂觀地認為，有九成的炸彈落在目標區內，又提及炸彈亦命中了船塢旁邊的船隻。美軍機群目睹目標被濃煙籠罩，這一幕亦被拍下，成為香港淪陷時期中最為常見的照片之一。這次轟炸嚴重損壞了船塢，又擊沉和損壞了五艘船隻。從其後拍攝的航空照片可見，船塢的造船台部分損毀最為嚴重，造船台上的船隻（擄獲自英軍的帝國船）幾乎全毀，只剩下熏黑的船身。可是，船塢的東半部分卻大致完好，不少建築物均未波及，乾塢一帶亦未有被毀。由此觀之，空襲雖然部分成功，但目標卻未被全面破壞。紅磡當時並沒有開放予平民使用的防空洞，因此即使戰前殖民政府在紅磡的聖德山一帶興建了防空洞，居民實際上只能在建築物中避難，

21「昭和 18 年 6 月～昭和 20 年 1 月　第 2 遣支艦隊戦時日誌（5）」，《海軍一般史料》，アジア歷史資料センター（JACAR），Ref: C08030032500，頁 0737。

22 "Narrative Attached Sheet, Group Mission Report No. 278, Bombing of Kowloon Docks at Hong Kong," 16/10/1944, AFHRA, pp. 2-3.。感謝 Steve Bailey 教授借閱檔案。

圖 25　第 308 轟炸大隊於 1944 年 10 月 16 日空襲的投彈範圍與彈著點（NARA）

最終造成大量平民死傷，包括紅磡街坊會小學的 300 多名師生。[22]

紅磡空襲後，美軍於 10 至 11 月在香港的行動只有佈雷，以打擊日軍在華南和香港的海運，並支援國軍抵抗「一號作戰」和美軍在菲律賓的行動。10 月 30 日至 11 月底，美軍多次在香港附近水道佈雷。12 月，日軍在廣東和廣西的攻勢漸強，美軍又在香港發動連串攻擊，以壓制日軍的水路運輸。8 日，15 架 P-51〔應來自第 118 戰術偵察中隊（118th Tactical Reconnaissance Squadron）〕攻擊維港內的船隻，以及北角一帶的海軍設施，擊中一艘貨船，又使北角的倉庫起火。美機又掃射了啟德機場，擊毀一架第 254 航空隊的零式戰鬥機。[23] P-51 性能比日軍戰鬥機要強，加上可以裝載火箭，因此對攻擊香港的船隻得心應手，更在 12 月下旬（19 日、20 日、22 日及 24 日）多次對香港發動襲擊。可是，美機在 24 日的攻擊中，在大嶼山以北大小磨刀洲附近，擊沉了來往香港與澳門的內河運營組合的客輪嶺南丸。當時嶺南丸與另外兩艘船在龍鼓水道航行，美機向最大的嶺南丸進行掃射。據當時報載，掃射擊斃乘客多人，美機兩枚炸彈命中嶺南丸，將其擊沉。當時船上共載有 468 名乘客，其中至少 349 人喪生，包括華民代表陳廉伯，部分傷者被送到廣華醫院救治。[24] 陳氏疑似逃亡澳門途中被殺一事，因媒體報道而廣傳，對日本的聲譽打擊不少。

1945 年 1 月，美軍已放棄進攻華南沿岸的計劃，美國海軍已可自由進入西太平洋和南中國海。為支援美軍在呂宋島登陸以及切斷日本與東南亞的聯繫，美國海軍發動「感恩行動」（Operation Gratitude），第 3 艦隊於 1 月來往於南中國海，對台灣、香港及金蘭灣等地發動空襲。1 月中，第 3 艦隊接近香港，於 15 日派出 42 架 F6F 戰鬥機攻擊啟德機場，測試日軍空防。翌日，第 38 特遣艦隊再次派機攻擊香港，共派出多達 290 架戰鬥機、58 架轟炸機和 91 架魚雷轟炸機。這次攻擊規模空前，是美軍在太平洋戰爭期間對香港發動的最大規模攻擊。[25]

美機當日不斷飛臨香港，第一波飛機於早上 9 時到達，最後一波則於晚上接近香港。一張當時美軍航空母艦上拍攝的照片顯示，美國海軍大致掌握日軍在香港的主要設施。是次攻擊的目

23《華僑日報》，1944 年 6 月 9 日，頁 4。即使在紅磡空襲後，當局仍在「調查」各區防空洞是否適合使用。見《香島日報》，1944 年 10 月 20 日，頁 2；1944 年 10 月 21 日，頁 2；《華僑日報》，1944 年 12 月 1 日，頁 2；1944 年 11 月 3 日，頁 2；1944 年 11 月 9 日，頁 2。

24「昭和 19 年 4 月 1 日～昭和 20 年 1 月 23 日　第 2 遣支艦隊戦時日誌（5）」，《海軍一般史料》，アジア歴史資料センター（JACAR），Ref: C08030033200，頁 0989。《華僑日報》，1944 年 12 月 26 日，頁 2；《大眾報》，1944 年 12 月 31 日，頁 4；《華僑報》，1944 年 12 月 31 日，頁 4。

25 鄺智文，《重光之路：日據香港與太平洋戰爭》，頁 304-309。

標，包括維港內的船隻、海軍基地，以及維港兩岸的船塢和倉庫。在美軍艦隊接近前，日軍有兩個輸送船團正在附近，這兩個船團均被指示前往香港集結，以集中火力對抗空襲。由於維港兩邊均為山脊，美機攻擊時頗受地形所限，只能從數個方向接近，因此日軍得以集中船上和地面的高射砲陣地的火力向美機還擊。當日除美國海軍外，陸軍航空隊亦有派機到香港，但第 38 特遣艦隊沒法和中國內陸的第 14 航空隊協調行動。後者的飛機飛抵香港時亦和海軍的飛機混在一起，加上大量美機在香港上空，造成不少混亂。

美軍飛機大部分都攜帶了炸彈和火箭彈，另有少數 TBM 轟炸機帶上了魚雷，但似乎未有日本船隻被魚雷擊中。部分飛機則裝載了 2,000 磅的大型炸彈，以破壞大型乾船塢。據戰後調查，日軍當日損失了四艘油輪、三艘貨輪（它們或是被擊沉，或是損壞得難以修復，其後被放棄），其他船隻則遭到不同程度的損傷。[26] 美機在香港及附近至少損失了 10 多架飛機，甚至出現兩架 TBM 魚雷轟炸機在空中相撞導致五名機組人員殉職的記錄。[27] 至近年，這兩架飛機的殘骸才於南區的大潭被發現。[28] 此外，一組來自美國海軍航空母艦蘭利號的 F6F 攻擊了赤柱拘留營。由於飛行員誤以為拘留營的部分為高射砲陣地和兵營，因此向其投彈，其中一枚炸彈擊中了拘留營的 C 號平房，導致 14 名被拘留者死亡。[29] 各地亦有市民被流彈或碎片擊傷。[30]

第 3 特遣艦隊攻擊香港，象徵著日本海軍已失去對西太平洋的控制權。第 308 大隊亦緊接於 1 月 18 日派出 29 架 B-24 轟炸香港，但機隊接近香港時被密雲阻礙了視線，因此被迫放棄任務，部分飛機更誤把炸彈投海。三日後，第 308 大隊再次派出 30 架 B-24 轟炸太古船塢，但由於目標區被雲層籠罩，機隊轉而攻擊了先前少有被地氈式轟炸的金鐘第二海軍工作部基地。[31] 灣仔和中環地區多處中彈，造成不少平民傷亡，特別是修頓球場一帶的灣仔區。[32] 親歷其境的陳君葆在日記中描述：「五點餘我步行回來，沿莊士敦道視察災區的慘狀；差不多每一幢房子都中彈；電車路中心滿積著灰塵沙坭，磚頭已略清理些，理出一條可以通貨車的路來。有些倒塌了的房屋，簡直不曉得要經多少時日才能發掘得妥。走到大新，

26 林寛司，《日本艦船戦時日誌：大東亜戦争：洋上戦没者の行方を語る海軍艦艇・雑役船 1,262 隻と陸軍船及び 20 総屯以上民間船 6,051 隻の行動と戦闘記録 下巻：昭和 19 年 4 月 - 昭和 20 年 9 月》，（林寛司，2012），頁 1174。

27 鄺智文，《重光之路：日據香港與太平洋戰爭》，頁 310。

28 "'Most violent day' in Hong Kong's History: Expert Team Ready to Dig Up Wreckage of US Warplane Shot Down in WWII," *South China Morning Post*, 6/11/2021.

29 《華僑日報》，1945 年 1 月 18 日，頁 2；Tony Banham, *We Shall Suffer There: Hong Kong's Defenders Imprisoned, 1942-45* (Hong Kong: Hong Kong University Press, 2009), p. 241。他們的墓地現時仍在赤柱軍人墳場。

30 《華僑日報》，1945 年 1 月 17 日，頁 2；1945 年 1 月 20 日，頁 2。

31 "Mission No. 505 - Bombing of the Royal Naval Yards, Hong-Kong," GP-0308-HI Jan-Aug 1945, AFHRA.

32 《香島日報》，1945 年 1 月 23 日，頁 2。

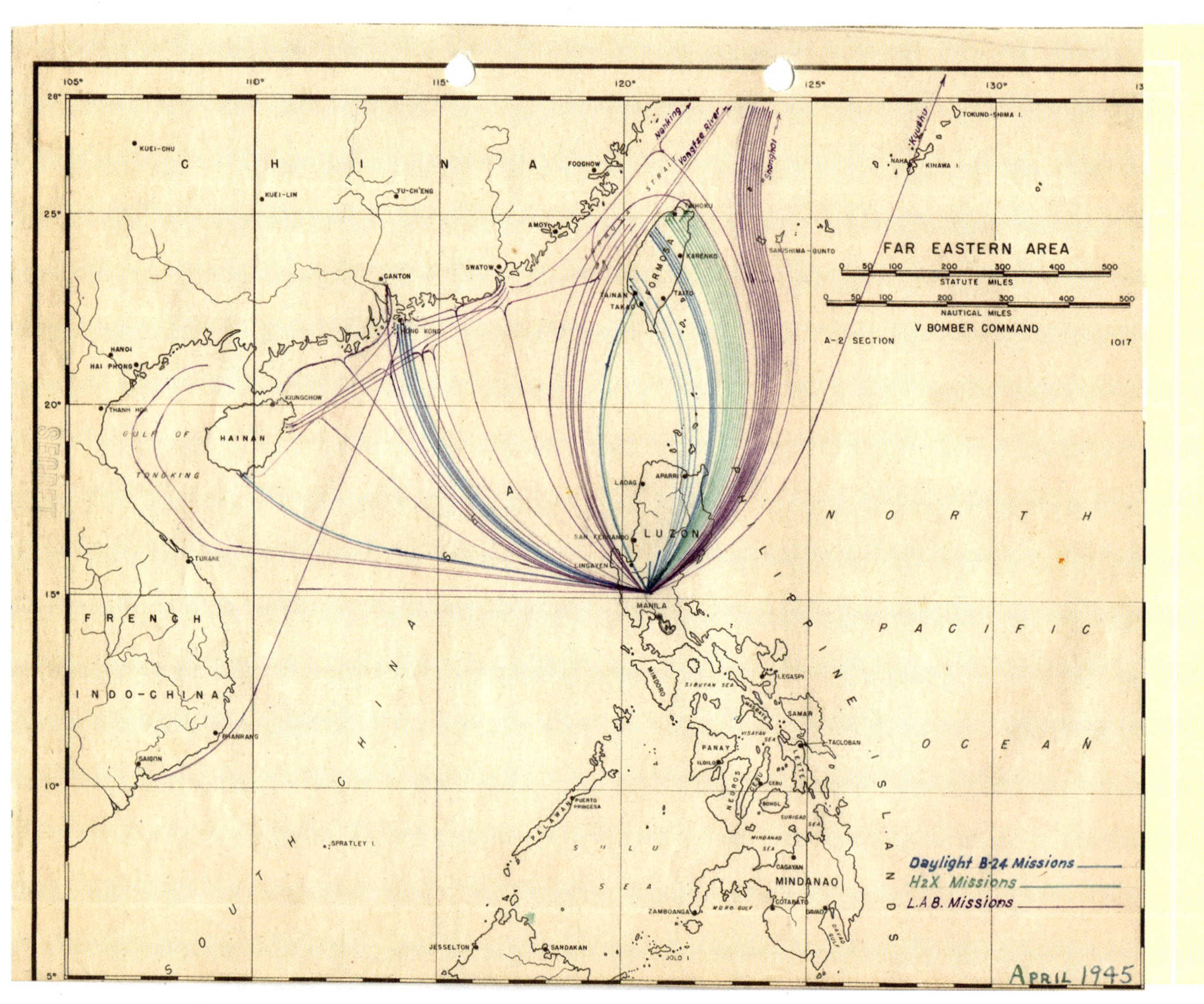

圖 26　遠東航空隊空襲日軍佔領地區的地圖，1945 年 4 月。（AFHRA）

圖 27 遠東航空隊空襲紅磡，1945 年 4 月 5 日。(AFHRA)

看見兩邊的幾間舖都塌掉，那天送米來的夥計坐在門口，臉上一看尚屬驚魂未定，我極力安慰他們後，更轉到福興去慰蔡遠和店裏各人，據說當時吳仲輿兄弟均在那裏，事情來得太急，仲輿大概暈了去。他們述當時事後目擊那許多屍首狼籍，身首異處，斷臂折足到處皆是的情形真使我不忍聽下去！」[33] 當時報紙聲稱有近千人死亡，3,000 人受傷，房屋 500 餘棟被毀或受損。從航空照片觀察，至少在房屋損毀數字一項，數字有可能誇大。[34]

16 日，空襲的傷者包括另一位華民代表劉鐵成，他在中環的辦公室受傷。雖然報紙當下聲稱他並無大礙，而且他亦接受訪問以證其事，但他隨即於 3 月去世，成為四個華民代表中第二個死於美軍空襲者。從當時市民角度看，和日軍的主要合作者竟有一半被美軍擊殺，加上美軍空襲對市面的破壞，他們自然理解到戰爭的實際走向。這次空襲後，第 14 航空隊未有再派重型轟炸機攻擊香港。日本大本營則繼續 1944 年 11 月的決定，即實質上放棄香港，並將之交由廣東的第 23 軍控制，更在 1 月的大空襲後進行部分撤僑行動，把部分日僑和台灣人送回日本和台灣。

在戰爭的最後數月，美軍遠東航空隊接手攻擊香港，其中一個轟炸大隊的報告指攻擊香港，是「期待已久對日本海運心臟的打擊」。[35] 3 月 28 日，第 14 航空隊的 P-51 抵達香港進行制空行動，擊毀三架日機。[36] 四日後，天氣許可，遠東航空隊第 90 大隊（90th Bombardment Group）與第 380 大隊（380th Bombardment Group）派出 43 架 B-24 自菲律賓克拉克機場（Clark Field）起飛，攻擊黃埔和太古兩座船塢及維港船隻。[37] 規模和補給均遠超第 14 航空隊的遠東航空隊於此次行動後即連續數日進行攻擊，不給日軍喘息的機會。3 日，第 22 轟炸大隊（22nd Bombardment Group，以下簡稱第 22 大隊）與第 43 轟炸大隊（43rd Bombardment Group，以下簡稱第 43 大隊）又派出 42 架 B-24 轟炸維港船隻，擊沉了一艘軍艦與兩艘貨輪，又命中了大同船塢、昂船洲，以及尖沙咀等地。[38] 4 日，第 22 大隊與第 43 大隊的 42 架 B-24 再臨香港，這次攻擊太古、金鐘海軍船塢、黃埔船塢、銅鑼灣，以及維港的船隻（圖 27）。[39] 當日，他們亦意外擊中了銅鑼灣的聖保祿醫

33「一月廿二日」，見謝榮滾編，《陳君葆日記：卷二 1941-1949》（香港：商務印書館，2004），頁 341。

34《華僑日報》，1945 年 1 月 22 日，頁 2。

35 "Headquarters 22nd Bombardment Group (H) Unit History," GP-22-HI, Apr 1945, AFHRA, p. 2.

36 Kit Carter and Robert Mueller, eds., U.S. Army Air Forces in World War II Combat Chronology 1941–1945 (Washington: Center for Air Force History, 1991), p. 659；香港海軍会，《香港海軍の年譜》，85。

37 "History of the 319th Bombardment Squadron (H)," SQ-Bomb-319-HI 1 Apr-30 Apr 45, p. 2; "History of the 320th Bombardment Squadron, 1-30 April 1945," SQ-Bomb-320-HI 1 Apr-30 Apr 45, pp. 2-3; "History of the 321st Bombardment Squadron, Mcquire Strip, Mindoro, Philippines, 1-30 April 1945," SQ-Bomb-321-HI 1 Apr-30 Apr 45, p. 1; "History of the 400th Bombardment Squadron, 1-30 April 1945," SQ-Bomb-400-HI 1 Apr-30 Apr 45, pp. 1-2; "528th Squadron History," SQ-Bomb-528-HI Apr-45, pp. 1-2; "History of the 529th Bombardment Squadron," SQ-Bomb-529-HI Apr-45, p. 3; "History 530th Bombardment Squadron," SQ-Bomb-530-HIT Apr-45, pp. 4-5; "History of the 531th Bombardment Squadron," SQ-Bomb-531-HI Apr-45, AFHRA, p. 6.

38 "History of the 43rd Bombardment Group (H) 1-30 April 1945," GP-43-

院，導致數百人傷亡（詳見第二部分第一章〈港島〉第七節〈銅鑼灣區〉）。[40] 5 日，第 43 大隊又派 20 架 B-24 轟炸太古、黃埔、海軍船塢，以及九龍碼頭等地。美軍可能已經從不同渠道得知 1944 年 10 月 16 日的災難，因此他們從黃埔船塢的正面進入（即上次航道的對角線），不但擊中船塢，紅磡另一邊的中電鶴園發電廠亦被嚴重破壞，以及在海軍船塢維修的日軍油輪神威號，它其後被拖到昂船洲。[41]4 月 13 日，第 43 大隊 18 架 B-24 再次攻擊神威號，最終將其徹底摧毀，又把荃灣的德士古油庫炸毀。[42] 其後，雖然香港鄰近水域的船隻不時遭到攻擊，但美軍已經鮮有攻擊香港。為報復這些空襲，日軍於 4 月 6 日在石澳把 1 月 15 日俘獲的美國第 118 戰術中隊指揮官霍克中校處決。[43]

在戰爭最後階段，日軍仍嘗試在香港建造木製船隻以維持華南沿岸的海運，因此美軍在 1945 年 6 月 12 日上午對銅鑼灣避風塘發動了首次燒夷彈（Napalm）攻擊。當時，美軍遠東航空隊第 22 大隊與第 43 大隊 62 架 B-24 奉派轟炸香港（29 架來自第 22 大隊，35 架來自第 43 大隊，其中兩架飛機中途折返），他們配備了 55 加侖的膠化汽油彈。實驗證明，這些汽油彈可以在水上燃燒，因此美軍打算測試它在實戰中的效果。[44] 例如第 43 大隊第 65 中隊 10 架飛機攜帶了 80 個膠化汽油彈，從西面向東飛越銅鑼灣，在灣仔和銅鑼灣一帶投彈，飛行高度約為 3,900 米（13,000 呎）（圖 28）。[45] 雖然報告認為攻擊大致成功，部分燃燒彈落在中環市區造成約 100 名平民傷亡。大部分傷者被送到上環的東華醫院救治。報載當時情況如下：「〔美機所投之彈〕⋯⋯盡落本港中區華人密集之住宅商店區域，災區遼闊，受害慘重⋯⋯查此次襲港敵機，所投之彈，全屬燒夷彈。」[46] 負責救治的東華醫院院長譚嘉士醫生提到，醫院缺乏救治這種燒傷者的藥物，只能以花士令應付。[47] 三日後，東華醫院仍有 38 人留院。[48] 這次攻擊是太平洋戰爭中美軍對香港最後一次大型空襲。

可是，日本投降後，香港再出現一次空襲導致的災難。皇家海軍抵港前兩日的 8 月 28 日，來往香港和澳門的客輪白銀丸在伶仃洋誤觸水雷沉沒，船上當時有數百名乘客。皇家海軍其時正清理

HI (Bomb) April 1945, pp. 5-6; "Headquarters 22nd Bombardment Group (H)," GP-22-HI (Bomb) Apr 1 1945, AFHRA, pp. 2-3.

39 "History of the 43rd Bombardment Group (H) 1-30 April 1945," GP-43-HI (Bomb) April 1945, p. 7; "Headquarters 22nd Bombardment Group (H)," GP-22-HI (Bomb) Apr 1 1945, AFHRA, pp. 3-4.

41《華僑日報》，1945 年 4 月 5 日，頁 2；1945 年 4 月 6 日，頁 2。

41 "History of the 43rd Bombardment Group (H) 1-30 April 1945," GP-43-HI (Bomb) April 1945, pp. 7-8.

42 "History of the 43rd Bombardment Group (H) 1-30 April 1945," GP-43-HI (Bomb) April 1945, AFHRA, p. 18.

43「霍克」，日據香港空間史研究計劃網頁：https://digital.lib.hkbu.edu.hk/japanese_occupation_of_hongkong/faceofwar_item/FW0079/。

44 "Headquarters 22nd Bombardment Group (H) June 1945," GP-22-HI (Bomb), June 1945, pp. 4-5; "History of the 43rd Bombardment Group (H) Period 1-30 June 1945," GP-43-HI June 1945, AFHRA, pp. 16-17.

45 "History of the Sixty Fifth Bombardment Squadron 1-30 June 1945," SQ-Bomb-65-HI, AFHRA, attachment.

46《香島日報》，1945 年 6 月 13 日，頁 2。

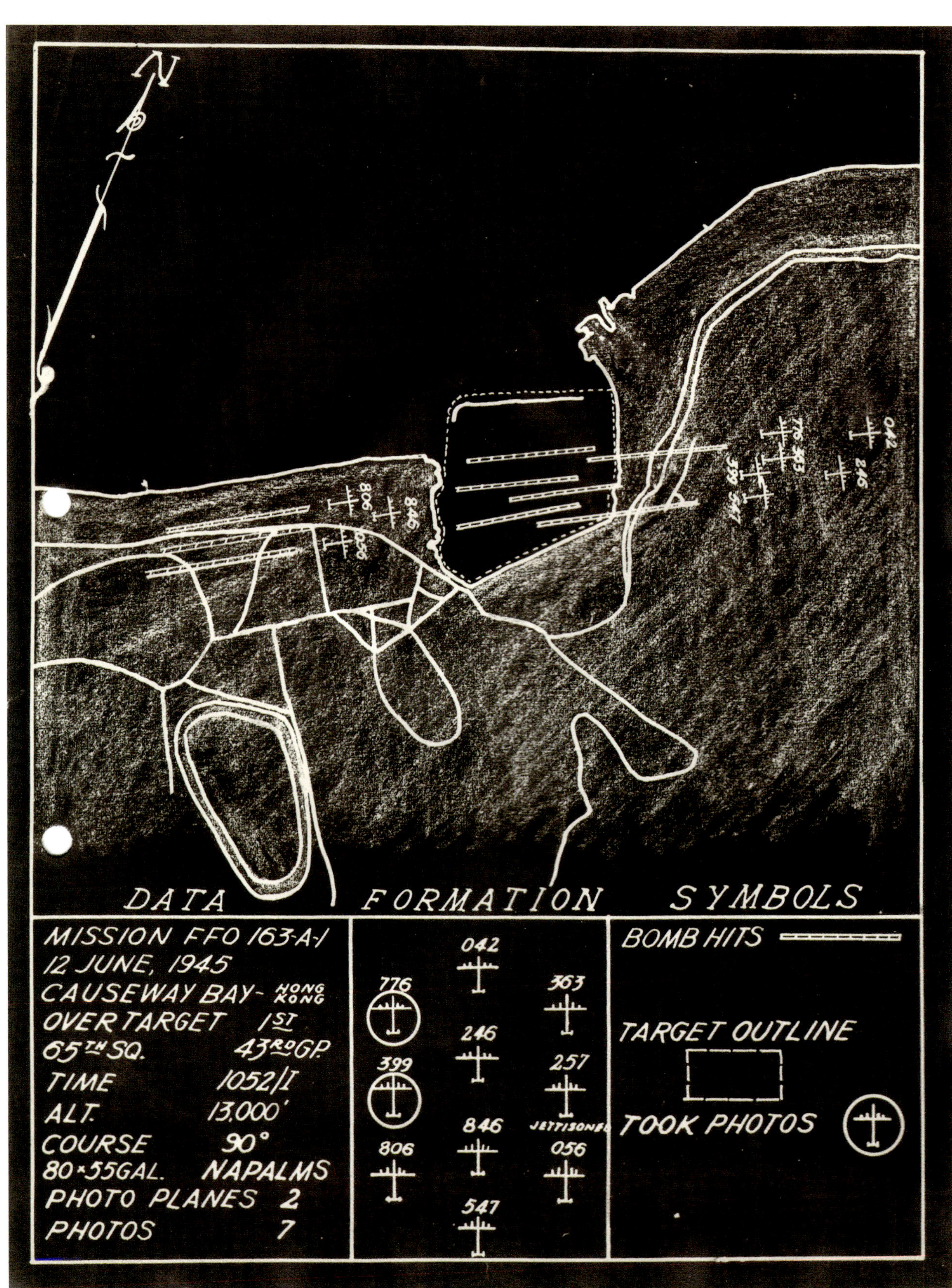

圖 28 遠東航空隊空襲日軍佔領地區的地圖，1945 年 4 月。

香港水域的水雷，但部分西面水道和接近港島的水雷尚未清理完成。結果，船上 700 多人只有 136 人生還。[49] 其時，在附近活動的國軍第七戰區挺進第三艇隊第三縱隊人員救起部分生還者，並將之送往廣華醫院。[50] 由於 30 日即為英軍重回香港之日，此事亦在其後的混亂和激盪中被逐漸遺忘。

綜上所述，由於香港的戰略位置及其設施，使她在淪陷時期成為日軍的後勤基地之一，因之遭到美軍的持續攻擊。即使日軍在 1944 年春發動「一號作戰」，使美軍失去了不少可以使用的機場，但美軍始終未有停止對香港及其鄰近水域的空中攻勢。由於日軍幾乎沒有為香港市民提供任何民防保障，因此一方面美軍對香港的設施和海運帶來重大破壞，另一方面也使香港的市民傷亡慘重。即使美軍的航空和地面情報已相對準確，但當時的技術卻並不容許高度精確的攻擊。香港城市空間狹小，部分重要設施位於密集的民居旁邊，因此大規模的傷亡幾乎是不可避免的。另一方面，即使美軍對日軍的海運有一定的掌握，飛行員發現可能的目標時亦難以辨別，更遑論被動引爆的水雷根本不會選擇其受害者。因此，當時發動戰爭的日軍指摘美軍的空中攻擊導致大量平民傷亡並不公平。

47《香島日報》，1945 年 6 月 13 日，頁 2。

48《華僑日報》，1945 年 6 月 15 日，頁 2。

49《香島日報》，1945 年 8 月 30 日，頁 2。

50〈董事局第十七次會議錄（地點東華醫院）〉(1945 年 9 月 2 日)，頁 1-2；《香島日報》，1945 年 8 月 30 日，頁 2。

第二部分

鷹眼之下：美軍航空照片中的香港

本部分將以航空照片為中心，討論日據時期香港各區狀況。為方便理解當時情況，筆者將以日據時期總督部在港島、九龍，以及新界對各區所劃分的 28 區和四個自治區分別進行討論，並附以報紙等其他資料補充。由於美軍在 1943 年 7 月才進行首次航拍，因此美軍照片所反映的是 1943 至 1945 年間的香港，日軍照片則反映了 1942 至 1943 年新界的狀況（詳見附錄一〈日本海陸軍拍攝的香港航空照片〉）。

為方便讀者閱讀航空照片，筆者把航空照片進行地理配準，將之旋轉至上方向北的方向，又為每區的地標建築標上號碼，並註明在照片旁的小地圖中。例如，中環滙豐銀行大廈在小地圖中是（1-1）、灣仔街市是（5-7）、黃埔船塢是（15-1）等等。1942 年中，總督部公佈各區範圍，內容以各區所包括的街道或地方（例如新界的村落）為限，但沒有明顯的界線劃分。

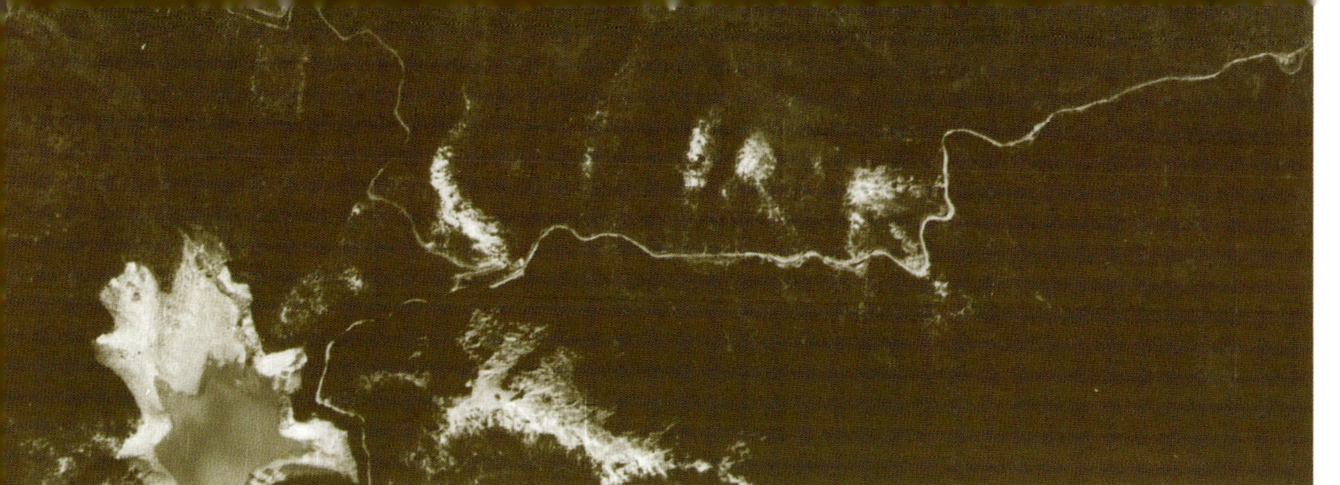

| 第一章 | 港島 |

在戰前，港島是香港的管治、行政，以及商業中心，尤其是中區一帶。自 1920 年代開始，灣仔至北角一帶就發展成為華人聚居地，亦有少量工廠位於北角至銅鑼灣一帶。此外，港島東的太古則有亞洲最大的船廠之一——太古船塢，以及產品供應全亞洲的太古糖廠。至於筲箕灣和香港仔均是漁港，但兩者亦出現工業發展，例如香港仔船塢等。南區的赤柱和鶴咀半島則較少發展，但兩地均有大型的海防要塞。

在日據時期，總督部把港島分為中區、西區、水城區、藏前區、山王區、東區、春日區、銅鑼灣區、青葉區、元港區、筲箕灣區、赤柱區等 12 個區。香港地區事務所位於德輔道中 20 號，渣甸屬下 Hong Kong and China Property 公司的總部。日軍對港島大概以人口密度和功能劃分各區，由於中區至堅尼地城一帶在佔領初期人口密集，因此被劃分為四區，但實際上其功能類似，均為華人人口密集的商業區。另一方面，東區、春日區、銅鑼灣區，以及青葉區實質上為日本海軍控制範圍，有大量海軍設施和相關人員進駐。至於筲箕灣區、元港區，以及赤柱區均是港島的郊區部分，人口密度較低，而且分散，因此這三區範圍比市區各區要大。

第一節　中區

在戰前明信片中，中區已是大廈林立的現代城市，常見地標包括滙豐銀行大廈（1-1）、定例局大樓（1-2），香港前終審法院大樓，法定古蹟）、太子行（1-3）、告羅士打行（1-4）、香港大酒店（1-5），郵政總局（1-6）等。它們象徵著英國對香港的政治和經濟力量，以及與這個城市的現代化。由於其特殊地位，日軍進攻香港時亦特地提到避免砲擊市區，以免對這區造成太大破壞。[1] 可是，戰鬥期間亦有少數砲彈擊中中環，例如滙豐銀行大廈等。[2] 香港淪陷後，日軍入城式即以中環為終點。第一任總督磯谷廉介來港時，亦從中區的皇后碼頭登岸，然後到中環娛樂行（1-7）進行上任儀式。[3]

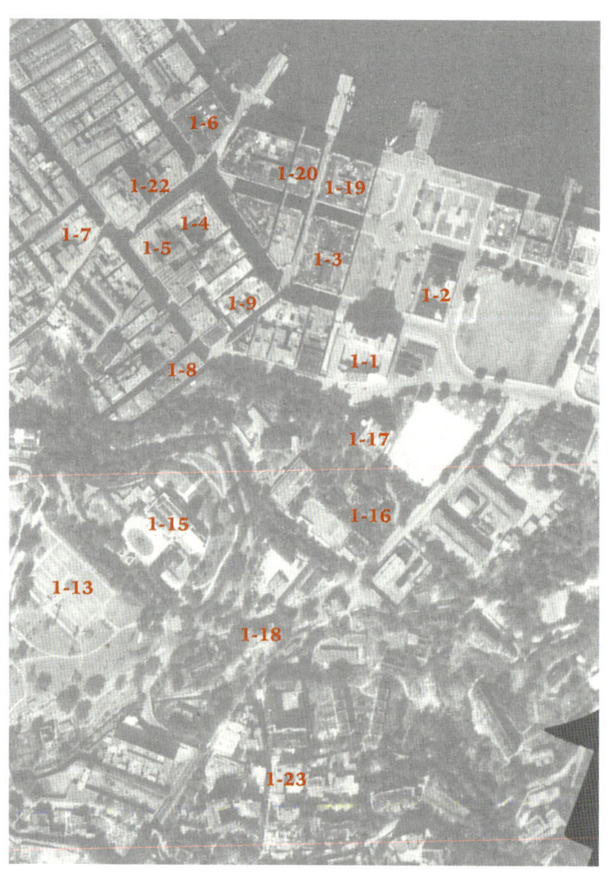

1 防衛庁防衛研修所戦史室《香港・長沙作戦》（東京：朝雲新聞社，1971），頁 87。

2 Kwong Chi Man, Wallace W. L. Lai, and Michael B. C. Rivera, "Showcasing, Contextualizing, and Explaining the Diversity of Human Experiences in Combat Using GIS: The Battle of Hong Kong in 1941 as an Example," *International Journal of Military History and Historiography*, (2024), Online published version: https://doi.org/10.1163/24683302-bja10067.

3 鄺智文，《重光之路：日據香港與太平洋戰爭》，頁 70。

1945-02-01 - B07660 - ON059880 - T153948051 - (21PR-5MB-5) - N22E114-184 - Nr R028

1945-02-01 - B07660 - ON059880 - T153948051 - (21PR-5MB-5) - N22E114-184 - Nr R028

1945-02-27 - B07976 - ON049936 - T153952771 - (21PR-5MB-9) - N22E114-185 - N22E114-186 - Nr FV057

總督部成立前，軍政廳已開始把香港分區，其中把中上環一帶劃為中區，由律師冼秉熹擔任區長，區役所位於孖沙街 18 號。總督部其後劃分各區界限，中區的範圍東至海軍船塢西側、堅尼地道 42 號以及其上方的麥當勞道和梅道，北面則沿著海岸延伸至西面的永樂東街和急比利街（急庇利街，Cleverly Street），西面至中明治通（皇后大道中）333 號、必列啫士街（必列者士街）、衞城街（衞城道）、羅便臣道 95 號，以及出雲通 31 號（干讀道／干德道）[4]，戰後重建的卅間亦被劃入其中。山頂道、鐵崗、梅道一帶亦屬於中區。1943 年普查中，中區有人口 108,443 人，其中有 720 名日人和 1,538 名其他族群的市民。[5]

中區幾乎包括了政府所有主要的辦公室，包括總督部所在的滙豐銀行大廈、前述的香港地區事務所、歸鄉事務所（與香港地區事務所同一大樓）、稅務所、衞生課（萬國寶通銀行大廈，1-8）、家屋登記所、電力下水事務所（雪廠街 10 號，1-9）、敵國銀行清算事務所（太子行）、郵便局等。此外，負責維持治安、強制執行總督部政策，以及反情報工作的香港憲兵隊，亦佔用了定例局大樓為總部，並以警察總部（1-10，舊中區警署／大館，法定古蹟，位置見頁 95）為憲兵隊西地區總部。從航空照片可清楚見到，大館的主樓和監獄等部分（1-10a）。聖公會聖保羅堂（1-11，一級歷史建築）的部分地方則被日軍用作憲兵教習隊的宿舍，憲查特訓班的入所禮和結業禮亦在此舉行。[6]

在中區亦可見到日本嘗試永久據有香港的重要痕跡。1942 年 9 月，總督部公佈建造香港神社，並成立香港神社御造營社。神社的選址為動植物公園後方的山地，工程約於 1943 年開始進行，並於 1945 年宣佈工程「完成」（1-12，位置見頁 95）。[7] 其中位於羅便臣道的嘉諾撒醫院（Canossa Hospital）、鄰近的房屋，以及維多利亞花園（Victoria Garden）均被拆卸。這裏在 1945 年 2 月拍攝的照片中可見，已經成為一個正在平整的地盤，但未見任何建築物。據香港歷史研究社的考證，下方的動植物公園（Botanic Garden），則可見一條完整的直路，可能是神社的參道，而且在路的末端亦有一建築物，可能是神社的部分。從航空照片中可見，神

4 現干德道。John Whyatt, *Street Index of the City of Victoria &, &c., Hong Kong* (Hong Kong: Noronha and Co., 1938), p. 22。

5《華僑日報》，1943 年 2 月 19 日，頁 1。

6《聖保羅堂百年史》，頁 71-72；《華僑日報》，1942 年 10 月 31 日，頁 4；1943 年 11 月 5 日，頁 4。

7《華僑日報》，1942 年 9 月 10 日，頁 4；1945 年 2 月 8 日，頁 2；1945 年 2 月 17 日，頁 2。

社的規模不小，完成後將佔據整個香港公園和動植物公園後方的山頭，直達香雪道（Hornsey Road）和舊山頂道一帶。動植物公園旁邊的香港公園則被更名為大正公園，其外觀與戰前無多大分別（1-13）。在香港神社西面己連拿利的聖母無原罪主教座堂（1-14，一級歷史建築）則因為梵蒂岡為中立國，加上主教為意大利籍而未受影響。

香港神社的下方，則是原為港督府的總督府（1-15，今禮賓府，法定古蹟，位置見頁 88）。在日據時期，原本已經需要修葺的總督府由日本建築師藤村清一負責改建，他把原有的兩個建築物連成一體，並增加了日式屋頂和塔樓，使它擁有今日的外觀。在航空照片中，可見到總督府在 1945 年 2 月的模樣，其時新增的部分均已出現。在總督府東面，除了部分政府辦公室外，亦有聖公會聖約翰座堂（1-16，法定古蹟），它被日人用作禮堂，使用者包括日本陸軍的軍官俱樂部偕行社（其會址位於旁邊的法國外方傳道會大樓，1-17，法定古蹟），以及在香港成立的日本人會——大和會（1943 年 10 月成立[8]）。座堂旁邊的美利兵房（Murray Barracks）和域多利兵房（Victoria Barracks）則被駐港日軍接管。此外，總督部在 1944 年於梅夫人婦女會會址（The Helena May, 法定古蹟）設立香港市民圖書館，把從包括香港大學等搜掠的書籍經篩選後存放於此（1-18）。[9] 負責此工作者包括日人學者以及陳君葆等本地學者。

在山下的中環市區則是香港商業區的精華地段，這裏成為日本公司的集中地，其中包括和軍方及物流相關的企業，例如廣東荷役倉庫、東亞海運、戎克船主組合等，這些機構進駐了中區核心地段的皇后行（Queen's Building）等大廈（1-19）。和軍方有密切關係的物流和開發企業福大公司，亦把辦公室設於附近的聖佐治大廈（1-20），顯示當時物流在日據香港的地位，以及香港作為日本後勤中心的角色。這些辦公室亦夾雜了銀行和保險公司，主要者包括橫濱正金銀行、臺灣銀行、東京火災海上保險公司等，但從其空間看，它們的地位與以往滙豐等銀行在中環卻不可同日而語，又反映了在軍事佔領期間管治和物流比金融重要的現實。從航空照片可

8《華僑日報》，1943 年 10 月 2 日，頁 4；《工商日報》，1946 年 2 月 18 日，頁 4（鳴謝 Victor Li 先生提供資料）。

9《華僑日報》，1944 年 7 月 13 日，頁 4；1944 年 12 月 5 日，頁 2；鄺智文，《重光之路：日據香港與太平洋戰爭》，頁 38；陳君葆著，謝榮滾主編，《陳君葆日記全集》（香港：商務印書館，2004）。

1945-02-01 - B07660 - ON059880 - T153948051 - (21PR-5MB-5) - N22E114-184 - Nr R028

見，雖然海運活動比戰前減少，但仍有船隻在中環海濱各個碼頭活動（1-21）。

正因為中環的經濟和政治地位，在當時信息傳遞手段和速度比今日仍有距離的背景下，香港的傳媒機構大多仍在中環運作。在日據時期的主要媒體，例如《香港日報》、英文《香港日報》（*The Hongkong News*）、《朝日新聞》、大阪每日新聞社、興亞書店、崛內書店等，以及總督部督導成立的香港記者會[10]和負責管理電影事業的映畫配給社香港支社，均位於雪廠街一帶（皇后大道中 9 號）。由日人要求胡文虎出資成立的大同圖書，亦在畢打街 12 號（1-22）成立辦公室。它在日據時期出版了《新東亞》（1942 年 8 月至 1943 年 1 月）和《大同畫報》（1942 年 8 月至 12 月）等雜

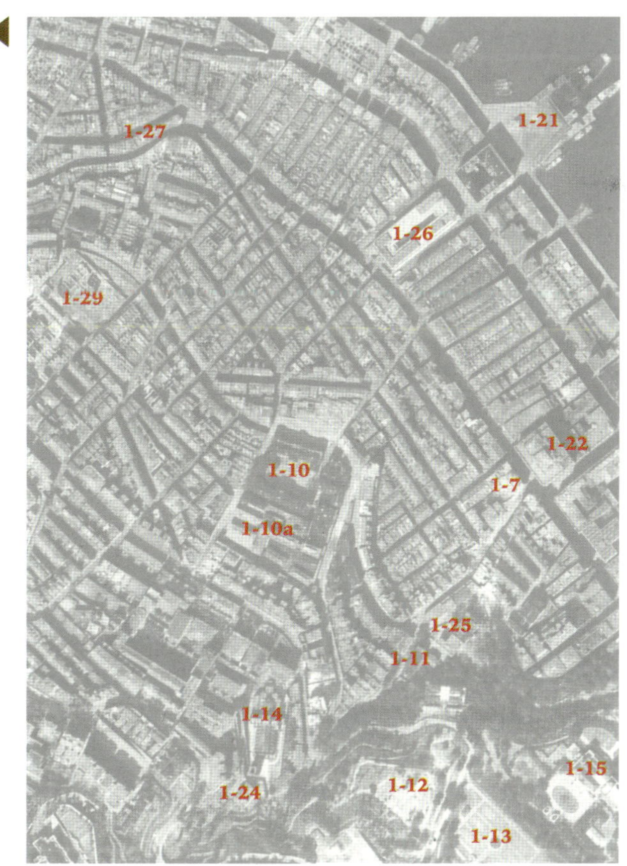

10《華僑日報》，1942 年 12 月 3 日，頁 4。

11 香港電話局：《日本人關係電話番號》，頁 9；鄺可怡，《跨越歐亞：香港報刊抗戰文藝資料翻譯與選輯（1937-1945）》（香港：中華書局，2024），頁 813。

1945-02-01 - B07660 - ON059880 - T153948051 - (21PR-5MB-5) - N22E114-184 - Nr R028

1945-02-27 - B07976 - ON049936 - T153952771 - (21PR-5MB-9) - N22E114-185 - N22E114-186 - Nr FV057

誌。[11] 此外，被日人佔用的告羅士打酒店（1-4，更名為松原酒店）附近亦有不少文化機構。

中區的教育設施亦被日本化。除了香港市民圖書館外，戰前已成立的香港日人學校——香港國民學校，仍於堅尼地道原址運作（1-23）。[12] 這裏亦出現不少日文學校，部分這些學校的取名亦頗有時代特色，例如興亞日語練成所、共榮日語、大亞細亞洲日語學校等。少數戰前在中區運作的學校，則由於其辦學者屬於中立國國民或本地人而繼續營運，例如愛爾蘭籍神父管理的華仁書院（1-24）。至於鐵崗的聖保羅書院（1-25）則曾被用作總督部文教課教員講習班，以培訓教師。[13]

從航空照片亦可見，中環街市以西華人社區密集的房屋。中環街市（1-26，三級歷史建築）被更名為中央市場，由總督部民

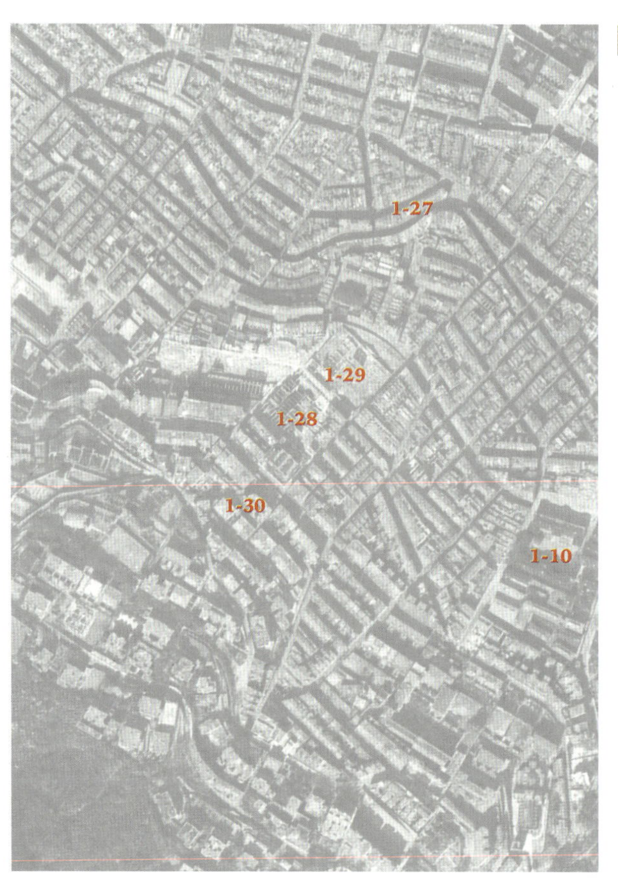

12 《華僑日報》，1942 年 8 月 23 日，頁 2。

13 "Register of Enemy Properties - Vol. 2," HKRS141-19-29-2, HKPRO, p. 11.

1945-02-01 - B07660 - ON059880 - T153948051 - (21PR-5MB-5) - N22E114-184 - Nr R028

治部工商課管理。由於海路斷絕，不少在中上環一帶的南北行（1-27）均難以營業，相關業務亦大受影響。另一方面，這裏仍有大量人口居住，所以亦有較多的米、鹽、油商售賣配給物資。這個密集的聚居地亦成為抗日活動的溫牀。現有資料顯示，中區一帶既有國民政府中統人員的電台、英軍服務團人員的居所和工作地點，亦有中共港九大隊的油印室。其中英輝台 7 號是中統在港系統領袖邱清漪的住所，亦是電台所在地。[14] 居住在羅便臣道的聖保羅中學校長黃韶本，以及居住在堅道的愛爾蘭人摩拿漢（Thomas Christopher Monahan）亦曾協助英軍服務團，因此被日軍處決。[15]

當時，香港不少房屋缺乏修葺，部分更因為受到戰火波及而搖搖欲墜。1944 年，卅間已因為不宜居住而遭到清拆。從 1943 年 7 月拍攝的航空照片可見，卅間當時似乎尚未清拆，其外形仍可辨認。另一張在 1945 年 2 月的照片則清楚顯示，卅間正被拆卸，部分房屋已沒有屋頂，只剩下外牆（1-28）。[16] 附近在香港戰役期間被洗劫的中央書院（1-29，今皇仁書院）亦在 1944 年遭到清拆。[17] 從 1945 年的航空照片中，可從其影子看出，它只剩下一幅兩層的外牆。附近的何甘棠住宅（甘棠第，今孫中山紀念館，法定古蹟）亦清晰可見（1-30，法定古蹟），但似乎未受戰火波及。

14 姬田光義，《重慶中国国民党在港秘密機関検挙状況》，頁 26、206-207；方蘭，〈刺向香港日寇的一把尖刀〉，收入莫世祥（編），《香港抗戰親歷記》，頁 330。

15 "Judgment," 9/10/1943，WO325/167, 1-8; "Judgment," 1/10/1943，WO325/167, 1-9.

16 有關卅間清拆的報道見《華僑日報》，1944 年 7 月 4 日，頁 4；1944 年 7 月 12 日，頁 4。感謝香港史學會劉國偉先生提供資料。

17《華僑日報》，1944 年 7 月 12 日，頁 4。

1945-02-01 - B07660 - ON059880 - T153948051 - (21PR-5MB-5) - N22E114-184 - Nr R028

1945-02-01 - B07660 - ON059880 - T153948051 - (21PR-5MB-5) - N22E114-184 - Nr R028

1945-02-27 - B07976 - ON049936 - T153952771 - (2 1PR-5MB-9) - N22E114-185 - N22E114-186 - Nr FV057

第二節　西區、水城區

自 19 世紀末以來，上環、西營盤一帶已是華人的商業和聚居地。沿著干諾道的碼頭和三角碼頭有來往於省港的船隻，海旁一帶則有大量招待船員和旅客的小旅館。在上環一帶，則是華人在香港商業上的發跡之地。文武廟（2-1）、中華基督教青年會（2-2）、中華基督教會公理堂（2-3），以及東華醫院（2-4）及其擁有的物業，均顯示了華人組織在這裏的影響力。由於這裏人口密集，港府於戰前亦興建了上環街市（分為南北兩座），以及規模僅次於郵政總局的上環郵局和不少公廁。作為平民消遣地的「大笪地」（2-5）和高陞戲院（2-6）等，亦於東華醫院和上環街市附近出現，顯示了這裏有大量中下層華人聚居。至於東華醫院以西的西營盤一帶，則是 1894 年香港鼠疫的產物，當時港府把被認為不衛生的華人住宅區拆卸，並重新規劃第一、二、三街和中間的正街以及附近街道。有見這裏是華人工人階級的聚居地，港府興建了西營盤醫院（2-7）和街市（2-8）。其中西營盤醫院在其南面有一片作為操場和花園的平地，其上建有婦產科病房

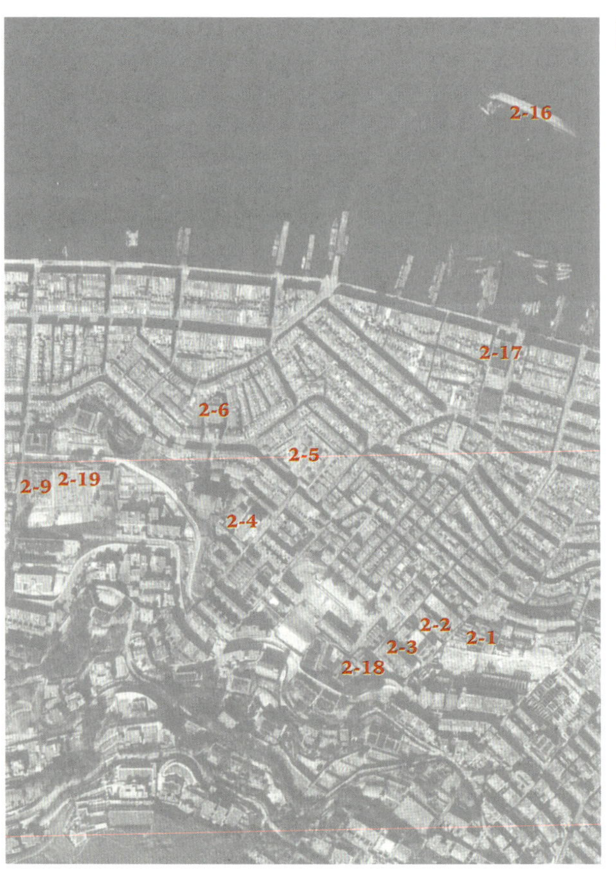

1945-02-01 - B07660 - ON059880 - T153948051 - (21PR-5MB-5) - N22E114-184 - Nr R028

和醫生宿舍（2-9）。[1] 西營盤街市於 1933 年落成，從航空照片看其四層建築在這裏頗為顯眼。精神病院則位於高街，收容華洋精神病人（2-10，法定古蹟；現為西營盤社區綜合大樓），其旁邊則有天主教會的聖心嬰堂（2-11，Sacred Heart Orphanage），西邊街則有專門負責接生的贊育醫院（2-12，一級歷史建築；現為西區社區中心）。

香港戰役期間，由於日軍少有砲轟市區，加上上環一帶相對遠離戰鬥地域，因此戰鬥對這裏少有破壞。香港淪陷後，總督部將上環至西營盤分別劃為西區和水城區，前者顧名思義為旁邊中區的西面，後者則可能因其面向維多利亞港的眾多碼頭命名。西區大概東西界限為上環街市至西住吉通（干諾道西）87 號附近的西江碼頭至大道西 165 號一線，南面則大概包括儒林臺、普慶坊卜公

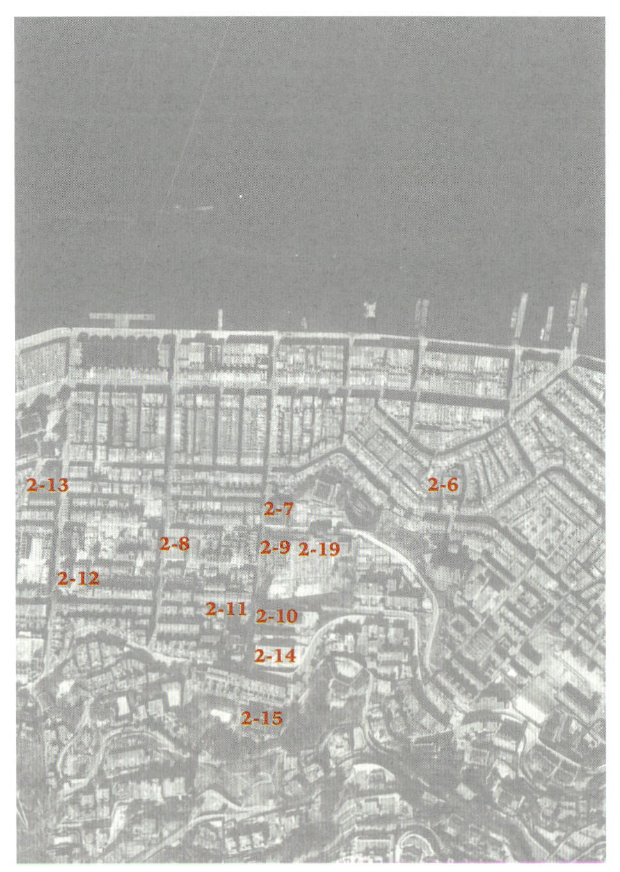

1 "Hospital Gardens & Recreation Ground / King George V Park [c.1880-]," Gwulo.com, Link: https://gwulo.com/node/38217#17~22.28571~114.14452~Map_by_GovHK-Markers~100.

1945-02-01 - B07660 - ON059880 - T153948051 - (21PR-5MB-5) -N22E114-184 - Nr R028

花園，以及律打街。水城區則東起西江碼頭（又稱三角碼頭，今上環消防局和皇后街之間），西至西邊街，南面則至克頓道和寶珊道，以及部分出雲通（干讀道，即今干德道）。其中西區區役所位於文咸西街，水城區區役所則位於高街救恩學校（先於德輔道西，其後改為救恩學校）。由於這裏人口眾多（1943 年 2 月兩區共有 88,646 人），因此憲兵隊在這裏有大道西和醫院道派遣隊，分別駐在石塘咀警署（2-13）以及般咸道小學（2-14，法定古蹟），英軍服務團亦有資料指後者是日軍駐地。[2] 般咸道小學成為日軍駐地，可能是因為它位於山頂出雲道日本人聚居地與山下的華人聚居地之間，而且在該區的是比較現代化的建築物，因此被徵用。總督部亦佔用了曾被用作臨時醫院的聖士提反女子中學（2-15，法定古蹟），成為專門用作訓練總督部本地人員（稱為事務員養成機關）的東亞學院。[3]

香港淪陷期間，由於貿易斷絕，不少本來在這裏運作的南北行均停止營業。干諾道沿海本來有大量碼頭，但海運大減使得這些碼頭變得冷清。1944 年 6 月，總督部指定西區的寶德、同安、平安等碼頭為接待貿易船隻的專用碼頭[4]，但實際上只有機帆船抵港，大型船隻甚少。從航空照片可見，這些碼頭的確有機帆船聚集，但附近並無大型船隻，反而有一艘沉沒的日本油輪松島丸在對開海面露出船底，彷彿提醒所有人戰爭的走向（2-16）。

總督部悉數佔用港府的物業和設施，例如上環街市北座（2-17，法定古蹟；今日西港城）成為中住吉通市場，較為現代化的南座（今重建成上環市政大廈）則成為明治市場，中間的郵局則成為上環郵便分局。至於位於堅巷的政府微生物署成為細菌研究所（2-18，即今日醫學博物館，法定古蹟）。[5] 那打素醫院（Nethersole Hospital）和西營盤醫院則被更名為市民病院第一病院和市民病院第二病院，成為收費醫院。在戰後不久出現的記述中，當時繼續工作的華人醫護人員被日籍護士懷疑為間諜，最終院長橫井憲一安排雙方人員互相學習對方語言。在橫井營運下，醫院運作至 1945 年 9 月初，然後由港府接手。[6] 贊育醫院亦運作至 1944 年 8 月，成為香港產院。[7] 在東華董事局竭力開源節流並和總督部不斷交涉

2 "Shipyards, Industrial Premises, BLDGS under Military Occupation etc in HongKong, " Kweilin Intelligence Summary 66, Appendix D, Elizabeth Collection, Hong Kong Iteritage Project, EMR-IB-04,p.1.

3 "Register of Enemy Properties - Vol. 2," HKRS141-19-29-2, HKPRO, p. 11;《華僑日報》，1943 年 3 月 1 日，頁 4；1943 年 5 月 1 日，頁 4。

4《華僑日報》，1944 年 6 月 11 日，頁 4。

5 "Register of Enemy Properties - Vol. 2," HKRS141-19-29-2, HKPRO, p. 15.

6《華僑日報》，1943 年 11 月 25 日，頁 4；1944 年 4 月 5 日，頁 4；*South China Morning Post*, 21/9/1945, p. 2。

7《華僑日報》，1944 年 8 月 8 日，頁 4。

下，東華醫院繼續提供免費和收費醫療服務，並在空襲期間接收傷者。精神病院在淪陷時期仍然運作，但環境極為惡劣。[8] 從航空照片可見，在精神病院旁的佐治五世公園（2-19，產科病房和醫生宿舍似乎正被拆卸）沿斜路登上平台有一大坑。當時於附近居住的劉文成先生和潘廣樑先生回憶，均曾提到這裏有一個「亂葬崗」，可能即為此處。[9] 潘廣樑在其記述中寫道：「其時居民無力購米者，大都以木薯粉與西提粉充飢，甚有飲鴆止渴，而吃豬糠或蔴麵者，於是餓殍載道，目不忍睹。吾居右側元福里口，死亡者日凡數起，成為公眾殮房，西營盤醫院對上之花園仔運動場，變成亂葬崗，此恐怖局面，為香港歷史上所未有。」[10] 由於港島西只有一個政府殮房，在摩星嶺山腳的東華義莊又未能繼續運作，最近的墳場則位於港島南的雞籠灣墳場，故該處成為暫時的埋葬地。

在淪陷時期，雖然報紙提到「大笪地」繼續營業，但實際上市民生活狀況日壞。上文提到的劉文成先生回憶他在這裏的生活，主要提到飢餓。其後，他跟親戚前往日本海軍第二工作部的船廠（詳見第二部分第一章〈港島〉第五節〈海軍船塢及東區〉）工作，總算避過餓死或被強制歸鄉的命運。從 1945 年 2 月的航空照片可見，西營盤市場附近的第一、二、三街似乎有不少房屋沒有屋頂，顯示它們可能已被棄置。由於此區居民大多屬於工人階層或在附近倉庫工作的苦力，因此很有可能他們因戰爭而失去生計，繼而離開香港。當時亦有資料提到部分有產者選擇離開香港，其物業亦可能因為無人打理而廢置。從當時東華三院管理其屬下物業之困難，亦可一窺當時情況之壞。這兩區有不少東華三院多年購入或獲贈的物業，大多是數層的住宅和連地下的舖面。總督部強推軍票，導致經濟混亂，使東華難以獲得穩定的租金收入。此外，由於經濟活動萎縮，不少店舖和租客均難以繳納全數租金，部分甚至乾脆欠租，東華即使研究從法律途徑追討，亦無可奈何。1945 年 1 月，東華董事局考慮售出文咸西街 58A-60 號一棟三層半物業以充實營運經費，但有見戰局明顯對日本不利，根本無人願意作長遠投資，因此並無買家認購。[11]

8 當時被安置在精神病院的混血兒 Henry Lysaught 更在病院中因營養不良而死。見 Patricia O'Sullivan, *Policing Hong Kong: An Irish History* (Hong Kong: Blacksmith, 2017), p. 390。

9《劉文成先生訪問紀錄第十二段》2023 年 5 月 30 日，頁 2-3。

10 潘廣樑，《家事雜記（第二卷）》，未刊稿，頁 51。

11《華僑日報》，1945 年 1 月 5 日，頁 2。

1945-02-01 - B07660 - ON059880 - T153948051 - (21PR-5MB-5) - N22E114-184 - Nr R028

1945-02-01 - B07660 - ON059880 - T153948051 - (21PR-5MB-5) - N22E114-184 - Nr R028

第三節　藏前區

戰前石塘咀一帶與鄰近的西營盤一樣是華人的聚居地，但區內有數個特殊設施，使之與西營盤有別。除了華人住宅外，這區海旁一帶則是一排排的貨倉，最具規模者包括新旗昌洋行屬下的均益倉（China Provident Co.）、太古倉，以及永安倉等，均益公司亦有自己的碼頭位於德輔道西的海旁（3-1）。在這些貨倉後方的南里一帶，則是著名的煙花之地塘西（3-2），但再往上面則是香港大學（3-3），其本部大樓於 1912 年完成。1886 年，英軍在石塘咀卑路乍街對上的小丘上興建了一個砲台，名為卑路乍砲台（3-4）。在 1941 年日軍入侵時，砲台仍然運作，備有兩門 4.7 吋砲和一門 6 吋海防砲。從航空照片觀之，砲台與山下的民居、倉庫，以及香港大學均非常接近，亦解釋了為何這處正後方山上沒有太多物業（今日該地已蓋滿樓宇）。

香港戰役期間，卑路乍砲台曾向九龍方向射擊。日軍於九龍和新界淪陷後即於鷹巢山、何文田等地設置砲兵陣地向港島北岸射擊，其中一個目標即為卑路乍砲台。據日軍現存資料，日軍

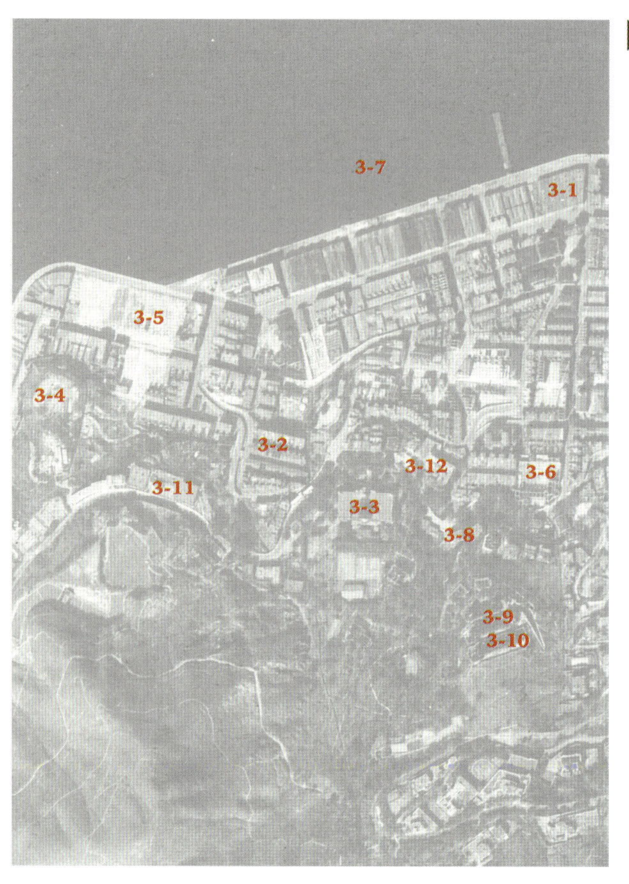

1945-02-01 - B07660 - ON059880 - T153948051 - (21PR-5MB-5) - N22E114-184 - Nr R028

砲兵於 12 月 14 至 17 日至少向卑路乍砲台發射了 296 發砲彈，使砲台失去作戰能力。[1] 猛烈砲轟中，部分砲彈落在砲台前方的石塘咀海邊一帶，使那裏發生大火，需要皇家工兵破壞部分房屋，以阻止火勢蔓延，避免波及旁邊的煤氣鼓，釀成更大的破壞。[2] 因此，從 1945 年的航空照片中可見，均益碼頭後方的倉庫至日富街、和合街一帶的廢墟已被清理，剩下一片平地（3-5）。此外，英皇書院亦在香港戰役及其後的搶掠和日軍短暫佔用中嚴重受損，從照片中亦可見它在 1945 年 2 月已失去了瓦頂（3-6）。[3]

總督部把石塘咀一帶劃為藏前區，這處的「藏」應指這區內大量的倉庫。這區的界線大約為東至西邊街、以至巴丙頓道一線，西至德輔道西和皇后大道西的末端，南至旭龢道一帶。在 1943 年的普查中，藏前區人口有 23,160 人，其中有 134 名日人和 1,538 名其他族群的市民。[4] 由於倉庫業中斷，這區不少苦力人口應已離開，因此可以推想戰爭結束時這區人口只會更少。

戰前，這區已是煙花之地，但自 1930 年代港府廢娼以後並無正式規管。1942 年 9 月，總督部宣佈石塘咀一帶數條街道為「娛樂區」，其中分為茶室業、酒家業、上等娼寮，以及下等娼寮。南里、山道、遇安台、晉成街，以及西明治通（皇后大道西）427-437 號、458-474 號，以及 506-516 號等地均被劃入（3-2）。[5] 由於這裏附近沒有日軍設施，亦沒有像尖沙咀和灣仔一樣有日軍專屬的娛樂設施，因此這個「娛樂區」的服務對象似乎是本地人。總督部對在這裏工作的妓女進行身體檢查，以控制性病的傳播，但此措施只針對女性，卻沒有確保嫖客是否性病傳播者。[6]

另一方面，石塘咀本來最重要的經濟活動 —— 倉庫業 —— 因為戰爭已完全停止。總督部扣起倉庫的貨物，直至數月後才容許市民申請取回。從 1945 年 2 月拍攝的航空照片可見，海邊倉庫區外已完全沒有船隻。照片拍攝時，剛好是美國海軍和陸軍航空隊在 1 月大規模攻擊香港之後，其時日軍基本上已放棄使用香港作為海運中心（3-7）。

日軍進攻香港時，香港大學被用作臨時醫院，其後日軍把大學和馮平山圖書館（3-8）的書籍沒收，經整理後送到香港市民圖

1「ベチエラー南北砲台」，第一砲兵隊彈丸效力調查委員會，《香港攻略ニ於ケル重砲彈丸效力調書》，1942 年 1 月，偕行社文庫藏。

2 鄺智文、蔡耀倫，《孤獨前哨：再論 1941 年香港戰役》，頁 200。

3 英皇書院師生 133 載愛國愛港情（增訂本）梁植穎。

4《華僑日報》，1943 年 2 月 19 日，頁 1。

5《華僑日報》，1942 年 9 月 9 日，頁 4；1942 年 9 月 15 日，頁 4；1942 年 10 月 17 日，頁 4。

6《華僑日報》，1944 年 2 月 3 日，頁 4。

書館（1-18）。馮平山圖書館則被用作總督部立圖書館。[7] 至於本部大樓則未有在佔領時被使用，卻被洗劫一空，至戰爭結束時其木製屋頂已經消失不見。[8] 可是，從 1945 年 2 月的航拍照片可見，其屋頂仍然存在。觀乎 1945 年 2 至 8 月間，這區沒有大規模空襲，因此可以推測屋頂於戰爭最後數月時其木製結構或被拆走。本部以外，盧吉堂（3-9，Lugard Hall）、梅堂及儀禮堂（3-10，May Hall and Eliot Hall，法定古蹟），以及何東工程樓（3-11，Ho Tung Engineering Workshop）均被日軍使用。盧吉堂和梅堂均用作軟禁從戰俘營釋放的防衛軍亞裔和混血兒士兵，英軍服務團情報則指何東工程樓被陸軍航空隊使用，後者可能看中其機械設備。[9] 此外，本部對面的聖約翰宿舍（3-12，St. John's College）則被用作收容生活無著的歐亞混血市民。這裏當時由西士（Elias Davies Sykes）的歐亞混血人慈善社（Eurasian Welfare League）營運。[10] 1943 年 1 月，西士被憲兵指為盟軍間諜和騙取日人配給物資而被捕，並在大館被虐待，他在赤柱監獄服刑至戰爭結束，並在戰後戰犯審判中作證。[11]

7《華僑日報》，1944 年 9 月 27 日，頁 2。

8 Peter Cunich, *A History of the University of Hong Kong, Vol. 1, 1911-1945* (Hong Kong: Hong Kong Univesity Press, 2012), pp. 427-428.

9 "Shipyards, Industrial Premises, BLDGs under Military Occupation etc in Hongkong," Kweilin Intelligence Summary 66, Appendix D, Elizabeth Collection, Hong Kong Heritage Project, EMR-1B-04, p. 1.

10《華僑日報》，1942 年 10 月 5 日，頁 2。

11 " Proceedings of No. 7 War Crimes Court," WO 235/999, pp. 131-141。可是，他亦曾因為欺詐在 1930 至 1950 年代數次被捕，更曾被定罪。

1945-02-01 - B07660 - ON059880 - T153948051 - (21PR-5MB-5) - N22E114-184 - Nr R028

1945-02-01 - B07660 - ON059880 - T153948051 - (21PR-5MB-5) - N22E114-184 - Nr R028

第四節　山王區

日據時期的山王區，包括今日的堅尼地城、摩星嶺、沙宣道，以及薄扶林一帶至香港仔的地段。這區有不少重要設施，例如摩星嶺要塞（4-1）、瑪麗醫院（4-2）、屠房（4-3）、蔴纜廠（4-4）、傳染病醫院等（4-5）。在 1943 年的普查中，山王區有人口 13,349 人，其中有 9 名日人和 67 名其他族群的市民。[1]

美軍可能對這區域興趣不大，因此留下的航空照片不多，而且唯一覆蓋整區的照片是小比例（約 1:58,000）的照片，只能看到大型設施的外形，例如薄扶林一帶的牧場等。另一方面，1945 年 2 月的航拍照片，則清楚顯示了堅尼地城至屠房的景觀。其中位於卑路乍砲台後方的利瑪竇堂（4-6，Ricci Hall），在戰爭期間

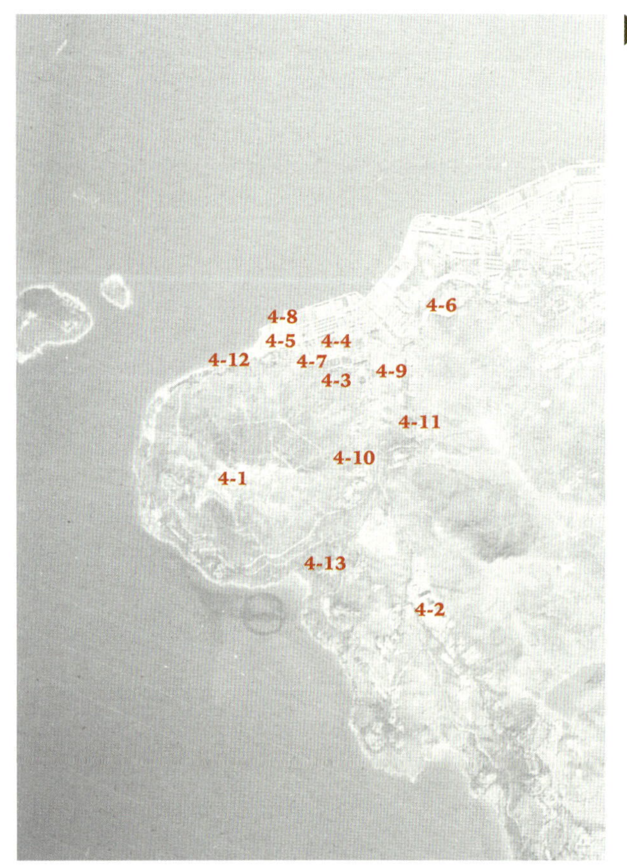

1《華僑日報》，1943 年 2 月 19 日，頁 1。

1943-10-07 - F10076 - ON061226 - T153947340 - (21PRS-M10-9-B) - N22E114-161 - Nr 019

完好，但當時應已被日人佔用居住。此外，日人當時接管了麻纜廠、屠房（更名為香港麻纜廠和香港屠場），以及煤氣鼓。[2] 屠房旁邊的大華鐵工廠（4-7）仍繼續運作，其所有人徐季良更於 1945 年出任東華總理。日人亦在鐵工廠和傳染病院附近，設立了香港水產物卸賣市場，用以統制香港漁業。可是，現時找到的航空照片中只能隱約看見其身影。日人佔用育才書院建立的海員養成所情況亦一樣（4-8）。[3]

在航空照片中，亦可看到例如當時只是一片平地但似乎正被耕作的港大運動場（4-9）、位於摩星嶺山腳的昭遠墳場（4-10）、薄扶林道的戴望舒故居（4-11），以及當時已經存在的鐘聲泳棚（4-12）。日佔時期，鐘聲泳棚繼續運作，慈善社亦曾募捐修理泳棚。[4] 在山脊南面，則是東華義莊（4-13）以及瑪麗醫院。前者由於缺乏營運經費，因此東華決定集中資源經營東華、廣華兩間醫院，所以義莊在淪陷時期，只能暫停接收新遺體。至於瑪麗醫院則被日本陸軍佔用為陸軍療養院，用作接收正在調養的日軍傷病兵，原有的病人和醫務人員則被移至別處。在一名曾於戰時在香港服務的台籍女護士所收藏的照片中，其中一張即攝於瑪麗醫院主樓（三級歷史建築）的門前。[5]

2《華僑日報》，1944 年 4 月 1 日，頁 4。

3 養成所曾召募多期學生，畢業後到日本相關的航運公司工作。《華僑日報》，1943 年 4 月 1 日，頁 4、《華僑日報》，1943 年 6 月 1 日，頁 4。

4《華僑日報》，1943 年 5 月 11 日，頁 4；1945 年 4 月 2 日，頁 2。

5 陳柏棕，〈獻身戰地的青春：從軍看護助手林言的戰爭經驗〉，收入《國史研究通訊》，第 12 期，(2017)，頁 18、14-20。

1943-10-07 - F10076 - ON061226 - T153947340 - (21PRS-M10-9-B) - N22E114-161 - Nr 019

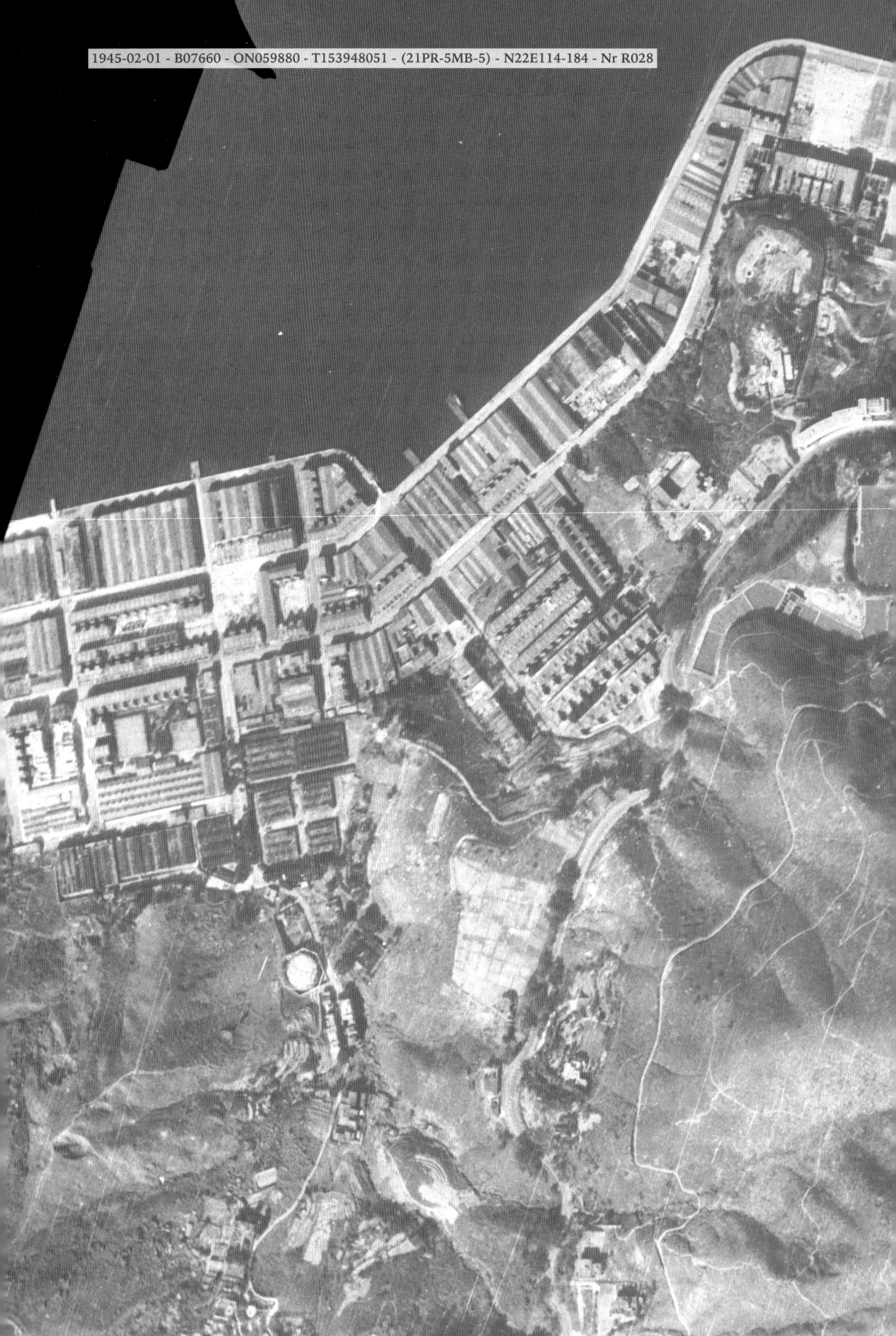
1945-02-01 - B07660 - ON059880 - T153948051 - (21PR-5MB-5) - N22E114-184 - Nr R028

1945-02-01 - B07660 - ON059880 - T153948051 - (21PR-5MB-5) - N22E114-184 - Nr R028

1945-02-01 - B07660 - ON059880 - T153948051 - (21PR-5MB-5) - N22E114-184 - Nr R028

第五節　海軍船塢及東區

自 1850 年代起，位於金鐘的海軍船塢一直把港島北岸的維多利亞城，以及東面的灣仔、銅鑼灣一帶隔絕。20 世紀初，灣仔開始城市化，港府自 1920 年代於灣仔填海，形成了一個以告士打道（Gloucester Road）和軒尼詩道（Hennessey Road）等街道為軸心的市區。在灣仔區以東的銅鑼灣在戰前是一個避風塘，其兩邊沿岸有例如怡和倉庫，以及油庫，等工業設施。灣仔與銅鑼灣之間有寶靈頓運河（Bowrington Canal）貫穿其間，兩邊均有大量華人居住的房屋。至於這區的南面是快活谷馬場（Happy Valley），東面則有禮頓山（Leighton Hill）和大坑一帶的住宅區，其中包括由華僑富商胡文虎擁有、規模龐大的虎豹別墅（Haw Par Mansion）。馬場西面有香港墳場和回教墳場等墓地，南面則是自 20 世紀初開發的住宅區，這裏有不少富裕華人或華僑擁有的大宅。

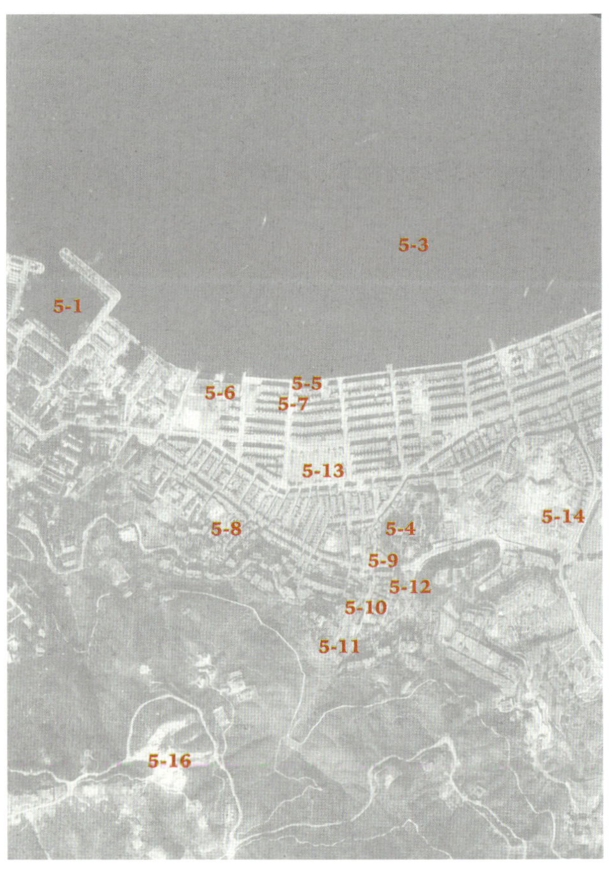

1945-02-01 - B07660 - ON059880 - T153948051 - (21PR-5MB-5) - N22E114-184 - Nr L028

1945-02-01 - B07660 - ON059880 - T153948051 - (21PR-5MB-5) - N22E114-184 - Nr L028

1945-02-27 - B07976 - ON049936 - T153952771 - (21PR-5MB-9) - N22E114-185 - N22E114-186 - Nr FLV059

在香港戰役期間，由於日軍從港島東登陸一路向西面前進，因此寶馬角沿英皇道經北角至寶靈頓、灣仔，以及跑馬地，均成為戰場。在戰鬥期間以及戰鬥結束後，不少日軍（部分可能是後續部隊或運輸人員）在灣仔和銅鑼灣一帶搶掠，甚至有居民被日軍強姦，直至英軍投降後數日情況才稍為穩定。[1]

日軍入侵香港之前，其海陸軍簽訂了《佔領地軍政實施ニ關スル陸海軍中央協定》（關於在佔領地實施軍政的海陸軍中央協定）及《香港攻略後ニ於ケル軍政實施ニ關スル件》（關於香港攻略後軍政實施的文件），就雙方的行動和活動範圍定下界限。佔領香港後，日本海陸軍人員曾爭奪香港各地的不同設施。[2] 海陸軍又簽訂《海軍根據地施設（海軍港務部施設）設定地區に關する覺書》（關於海軍根據地施設〔海軍港務部施設〕設定地區的覺書）以及《香

1 李樹芬，《香港外科醫生》（香港：李樹芬醫學基金，1965），頁 130-131。

2「佔領地軍政實施ニ關スル陸海軍中央協定」，1941 年 11 月 26 日，〈佔領地行政ニ關スル決定綴 昭和 16 年 11 月～昭和 18 年 3 月〉，《陸軍一般史料》，JACAR，Ref: C12120153000；「香港攻略後ニ於ケル軍政實施ニ關スル件」，1941 年 12 月 9 日，〈昭和 16 年「陸支密大日記第 64 號 2／4」〉，《陸軍省大日記》，JACAR，Ref: C04123630100。

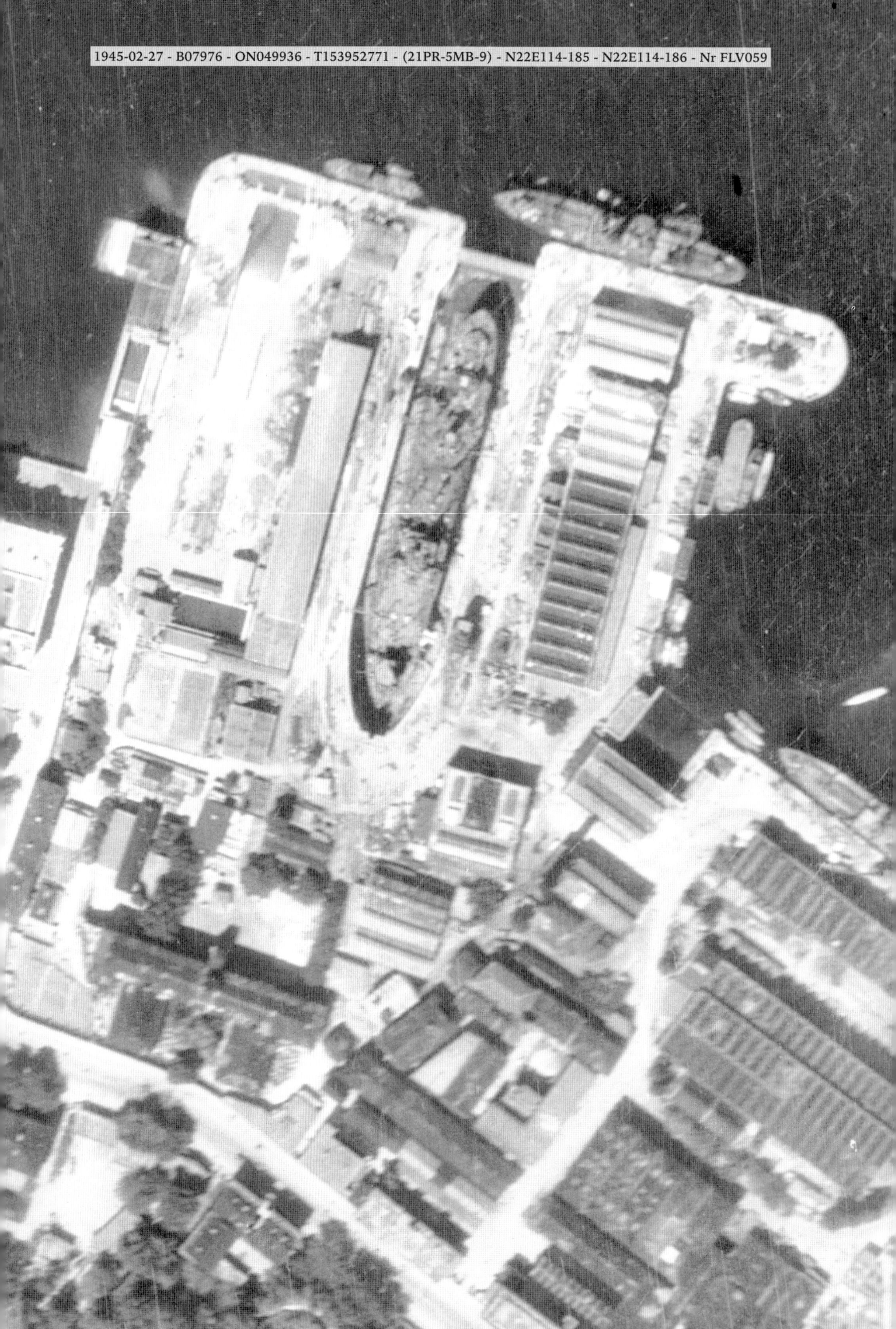
1945-02-27 - B07976 - ON049936 - T153952771 - (21PR-5MB-9) - N22E114-185 - N22E114-186 - Nr FLV059

1945-02-27 - B07976 - ON049936 - T153952771 - (21PR-5MB-9) - N22E114-185 - N22E114-186 - Nr FLV059

港の警備並軍政實施に關する協定》（關於香港警備和軍政實施的協定），把部分地區劃為海軍警備地點，例如海軍控制了皇家海軍的船塢、銅鑼灣東角一帶，以及奇力島。[3] 大約與此同時，總督部劃分各區並建立地方行政機構，灣仔一帶被分成東、春日，以及銅鑼灣三區，但海軍在這些區域的影響力不小。其中東區界限大約東至杜老誌道和天樂里至摩利臣山，西至海軍船塢，南至石水渠街和喼道（由堅尼地道交界至黃泥涌道的皇后大道東）。

金鐘的皇家海軍基地被日本海軍接收，成為海軍第二工作部，隸屬日本海軍工廠，是日本海軍負責維修船隻和武器的部門。它在香港、星加坡等地均有工作部，以應用從盟軍奪取過來的海軍基地設施。從航空照片可見，海軍船塢在 1943 年仍有不少船隻，其中包括數艘擄獲自國民政府的海關巡艦，船塢中亦有日軍艦隻（5-1）。海軍船塢後山的前英軍三軍司令部（5-2，Combined Headquarters），則成為日本海軍第二遣支艦隊司令部。[4] 在戰爭期間，海軍船塢多次成為空襲目標，但多次轟炸均未有對船塢造成太大破壞。在 1945 年 2 月的航空照片中（見前頁），可以看到到第二工作部的大部分建築物仍然完整，而且尚有數艘艦船停泊，其中乾船塢內的是日本海軍給油艦神威號（19,550 噸），它在 1 月中被美國海軍空襲中嚴重受損。其後，它在 4 月的空襲中再次受創，結果被放棄在昂船洲附近，於戰後在原地解體。部分神威號的陣亡官兵被安葬於昂船洲，並於 1966 年被發現，曾被誤認為是被日軍殺害的居民。[5] 照片中外海尚有數艘沉船，其中包括 1941 年香港戰役期間鑿沉的添馬艦（HMS Tamar），它的三根桅杆在灣仔對開明顯可見（5-3）。

由於東區鄰近日本海軍基地，因此成為日本海軍和相關業務的重要區域。海陸軍談妥他們在港島的勢力範圍後，總督部於灣仔海旁建立慰安區，要求那裏居民限期搬出。如把 1943 年總督部電話局出版的《日本人關係電話簿》的地址全部標示在地圖上，即可發現駱克道、謝斐道，以及海邊的告羅士打道，的確如李樹芬醫生所言這裏成為日本人區，有大量海軍相關的休憩設施。單從《日本人關係電話簿》中，已有海軍療養院（本為海軍醫院，Naval

3「海軍根據地施設（海軍港務部施設）設定地區に關する覺書」，1942 年 5 月 25 日，〈昭和 17 年「陸亞密大日記 第 22 號 2/3」〉，《陸軍省大日記》，JACAR，Ref: C01000384200；「香港の警備並軍政實施に關する協定」，1942 年 5 月 4 日，〈昭和 17 年「陸亞密大日記 第 19 號 3/3」〉，《陸軍省大日記》，JACAR，Ref: C01000329300。

4 第 2 遣支艦隊簡稱第 2 遣支隊，負責護衛台灣至呂宋及南中國海，但其兵力長年不足，因此難以保護往來的日本船運。詳見 Kwong Chi Man, "The Failure of Japanese Land-Sea Cooperation during the Second World War: Hong Kong and the South China Coast as an Example, 1942–1945," *The Journal of Military History*, Vol. 79, No. 1, (January 2015), pp. 69–91。

Hospital 今律敦治醫院）（5-4）、海軍旅館（本為六國酒店）（5-5）、海軍將校俱樂部（將校指軍官）、海軍第二食堂、海軍第三食堂、第二海軍俱樂部海友社、海軍下士官兵集會所（本為皇家海軍俱樂部）（5-6）等。在六國酒店後方的謝斐道和盧押道，更有吾妻屋、乙姬、南桃園，以及南海莊四個海軍慰安所（5-7）。為管束在香港的日本水兵，海軍又特地把莊士敦道的消防局宿舍，佔用作海軍風紀部隊的軍營，其對面則是海軍陸上警備隊（本部位於金鐘威靈頓兵房，Wellington Barracks）的三區派遣隊，這三區在此處應指東、春日、銅鑼灣三區。從上可見，日本海軍對灣仔一區的用途，某程度上與戰前和戰後灣仔海旁一帶的功能相似，只是其營運更有系統而且官方色彩更為明顯。

由於灣仔、銅鑼灣，以及跑馬地一帶是日人聚居地，這幾區在 1943 年的普查中共有日人 1,895 人，華人則有 137,102 人。[6] 除了海軍設施外，這區有大量日人開設的餐廳和店舖，海軍亦特地設立了香港海軍區四業組合來管理這些店舖。由於有日人聚居，因此日人的佛教團體東本願寺和日蓮宗身延山，均在六國酒店旁設立辦事處。在灣仔亦有日軍相關企業的宿舍，例如大道東的內河營運組合宿舍，甚至設有日本人俱樂部和灣仔日本人町內會。至於現時常被稱為鬼屋或慰安所的南固臺，筆者尚未從當時記錄找到關於其戰時經歷的確切資料。至於原有的日人設施千歲館和千歲花壇則位於新的娛樂區邊緣（5-8）。

華人居住空間被壓縮至莊士敦道以南，其中灣仔街市被更名為灣仔市場（5-9），今日的藍屋一帶（5-10，一級歷史建築）仍為華人居住地，其後方的麗澤中學（5-11）亦於 1942 年 5 月宣佈復校，但復校者應為位於九龍的分校。[7] 至於街市對面的灣仔英文書院，則改稱為東區小學校（5-12），在 1943 年 9 月重新運作。[8] 區役所位於修頓球場旁的貝夫人診所（5-13，Violet Peel Clinic），在 1943 年的航空照片中可見，球場上有露天街市，但 1945 年 2 月的照片中它已不再存在，可能因該地當時才剛剛經歷了大規模空襲。此外，1945 年 2 月底的照片中可見，即使照片在中午左右拍攝，但街上似乎人煙稀少，亦沒有太多汽車，甚至可見到 1 月 21

5 佐佐淳行，《香港領事佐佐淳行》（東京：文藝春秋，1997），頁 59。

6《華僑日報》，1943 年 2 月 19 日，頁 1。

7 執載該校至戰爭末期（1945 年 8 月 11 日）亦被指示停辦，但未知有否實行。見《華僑日報》，1945 年 8 月 11 日，頁 2。

8《華僑日報》，1943 年 9 月 21 日，頁 4。

1944-11-02 - B07263 - ON052952 - T153937385 - (21PR-4MB-8) - N22E114-179 - Nr R020

1945-02-01 - B07660 - ON059880 - T153948051 - (21PR-5MB-5) - N22E114-184 - Nr L028

日轟炸炸出的大坑，以及船街和莊士敦道一帶倒塌的房屋。那次轟炸後，東華三院、保良局、雲泉仙館、聖保祿醫院和各教會等大小慈善團體，均有協助賑濟災民的工作。[9]

至於摩利臣山一帶，日軍亦有特別用途。香港戰役期間，摩利臣山成為戰場，於 12 月 24 日左右曾被日軍密集砲轟。[10] 在日佔時期，摩利臣山附近的政府建築物均被佔用，其中 1940 年才完成啟用的防空署大樓（5-14）被福大公司使用為總部。福大公司和日本海軍關係密切，在銅鑼灣、九龍灣，以及香港仔經營船塢和其他事業。至於摩理臣山本身，它在戰前正被夷平作發展。從 1939 年的 GSGS 地圖中，已可見山上被寫上「正被夷平 1936」（in course of demolition 1936）。該山在 1941 年部分仍在，在日據時期更被日人用作採石場，其石頭被送到旁邊的木球會和足球會的忠靈塔石材工事場（5-15），被用作興建金馬倫山上的忠靈塔（5-16）。

興建忠靈塔之議，來自駐廣東的第 23 軍和總督部。1942 年 8 月 17 日，它們共同向陸軍省申請興建忠靈塔，以紀念「白耶士灣 [大亞灣] 上陸（即 1938 年廣州戰役）以來南支各作戰地的陸海軍陣亡者（包括中南半島入侵作戰）」，經費為 100 萬日圓（下同），又提出由東京提供 60 萬圓資助。[11] 該年 11 月，總督部討論忠靈塔的具體設計，並於 12 月 8 日開戰一週年時進行「地鎮祭」，工程隨後進行。[12] 工程期間，總督部曾佔用附近房屋為辦公室和苦力宿舍。至 1944 年 7 月，總督部宣稱工程快將完結，並準備加上總督磯谷廉介題字，每字大小約有 15 呎。[13] 航拍照片中，忠靈塔的影子清晰可見。

9《華僑日報》，1945 年 1 月 23 日，頁 2；1945 年 1 月 24 日，頁 2；1945 年 1 月 25 日，頁 2；1945 年 1 月 26 日，頁 2。

10 鄺智文、蔡耀倫，《孤獨前哨：再論 1941 年香港戰役》，頁 276。

11 香港に忠霊塔建設の件（JACAR）「香港に忠霊塔建設の件」，《陸軍省大日記》，アジア歴史資料センター（JACAR），Ref：C01000617700，頁 3-4。

12《華僑日報》，1942 年 11 月 1 日，頁 4；1942 年 12 月 9 日，頁 4。

13《華僑日報》，1944 年 7 月 8 日，頁 4。

1945-02-01 - B07660 - ON059880 - T153948051 - (21PR-5MB-5) - N22E114-184 - Nr L028

1945-02-27 - B07976 - ON049936 - T153952771 - (21PR-5MB-9) - N22E114-185 - N22E114-186 - Nr FLV059

1945-02-27 - B07976 - ON049936 - T153952771 - (21PR-5MB-9) - N22E114-185 - N22E114-186 - Nr FLV059

第六節　春日區

春日區可算是東區的延伸，其主要地標包括被總督部接管的英美煙草公司（6-1，被更名為香港煙草廠[1]）、保良局（6-2）、孔聖堂（6-3）、電車廠（6-4），以及利舞臺（6-5）等。銅鑼灣海邊的渣甸倉一帶（6-6），則被日本建築公司清水組佔用為大興鐵廠的分支，用以生產部件供旁邊銅鑼灣區的船廠使用。[2] 其他如牛奶公司等倉庫，則被日本海洋漁業（控制香港漁業的公司，它控制了牛奶公司的冷藏庫）和竹腰商店（位於中環皇后大道中的百貨公司）使用。[3] 在 1941 年，灣仔消防局（6-7，時稱東區消防局）剛剛建成，但內裏裝潢尚未完工時香港即被日軍佔領。當時被關進赤柱拘留營的工務局工程師卡打（Paul Charter）可能想不到，這座建築物仍繼續其原本的用途，今日已成為二級歷史建築。[4]

1 成立於 1942 年 6 月。《華僑日報》，1943 年 6 月 16 日，頁 4。

2 "Shipyards, Industrial Premises, BLDGs under Military Occupation etc in Hongkong," Kweilin Intelligence Summary 66, Appendix D, Elizabeth Collection, Hong Kong Heritage Project, EMR-1B-04, p. 3.

3 "Register of Enemy Properties-Vol. 2," HKRS141-19-29-2, HKPRO, p. 60；香港電話局，《日本人關係電話番號》，頁 23。

4 John Charter and Yvonne Charter; Anthony Crowley Charter (ed.), *The First Shall be Last*, pp. 56-57.

1945-02-01 - B07660 - ON059880 - T153948051 - (21PR-5MB-5) - N22E114-184 - Nr L028

電車於 1942 年 1 月恢復行駛，但由於缺乏電力以及資材維修電車，服務於 1944 年 6 月後即停止一般乘客服務，因此位於今日時代廣場的電車廠亦無甚動靜。[5] 總督部竟宣稱，「今後市民可養成步行習慣，且可從而實現健民運動」。[6] 從 1945 年 2 月的航空照片中，街上已看不見電車。戰前熱鬧的利舞臺一帶亦無車無人。1945 年 5 月，電車服務曾部分恢復。[7]

這區亦有兩個重要的華人組織於戰爭中繼續運作，即保良局以及孔聖堂，兩者均未有在香港戰役期間遭到破壞。保良局在胡文虎（其住宅就在附近的大坑）以及慈善總會的資助下，一直照顧數百名孤兒以及其員工至戰爭結束。後者亦繼續運作，參與慈善活動。[8] 這區亦是國民政府情報人員的活動範圍，中統香港站調查組的掩護機構即位於波斯富街。著名運動員楊秀瓊（淪陷時期為中統工作）亦居住這區（禮頓山道 95 號）。[9]

在春日區對開海面，可見到當時應被日本海軍用作港務設施的奇力島遊艇會（6-8，三級歷史建築）。英軍曾於 1850 年代在奇力島設立一個小砲台，其後將之用作儲存火藥之用。至 1940 年，香港遊艇會租用奇力島建立其俱樂部並把舊砲台拆去，但使用了部分砲台的地基。從 1943 至 1945 年拍攝的航空照片中，其現代建築的輪廓清晰可見。[10]

5《華僑日報》，1944 年 6 月 3 日，頁 4。

6《華僑日報》，1944 年 6 月 3 日，頁 4。

7《華僑日報》，1945 年 5 月 4 日，頁 2；1945 年 7 月 2 日，頁 2。

8 有關保良局在戰時的詳細情況，見〈動盪 時刻：抗戰時期的保良局〉，楊秀玲、梁進希（編），《善心相連：145 年的保良故事》（香港：保良局歷史博物館，2023），頁 95-1220。

9 姫田光義，《重慶中国国民党在港秘密機関検挙状況》，頁 203；潘惠蓮，《尋找美人魚楊秀瓊：香港一代女泳將抗日秘辛》（香港：潘惠蓮，2019）。

10《2014 香港灣仔奇力島皇家遊艇會部分建築擴建工程考古調查報告》，古物古蹟辦事處網頁，連結：https://www.amo.gov.hk/filemanager/amo/common/form/2014_Archaeological_investigation_report_RHKYC_FINAL.pdf。

1943-11-02 - F05765 - ON023352 - T153940996 - (21PS-M11-18) - N22E114-162 - Nr 053

1943-11-02 - F05765 - ON023352 - T153940996 - (21PS-M11-18) - N22E114-162 - Nr 053

1943-11-02 - F05765 - ON023352 - T153940996 - (21PS-M11-18) - N22E114-162 - Nr 053

1944-11-02 - B07263 - ON052952 - T153937385 - (21PR-4MB-8) - N22E114-179 - Nr R020

1944-11-02 - B07263 - ON052952 - T153937385 - (21PR-4MB-8) - N22E114-179 - Nr R020

第七節　銅鑼灣區

銅鑼灣區可算是海軍地段中的工業地帶，這亦解釋了為何有日本海軍第二工作部人員在此工作。這區在香港戰役期間曾出現激烈戰鬥，因此沿著英皇道一帶有不少戰鬥造成的破壞，例如北角亞細亞火油庫（7-1，Asiatic Petroleum）曾在戰鬥中著火焚燒。可是，火油庫被燒毀的大油鼓南面有數個較小的油鼓似乎完整。[1] 另一方面，1919 年落成啟用的北角發電廠和政府倉庫（皇家倉）（7-2a、7-2b）雖然亦經歷了激烈戰鬥，但兩者的主要建築和後者的機器則未有遭到太大破壞。總督部劃分的銅鑼灣區從北角發電廠（即大強街）開始，西至希雲街和加路連山道，南面則包括掃桿埔和大坑道的房屋，即大坑、虎豹別墅一帶的春暉台以及永覺村。總督部本來以中華游樂會為區役所，其後將之遷往電氣道。

1 "Shipyards, Industrial Premises, BLDGs under Military Occupation etc in Hongkong," Kweilin Intelligence Summary 66, Appendix D, Elizabeth Collection, Hong Kong Heritage Project, EMR-1B-04, p. 3.

1944-11-02 - B07263 - ON052952 - T153937385 - (21PR-4MB-8) - N22E114-179 - Nr R020

1944-11-02 - B07263 - ON052952 - T153937385 - (21PR-4MB-8) - N22E114-179 - Nr R020

1944-11-02 - B07263 - ON052952 - T153937385 - (21PR-4MB-8) - N22E114-179 - Nr R020

1944-11-02 - B07263 - ON052952 - T153937385 - (21PR-4MB-8) - N22E114-179 - Nr R020

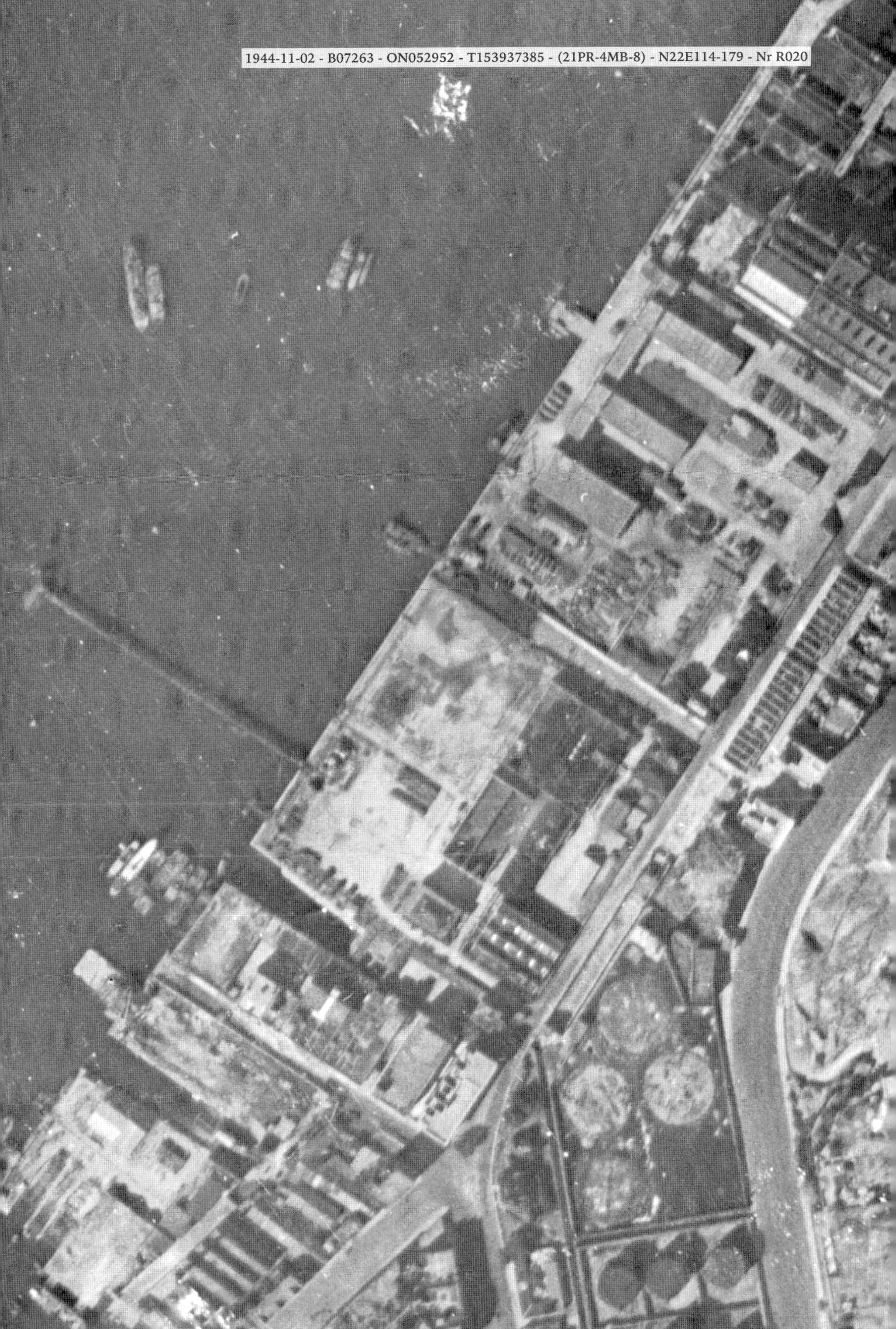
1944-11-02 - B07263 - ON052952 - T153937385 - (21PR-4MB-8) - N22E114-179 - Nr R020

1944-11-02 - B07263 - ON052952 - T153937385 - (21PR-4MB-8) - N22E114-179 - Nr R020

1944-11-02 - B07263 - ON052952 - T153937385 - (21PR-4MB-8) - N22E114-179 - Nr R020

日佔時期的銅鑼灣區大致分為數個部分：銅鑼灣避風塘的海軍相關設施、大坑至虎豹別墅一帶的住宅區，以及掃桿埔的醫療及其他公共設施。日本海軍在銅鑼灣避風塘的東岸接收了敬記等船廠，並建立了機器廠，從 1945 年 2 月拍攝的航空照片中可見，避風塘內有不少船隻，其中至少可見一艘已沉沒的船隻在船廠外（7-3）。照片亦顯示，這些船廠只能建造小型（很可能是木製）的船隻。在船廠後方，是海軍嘗試修復的北角油庫，附近則有不少日本企業的宿舍，其中包括和軍方相關的福大公司，以及廣東荷役倉庫組合。

在這些設施南面的大坑一帶（7-4）是華人聚居地，其中的街市（大坑市場）和公共廁所（便所）繼續運作。另一方面，大坑村上方的利群道一帶，部分成為日人居住地，其中位於利群道 3 號的博愛會醫院宿舍（7-5）至今仍在。[2] 在大坑村內，亦有抗日活動，中共港九大隊市區中隊的隊長即家住此處。[3]

至於隔著山咀（其上方建有溫植慶醫生的「植廬」大宅）的掃桿埔，則有不少公共設施。其中建於 1929 年的東華東院（7-6）本來用以照顧灣仔至大坑—北角一帶的居民，但醫院在香港戰役期間先被徵用為印軍醫院，其後被日本海軍霸佔，再被總督部改為傳染病醫院。[4] 其旁邊的日本人火葬場（7-7）在香港戰役期間仍然使用，作家蕭紅離世時亦在此火化。[5]1945 年 6 月，火葬場亦准許華人使用，屬總督部向華人示好之舉。[6] 聖保祿監院附近初級工藝學校（Junior Technical School）成為總督部車廠（7-9，自動車修理工場），從航空照片中可看到，有數十輛各式汽車堆在中間的操場，但似乎排列雜亂，可能大多已不能行駛，只能被拆去零件修理其他汽車。車堆中亦可看見數輛巴士（淺色的長車身）。[7] 1944 年 6 月，總督部曾禁止民用汽車，並強制市民將之售予經理部，逾期則沒收。照片中的各式汽車可能不少本來屬於民用者。[8] 工藝學校旁邊的加路連山運動場（7-10）則於 1944 年於 10 月開幕，工作由當時和日人關係密切的「棒球之父」梁扶初推動。[9] 他在香港出任多項公職，甚至成為東華的總理。

在加路連山以北銅鑼灣的英皇道入口處，則是聖保祿修院、

2 香港電話局，《日本人關係電話番號》，頁 51。

3 方蘭，〈馮芝——我的母親〉，收入莫世祥（編），《香港抗戰親歷記》，頁 348。

4 Hongkong News, 4/3/1942；香港電話局：《日本人關係電話番號》，頁 81。

5 香港電話局：《日本人關係電話番號》，頁 50；「蕭紅在香港：抗日戰爭與香港淪陷，1940-1942」網頁：https://storymaps.arcgis.com/stories/1f3c33ae873a408c853240870fb091c9（登入日期：2025 年 1 月 11 日）。

6《華僑日報》，1945 年 6 月 20 日，頁 2。

7 至 1945 年 5 月，物資和燃料缺乏已達極點，香港更重現馬車在街上提供定期服務。《華僑日報》，1945 年 5 月 6 日，頁 2。

8《華僑日報》，1944 年 6 月 8 日，頁 4。

9《華僑日報》，1944 年 8 月 3 日，頁 4；1944 年 10 月 22 日，頁 2。

醫院，以及學校（7-8）的位置。由於法國在 1940 年 6 月投降後成立維希政府，在總督部眼中法國背景的教會屬於中立國，因而被允許繼續運作。當時修院繼續營運醫院、學校和孤兒院，醫院由本傑醫生（Dr. Frederick Bunje）主理。他曾因嘗試和醫務衞生總監司徒永覺合作把藥物送到赤柱拘留營而被捕，但幸而在囚禁中生還。[10]

由於銅鑼灣避風塘的工廠，這區亦成為空襲的目標之一，期間亦出現誤炸事件。1945 年 1 月 21 的灣仔空襲中，聖保祿醫院救護了 300 多名傷者。[11] 4 月 4 日美軍空襲（詳見第一部分第四章〈豈有完卵：美軍大規模空襲香港〉）時，有炸彈擊中聖保祿醫院和孤兒院，導致六名修女和多名兒童死亡，另外有多名市民死傷。當時的報紙如此描述空襲狀況：「聖保祿嬰堂，內分兩部分，一為學校，二為醫院，以學校部分受損最甚。醫院方面，則僅被震毀一小部分。位於正門右方之課室及其後方之廚房，幾全部被毀。幸昨日為學校假日，學生不在校，否則不堪設想。嬰室後方之免費病房，有病人數十名留醫，其中多人被碎片及玻璃擊傷，記者抵埗時醫生及姑娘正在救護傷者，室內凌亂不堪，鮮血遍地，慘不忍睹。院中後方之醫生及姑娘宿舍被炸起火，離宿舍若一丈遠之嬰兒睡房亦被波及，窗檻傢俬多被炸毀，嬰兒死傷確數現時未知，恐有十名以上 ...... 院中姑娘及工作人員，據現時所知，死傷約十名左右，被壓於頹垣瓦礫之中諒亦有多人 ......。」[12] 由於現存的航空照片均攝於空襲前，我們未能觀察空襲造成的破壞。

10 鄺智文，《重光之路：日據香港與太平洋戰爭》，頁 202。

11 《華僑日報》，1945 年 2 月 4 日，頁 2。

12 《香島日報》，1945 年 4 月 5 日，頁 2。

1945-02-01 - B07660 - ON059880 - T153948051 - (21PR-5MB-5) - N22E114-184 - Nr L028

1945-02-01 - B07660 - ON059880 - T153948051 - (21PR-5MB-5) - N22E114-184 - Nr L028

1945-02-01 - B07660 - ON059880 - T153948051 - (21PR-5MB-5) - N22E114-184 - Nr L028

第八節　青葉區

在日據時期，禮頓山道（今禮頓道）以南，包括司徒拔道、球會和馬場、禮頓山、馬場、連道（時稱連合道）至樂活道，以及跑馬地的住宅區，均被劃為青葉區。這區的核心地段，大致是今日時人理解的跑馬地一帶，區役所亦設於山光道 7 號。

跑馬地一區在航空照片中最明顯的部分，自然是快活谷馬場及南面的馬房（8-1、8-1a）。1942 年中，總督部曾恢復賽馬，因此馬場曾回復人山人海的境況，直至 1944 年缺乏糧食為止。其時，市場甚至出現馬肉，可能來自這個馬場的馬匹。[1] 在 1945 年 4 月，馬場更曾出現木馬競賽的窘況。[2] 從 1945 年的航空照片看，馬場空空如也，似乎亦未有作其他用途。

在馬場西面的一連串墓地，從北至南為回教墳場（8-2）、天主教墳場（8-3），以及香港墳場（8-4），其中後者被更名為青葉

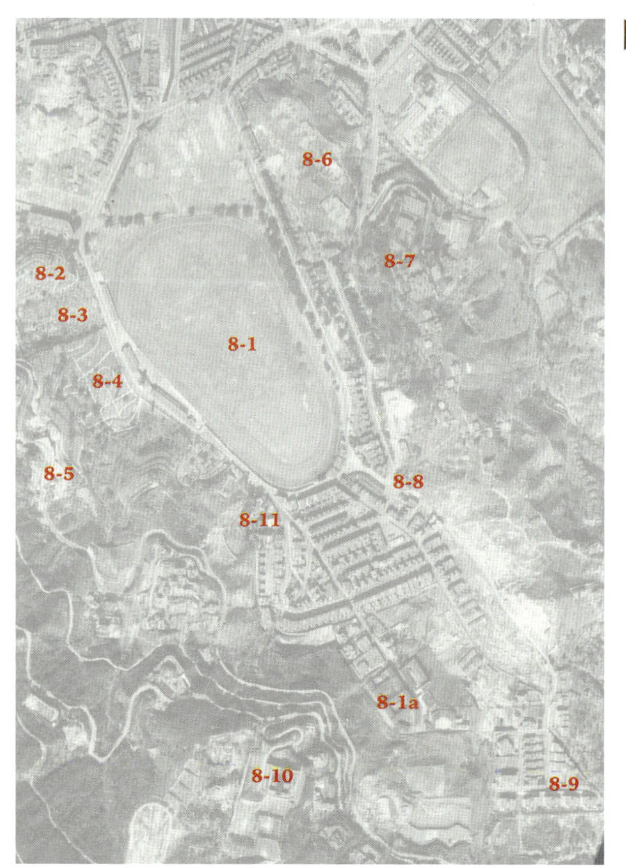

1《華僑日報》，1944 年 4 月 2 日，頁 4。

2《華僑日報》，1945 年 4 月 16 日，頁 2。

1945-02-01 - B07660 - ON059880 - T153948051 - (21PR-5MB-5) - N22E114-184 - Nr R028

1945-02-01 - B07660 - ON059880 - T153948051 - (21PR-5MB-5) - N22E114-184 - Nr R028

1945-02-01 - B07660 - ON059880 - T153948051 - (21PR-5MB-5) - N22E114-184 - Nr R028

1945-02-01 - B07660 - ON059880 - T153948051 - (21PR-5MB-5) - N22E114-184 - Nr R028

1945-02-01 - B07660 - ON059880 - T153948051 - (21PR-5MB-5) - N22E114-184 - Nr R028

峽墳場，交由民治部衛生課管理。航空照片顯示，這些墳場的外貌和今日無太大分別，但日軍曾於 1943 年 8 月在墳場後方近司徒拔道處進行炸石，以開採供神社使用的石塊。炸石位置從航空照片中亦可見到（8-5）。[3]

馬場東北面為禮頓山，這裏在香港戰役前本來有數座大型政府宿舍，但因它是英軍的重要據點而遭到日軍密集砲擊，變成廢墟（8-6）。香港淪陷後，日軍沒有清理山上的廢墟，而是由日本山妙法寺於山上興建舍利塔。[4] 禮頓山南方山下的加爾瓦略山會院（Le Calvaire，又稱聖保祿學校）則停止運作，改成憲兵隊東地區的基地（8-7），其前方的電車站亦更名為憲兵隊前地。[5] 加爾瓦略山會院於 1907 年建成，現時是二級歷史建築，航空照片中可見其深色的屋頂，以及前方的平地。

馬場及仍在運作的養和醫院（8-11，可見其十字架標示）以南的住宅區成為半山以外另一個日人聚居地。其中藍塘道屬於和海軍相關的高級人員居住地。當時藍塘道的大部分尚未興建房屋，其部分街號亦與今日有所不同。從航空照片可見，今日藍塘道 11-65 號一邊的房屋全部尚未興建，其近馬場的一段亦只有今日 1、2-10、3、5、7、16-36、42-44 號，以及 48、50 號建成（今日門牌號碼）。9 號則是黃泥涌譚公廟（8-8）。可是，戰後藍塘道曾重新改訂街道號碼。從 1938 年的《街道索引（Street Index）》和其後的測量圖（Survey Sheet），則可以找到部分重要地址。[6]

在戰前，余東旋等富商在跑馬地近大坑道購入了數片土地建屋，其中不少於 1930 年代末、1940 年代初落成，包括今日蟠龍道 1-11 號和藍塘道 38 號至 44 號的一排現代大宅。當時的藍塘道 22 號是第 2 海軍工作部（即金鐘海軍基地區的部隊）宿舍，近大坑道的 42-44 號（今日藍塘道 124 號，8-9）則是日本海軍特別工作部的宿舍，旁邊的 38 號（藍塘道 118 號）則是臺拓的宿舍。[7] 由於當時台灣總督來自海軍（長谷川清海軍大將），因此海軍和臺拓人員住在附近亦屬自然。此處附近亦有福大公司司理以及三菱商事的宿舍，兩者和日本海軍均有密切關係（三菱負責接管太古船塢）。最為特別者的，是《日本人關係電話簿》中提到甘志遠的地址為蟠

3《華僑日報》，1943 年 6 月 18 日，頁 4。

4 陳智衡，《太陽旗下的十架：香港日治時期基督教會史（1941-1945）》（香港：建道神學院，2009），頁 126。

5《華僑日報》報載名稱為「憲兵隊前隊」，但「前隊」意思不明，可能為「前地」的誤植。《華僑日報》，1942 年 11 月 25 日，頁 4。

6 John Whyatt, *Street Index of the City of Victoria &, &c.*, Hong Kong, p. 167.

7 因此，1941 年 12 月發生的藍塘道屠殺應在此地發生，而非後方尚未建屋的部分。" Examination of 17th Witness for Prosecution–Chan Wei Fong on 21st January, 1948," Military Courts for the Trial of Lt. Gen. Ito Takeo, WO 235/1107, pp. 80-84, 100-101；鄺智文、蔡耀倫，《孤獨前哨：再論 1941 年香港戰役》，頁 362。

1945-02-01 - B07660 - ON059880 - T153948051 - (21PR-5MB-5) - N22E114-184 - Nr R028

龍道 7 號，即藍塘道 118、124 號旁邊的大宅，當時亦由余東旋家族所擁有。[8] 甘志遠本為國軍軍官，在淪陷時被困香港，由於他曾於日本早稻田大學就讀的關係，而認識日本海軍情報人員，因此決定投靠日軍。他在日據時期曾和日本海軍合作組織海防軍，盤踞垃圾尾島（今桂山島）。[9] 由於他和日本海軍關係之密切，因此他在香港的居住地亦在日本海軍人員附近。此地只有數條山路出入，而且距離市區有一段距離，因此保安上亦較為容易。

山下的跑馬地則有不少其他日本企業在此建立宿舍，例如加藤物產（物流）、清水組（建築公司）、映畫配給社（電影）、同盟通信社（新聞）、日本海洋漁業統制等。此外，此地本為華人精英的住宅區，因此尚有不少名人居住在此，例如為日人整理香港書籍，實質盡力保護香港各地藏書的陳君葆、東華董事局成員，懂得日文的何品楷（時任亞洲醫療藥品行的負責人，亦是日人成立的藥業組合的成員），以及幫派名人李裁法等。此外，位於跑馬地西面山麓的東山臺，當時亦是失勢的廣東軍系領袖陳濟棠的住宅，但他在淪陷後不久即已離去。此外，在跑馬地後山的玫瑰崗修院（8-10，Rosary Hill，又稱 St Albert's Priory 聖艾伯特修院）自意大利投降後，收容了日軍認為無威脅的意大利國民及其他第三國平民。[10]

值得留意者，是在此日人聚居地中，卻依然有抗日活動。其中曾經擔任後備警察的陳銘勳，曾乘替日人在啟德工作之機，為英軍服務團搜集情報，但最終被日軍憲兵捕殺。此外，皇家香港星加坡砲兵團砲手艾哈邁德（Bashir Ahmed）、葡裔銀行人員蘇薩（L. C. R. Souza）和瑞典國民奧臣（Aexl Olsen），均因被懷疑參與間諜活動而被判刑。[11] 在司徒拔道東山臺後方有一大宅（8-10），當時居住了美國人班尼特及其妻子 Elsa（Elsa and Chester Bennett）。班尼特為電影製片人，他未有乘坐交換船回國，而是在 1942 年 8 月獲釋。他其後嘗試和詹遜與英國駐澳門領事聯繫，照顧赤柱拘留營的盟國僑民，但他在 1943 年被拘捕，最終於 10 月被處決。其妻子亦被憲兵施以酷刑，但在戰爭中生還，並在戰後戰犯審訊中控訴日本憲兵惡行。[12]

8 "Historic Building Appraisal Nos. 5 and 7 Broom Road, Wan Chai, Hong Kong," Leisure and Cultural Services Department Website, Link: http://www.lcsd.gov.hk/ce/Museum/Monument/form/brief_information_grade3.pdf.

9 甘志遠著、蒲豊彥編，《南海の軍閥 甘志遠ー日中戰争下の香港・マカオ》（東京：凱風社，2000）。

10《華僑日報》，1943 年 9 月 10 日，頁 4；Vaudine England, "Zindel's Rosary Hill — Hong Kong's Forgotten War, *Journal of the Royal Asiatic Society Hong Kong Branch*, Vol. 57 (2017), pp. 36-66.

11 "Judgment," 9/10/1943, WO325/167, pp. 1-8; "Judgment," WO325/167, pp. 1-9; "G.M.C. W.A. 1/46, George Wong," HKRS41-1-1338, pp. 45-46.

12 "Judgment," 9/10/1943, WO325/167, pp. 1-8; *South China Morning Post*, 4/5/1946, 10/7/1947.

1945-02-01 - B07660 - ON059880 - T153948051 - (21PR-5MB-5) - N22E114-184 - Nr R028

第九節　筲箕灣區

日據時期的筲箕灣區，基本上就是以筲箕灣、太古船塢，以及北角為中心的三個社區。總督部把北角發電廠以東，包括太古和西灣河一帶直至柴灣劃為筲箕灣區，故此處的討論範圍並不只今日所理解的筲箕灣。由於當時對岸的鯉魚門主要通過水路對外聯繫，因此鯉魚門亦屬於筲箕灣區。

戰前筲箕灣本為漁村，但亦開始出現例如馮強橡膠廠和康元罐頭廠等工廠。筲箕灣在香港戰役期間是其中一個日軍登陸地點，因此沿岸地區遭到不少破壞。可是，正如陳子安的研究指出，由於漁業的關係，筲箕灣是少數淪陷時期仍有經濟發展的區域，不但人口維持平穩，甚至有地方人士因此致富。在 1943 年的普查中，筲箕灣區有人口 48,124 人，其中有 23 名日人和 229 名其他族群的市民。[1] 與荃灣一樣，這區的人口在全港人口大幅減少

1《華僑日報》，1943 年 2 月 19 日，頁 1。

1943-10-07 - F10076 - ON061226 - T153947340 - (21PRS-M10-9-B) - N22E114-161 - Nr 019

1943-10-07 - F10076 - ON061226 - T153947340 - (21PRS-M10-9-B) - N22E114-161 - Nr 019

下沒有太大變化，與 1942 年 11 月的普查相比只減少了數百人。[2] 至於為甚麼筲箕灣在這段期間得到發展？空間史和航拍照或許可以提供一些線索。

香港戰役期間，馮強和康元兩廠（9-1、9-2）已經停業，直至戰後才得以恢復。開戰時，香港不少漁民均避離香港，直至局勢稍定。其後總督部在香港各地建立戎克漁業組合，其中筲箕灣的戎克漁業組合（9-3，成立於 1942 年）[3] 由梅嶺領導，但他的背景至今成謎。[4] 梅嶺亦為筲箕灣區會成員，更曾於 1944 年協助修復筲箕灣的天后、譚公、海心三廟。區會又成立筲箕灣孤兒院，照顧數十名孤兒。[5] 梅嶺甚至於 1945 年成為東華三院總理之一。

筲箕灣在淪陷時相對穩定，似乎亦與它的位置有關。筲箕灣

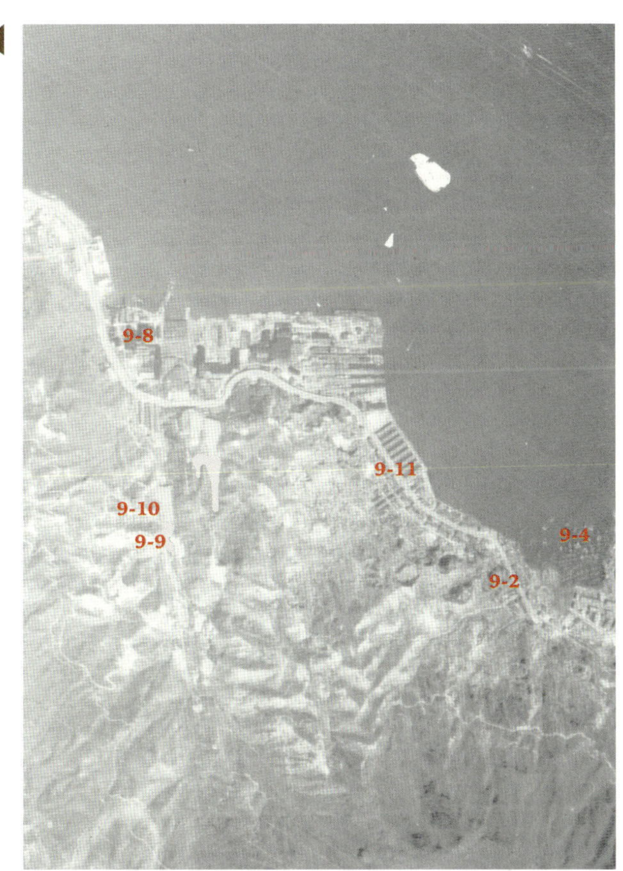

2《華僑日報》，1942 年 11 月 17 日，頁 4。

3《華僑日報》，1943 年 12 月 13 日，頁 4；1945 年 1 月 13 日，頁 2。

4 陳子安研究指出關於其出身至少有兩個說法，甚至他是本地人或日本人亦有不同說法。詳見陳子安，《漁村變奏：廟宇、節日與筲箕灣地區歷史 1872-2016》（香港：中華書局，2018）

5《華僑日報》，1944 年 3 月 30 日，頁 4；1944 年 9 月 27 日，頁 2。

1943-10-07 - F10076 - ON061226 - T153947340 - (21PRS-M10-9-B) - N22E114-161 - Nr 019

附近最大的軍事設施是太古船塢，它在淪陷期間雖然多次受到攻擊，但它與筲箕灣有一段距離。日本海軍在港島另外兩個避風塘（銅鑼灣與香港仔）均有設施，其中銅鑼灣的設施被多次空襲，更於 1945 年 6 月被美軍使用燒夷彈攻擊（詳見第一部分第四章〈豈有完卵：美軍大規模空襲香港〉）。筲箕灣與另外兩個地方相比，則相對安全。從航空照片中，可見筲箕灣有不少漁船在 1945 年仍停泊在愛秩序灣（9-4）。此外，水路交通亦把筲箕灣與其他地區如西貢以至更遠的鯊魚涌（華界）聯繫起來，因此各路人馬均曾利用這條路線進行抗日活動。[6]

為控制此區，日軍的憲兵派遣隊在嘉諾撒學校（9-5）和崇真堂（9-6，但此處照片模糊）把守，並以前者為基地。由此佈局可見，兩個憲兵隊位置大致顯示了，日軍對東大街此處經濟價值的相

6 戰後，政府亦有獎勵這裡的漁民協助抗日工作。*South China Morning Post*, 16/2/1947, p.1。

對重視，因為太古至西灣河一帶；除了海軍在太古有派遣隊外，就只有在西灣河有一個憲查派出所，可見日軍力量相對集中在筲箕灣這個經濟上較重要的地區。

至於太古一帶，航拍照片可見太古船塢（9-7，即今日太古城）的外觀。頁 178 照片攝於 1945 年 1 月 16 日的大空襲後不久，可見船塢旁屬於日本郵船公司的運輸船山幸丸（約 5,000 噸）已經擱淺；該船長約 120 米，利用地理配準可以量度其長度脗合，因此可以確定其身份。照片中亦可見在船塢中被破壞殆盡的未完成的船，轟炸對船塢的建築物亦有不少破壞。至於船塢旁邊的糖廠（9-8），在當時亦為日軍所用，但 1944 年 5 月已因為缺乏原材料而停工。船塢和糖廠後山則有大量戰前建築的公共廚房（communal kitchen），部分屋頂似乎仍未倒塌（9-9）。[7] 在附近的林邊屋（Woodside）——林邊生物多樣性自然教育中心亦可見到（9-10）。在船塢西南面至西灣河一帶的山邊，似乎可見不少被破壞的房屋（9-11）。這些房屋可能於 1941 年 12 月的香港戰役期間被破壞，或是在其後的空襲中被擊毀，又或者因為淪陷期間日久失修而倒塌。

太古船塢再往東的寶馬角至發電廠一帶，則是與旁邊銅鑼灣區連接的市區部分，但自堡壘街起至七姊妹則被劃入筲箕灣區。現時關於這部分的港島只有少數航空照片留存，在 1943 年 7 月拍攝的航空照片中，可見寶馬山賽西湖山下的北角在表面上已無太多香港戰役造成的破壞。當時北角難民營（於 1941 年 12 月至 1942 年初曾短暫用作收容東旅戰俘，其後曾成為加拿大軍戰俘營）被用作收容等待被「歸鄉」的「無業游民」者的難民營（9-12）。如未能出示相關證件或有家人請保，市民將被扣留在收容所或被送走。[8] 日據時期的可怕之處，是一方面市區出現不符人道之事，另一方面卻有娛樂設施在數百米之外。在這個戰俘營／難民營數百米外的北角寶馬角附近，戰前的麗池（9-13，更名為豐國海水浴場）卻曾於日據時期繼續營業了一段時間。

7 不少這些公共廚房今日仍然可見，特區政府亦已在這些遺蹟旁邊加上介紹內容。

8《華僑日報》，1945 年 7 月 25 日，頁 2；1945 年 8 月 4 日，頁 2。

1943-11-02 - F05765 - ON023352 - T153940996 - (21PS-M11-18) - N22E114-162 - Nr 051

1943-11-02 - F05765 - ON023352 - T153940996 - (21PS-M11-18) - N22E114-162 - Nr 051

1945-02-01 - B07660 - ON059880 - T153948051 - (21PR-5MB-5) - N22E114-184 - Nr L036

1945-02-01 - B07660 - ON059880 - T153948051 - (21PR-5MB-5) - N22E114-184 - Nr L036

1945-02-01 - B07660 - ON059880 - T153948051 - (21PR-5MB-5) - N22E114-184 - Nr L036

1945-02-01 - B07660 - ON059880 - T153948051 - (21PR-5MB-5) - N22E114-184 - Nr L036

第十節　元港區

日據時期的元港區主要由兩部分組成，即香港仔和對岸的鴨脷洲。在戰前，香港仔和鴨脷洲是一個以漁業和香港仔船塢為主要產業的社區。英國皇家海軍在 1930 年代曾計劃以香港仔船塢為中心，建立一個備用的海軍基地，以防北岸的金鐘因為日軍佔據九龍和新界而不能使用。香港戰役期間，皇家海軍曾使用香港仔工業學校（10-1，Aberdeen Industrial School，時稱兒童工藝院）為指揮部，駐港皇家海軍驅逐艦色雷斯人號更曾於此修理。12 月 15、16 日，日軍曾空襲香港仔船塢和港口，炸沉數艘小型船隻並破壞了船塢的閘門。因此英軍被迫放棄色雷斯人號並將之擱淺至圓洲（但在日據時期已被拖走修復為哨戒艇 101 號）。[1]

現時只有少量航空照片拍攝到淪陷期間香港仔一帶，例如 1943 年 7 月的 21PS-M7-6B、1944 年 2 月 11 日的 21PR-4MB-8，

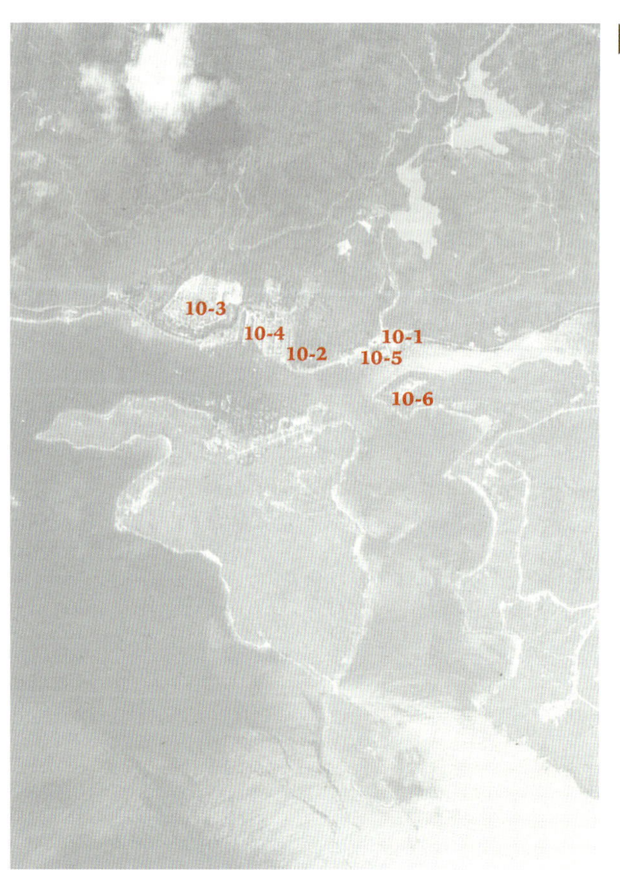

1 鄺智文、蔡耀倫，《孤獨前哨：再論 1941 年香港戰役》，頁 159-160。

1943-07-26 - B08053 - ON049900 - T153952736 - (21PS-M7-6B) - N22E114-158 - Nr TV038

以及 1945 年 2 月的 21PR-5MB-5，幸好這些照片質素尚可，因此亦可見此區面貌。香港淪陷時，元港區（元字此處即指「舊／本來」之意）共有人口 23,788 人，其中包括不少漁民人口。總督部在香島道設立區役所和醫局，憲兵亦佔用了山上的香港仔警署（10-2，今日屬於二級歷史建築），稱為鴨巴甸憲兵派遣隊，在 1944 年時共有憲兵兩人、輔助憲兵六人、憲查 46 人。[2] 總督部仍繼續營運此處的街市，只將之更名為元香港市場。戰前已由港府運作的雞籠灣墳場則由總督部衛生課接管，繼續運作（10-3）。[3]

與其他各區一樣，日人佔用了此區的主要產業，並嘗試以之支援戰爭。例如福大公司控制了香港仔船塢（10-4，更名為南了造船所），並以鄰近東勝道的房屋和香港仔兒童工藝學院的部分為宿舍。兒童工藝學院繼續運作，接受慈善總會的資助。從 1943 年的航空照片看，香港仔船塢內有數艘船隻，從平面看應為運輸船隻而非軍艦，部分可能是香港淪陷後日軍擄獲的船隻。總督部又把戰前剛完工的政府魚類倉庫，佔用為總督部鹽魚貯存所，以及海洋漁業的倉庫（10-5）。曾參與設計這個建築物的工務局工程司卡打這樣描述：「天知道每個儲藏室裏裝了多少魚，但這裏有 12 個相連的儲藏室，每個儲藏室有 16 或 17 個大缸，香樂思（Geoffrey Herklots）估計在戰時，這些貨倉的魚量足以供應殖民地內的所有華人（從 150 萬到 175 萬人）一個月的消耗量——對於殖民地的食品儲備來說，絕對是一大補充。結果，一切都剛好在完成後禮貌地交給小日本人！然而，在［之前］那些日子裏，我們是憑著信念在工作的。」[4]

元港區的另一個特點，是這區有大量宗教設施。日軍憲兵佔用了香港仔浸信會會堂為駐地，但教會似乎仍然運作，更加入了基督教總會。此外，聖伯多祿堂、海面傳道會、鴨脷洲浸信會、五旬節聖潔會的工作，均不同程度受到阻礙，但仍繼續運作。從航拍照片中，較為明顯的基督教設施，則為香港仔市區旁一處岬角的聖神修院（10-6，Holy Spirit Seminary，本座為一級歷史建築），但它在淪陷期間關閉。天后廟、觀音廟、洪聖廟等廟宇，則被慈善總會控制，外判予廟祝營運，收入用以支持東華等慈善機構的工作，受助機構包括香港仔兒童工藝學院。

2「附圖第二 憲兵隊配備圖」，《磯谷廉介資料（無標題）》，香港歷史博物館藏。

3 "Register of Enemy Properties-Vol. 2," HKRS141-19-29-2, HKPRO, p. 14.

4 John Charter and Yvonne Charter; Anthony Crowley Charter (ed.), *The First Shall be Last*, pp. 55-56.

1944-11-02 - B07263 - ON052952 - T153937385 - (21PR-4MB-8) - N22E114-179 - Nr L023

第十一節　赤柱區

在現存的航空照片中，最少被拍攝到的地區反而是最多盟國平民居住的赤柱。在戰前，赤柱的主要地標為赤柱要塞（11-1）以及赤柱監獄（11-2），主要聚落為赤柱村（11-3）及附近的小村落，人口不多亦無重要產業。香港戰役期間，兩軍曾在赤柱村至聖士提反書院（St Stephen's College，11-4）一帶激戰，亦出現了聖士提反書院大屠殺的事件。[1] 日軍清理戰場後，村民陸續回到赤柱村，英軍戰俘亦被押解往北角，赤柱暫時恢復平靜。在 1943 年的普查中，赤柱區有人口 4,821 人。[2]

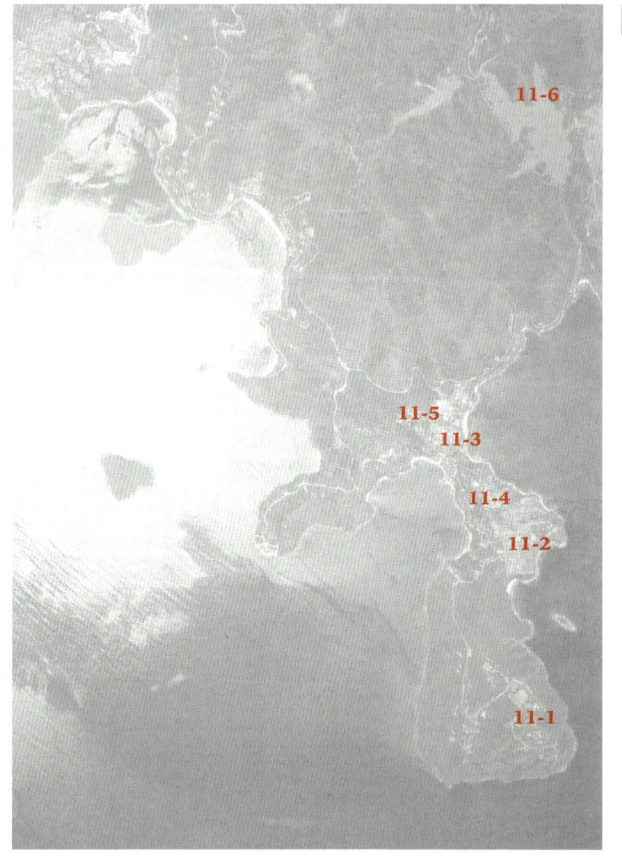

1 鄺智文、蔡耀倫，《孤獨前哨：再論 1941 年香港戰役》，頁 267-273、357-360。

2 《華僑日報》，1943 年 2 月 19 日，頁 1。

1943-07-26 - B08053 - ON049900 - T153952736 - (21PS-M7-6B) - N22E114-158 - Nr TV038

1945-02-01 - B07660 - ON059880 - T153948051 - (21PR-5MB-5) - N22E114-184 - Nr R036

除了拘留營外，日軍佔用了監獄（改稱為刑務所），並將之交由法務部管理。當時，赤柱監獄除了監禁罪犯外，亦囚禁了參與抗日活動或被牽連的香港軍民。其中被囚禁者除了地下抵抗人員以外，亦包括因為與英軍服務團及赤柱拘留所人員聯絡而入獄的醫務衛生總監司徒永覺醫生，甚至滙豐大班祈禮賓（Vandeleur Molyneux Grayburn）亦於 1943 年 8 月在此被囚禁時去世。

1942 年 3 月，總督部設立赤柱區，並在赤柱大街 118 號建立區役所。從 1943 年 7 月的航空照片中，可見赤柱幾乎已沒有漁船停泊。赤柱亦沒有成立戎克漁業組合。這可能解釋了為何赤柱的天后廟雖然被慈善總會接管，但它在公開競投時卻無人問津。[3] 因此，可以推測赤柱在當時的主要經濟活動應頗為萎縮，情況與元港區或筲箕灣區截然不同。照片中只能看見部分較大的建築物，例

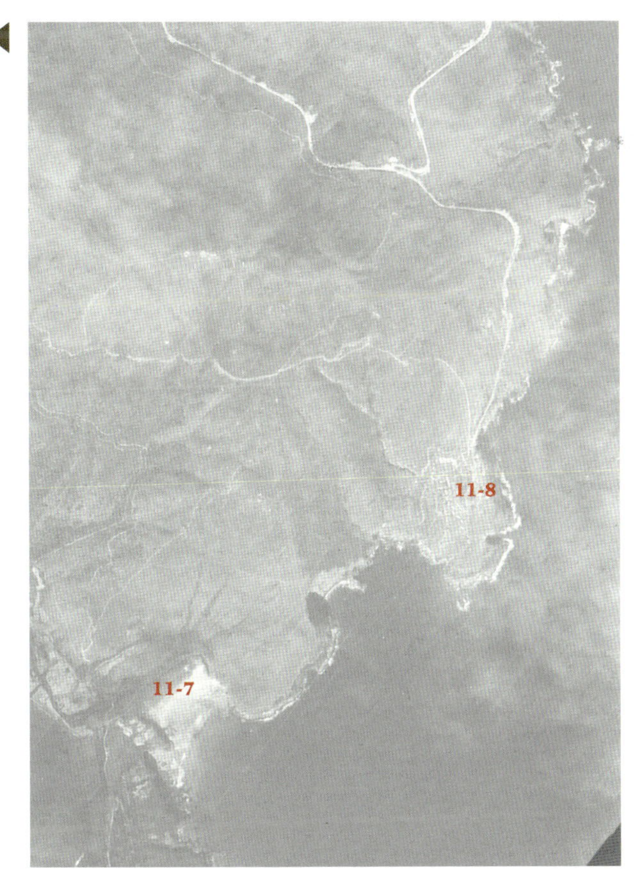

3《華僑日報》，1943 年 10 月 2 日，頁 4。

1945-02-01 - B07660 - ON059880 - T153948051 - (21PR-5MB-5) - N22E114-184 - Nr R036

如天主教華南修道院（South China Seminary）、赤柱聖衣會修院（Carmelite Monastery）、赤柱警署（赤柱憲查隊），以及警察宿舍（赤柱拘留所辦公室）。照片亦顯示赤柱一帶當時有不少港府和駐港英軍興建的倉庫（11-5）。至於赤柱半島南端的赤柱要塞，日軍改裝了其中一門 9.2 吋砲為水泥砲塔，但未有太多其他改動。要塞似乎在戰爭中亦未有被攻擊。

赤柱區包括赤柱半島、舂坎灣、大潭篤、土地灣、石澳，以及鶴咀半島等地。現存的航空照片亦覆蓋了大潭一帶（11-6），可見赤柱峽、大潭水塘、大浪灣（11-7）、砵甸乍山、歌連臣角等地。其中 1945 年 2 月的照片攝得歌連臣角砲台（11-8），其建築大部分在今日已不可見。

在赤柱區和元港區之間，是未有被劃入任何一區的黃竹坑、壽臣山、深水灣，以及淺水灣一帶。此區域被攝入鏡頭的機會亦不多，但現存照片（1943 年 7 月和 1945 年 2 月）均顯示，黃竹坑一帶似乎有不少農地以及戰時英軍使用的倉庫（11-9，此處本為英軍小香港彈藥庫）。壽臣山當時亦有數棟獨立屋，它們部分被福大公司或日軍佔用。深水灣高爾夫球場則被駐港日軍部隊香港防衛隊用作農場。在 1943 年的照片中，仍可見球場在 1941 年成為英軍後勤基地時所搭建的建築物（11-10），但在 1945 年 2 月的照片中則可見球場已成為田地。記錄中亦可見總督部佔用了 R.B.L.405（即今日淺水灣道 32 號）為總督別邸。雖然戰時航空照片中難以見到這棟建築物，但戰後航空照片顯示，建築物至少存在至 1983 年。該建築物戰後成為美國領事館的物業，至 1981 年易手予本地發展

4 *South China Morning Post*, 1/7/1981, p. 5.

商。[4]

至於再往西面的淺水灣，則被更名為綠ヶ濱（Midorigahama，11-11）[5]，成為日人或其友好的消閒之地。本來由香港大酒店公司擁有的淺水灣酒店（Repulse Bay Hotel，11-12），則成為陸軍療養院，其東主嘉道理（Kadoorie）家族則被拘留於上海龍華的拘留營。附近南灣道（11-13）的一間大宅（R.B.L. 368），則被用作餐廳東亞喫茶，由接管嘉道理家族半島酒店的東亞大酒店公司營運。[6] 可是，由於航空照片焦距太小，未能看見海灘上是否有遊人。此處亦可見淺水灣兩邊的大宅，部分如南灣道 The Lookout（11-14b）至今仍然存在。

5《華僑日報》，1943 年 5 月 9 日，頁 4。

6 "Register of Enemy Properties-Vol. 2," HKRS141-19-29-2, HKPRO, p. 37; "Shipyards, Industrial Premises, BLDGs under Military Occupation etc in Hongkong," Kweilin Intelligence Summary 66, Appendix D, Elizabeth Collection, Hong Kong Heritage Project, EMR-1B-04, p. 5.

1943-07-26 - B08053 - ON049900 - T153952736 - (21PS-M7-6B) - N22E114-158 - Nr TV038

1944-11-02 - B07263 - ON052952 - T153937385 - (21PR-4MB-8) - N22E114-179 - Nr L023

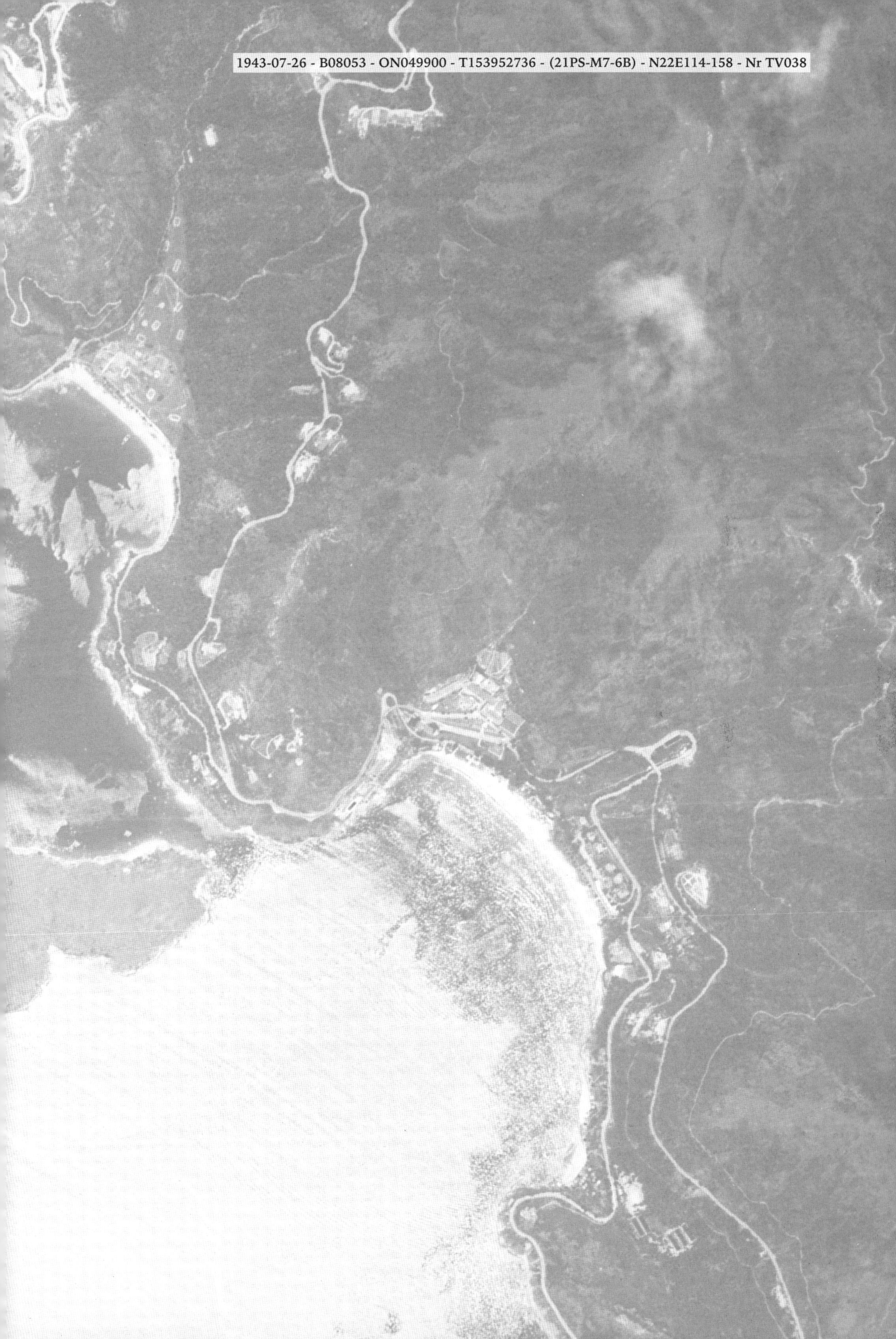
1943-07-26 - B08053 - ON049900 - T153952736 - (21PS-M7-6B) - N22E114-158 - Nr TV038

| 第二章 | 九龍 |

在日據時期，九龍被劃分為九區，分別為（由東至西）啟德區、元區、山下區、鹿島區、香取區、湊區、大角區、青山區、荃灣區。統轄全九龍地區工作的九龍地區事務所，位於尖沙咀的英童學校，即今日古物古蹟辦事處辦公室位置（見第二部分第二章〈九龍〉第三節〈湊區〉，14-2）。[1] 總督部處理分區時，似乎考慮了人口和經濟活動，但各區重要設施的分佈可能也是考慮因素，因此每區均有其特殊設施和功能。另一方面，由於戰前九龍城市化迅速，大量華人人口在此居住，因此淪陷期間，九龍亦有不少地下抵抗活動進行。

1 "Register of Enemy Properties-Vol. 2," HKRS141-19-29-2, HKPRO, p. 6.

第一節　鹿島區

在日人的空間規劃下，戰前屬於低密度住宅區（或曰「花園城市」）的九龍塘、葡人和混血人口聚居的加多利山，以及一戰後發展的何文田勝利道一帶，被劃為鹿島區。貫穿整區、分隔九龍塘和何文田的太子道，被更名為鹿道通（Kashima-dori）。日軍佔用了這區幾乎所有校舍和大型建築物，並有不少和陸軍相關的日本軍民住在這區。在 1943 年 2 月，全區有人口（不計算軍人）共 7,121 人，其中包括 159 名日人和 556 名其他族群者，包括葡人等。[1]

鹿島區的中央成為日軍的巨型醫院：太子道和窩打老道的九

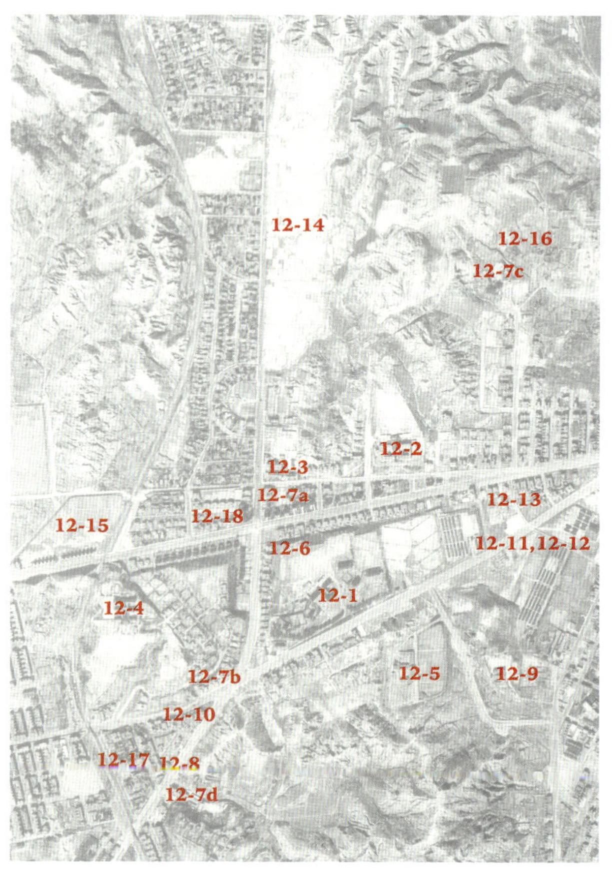

1《華僑日報》，1943 年 2 月 19 日，頁 1。

1945-02-01 - B07660 - ON059880 - T153948051 - (21PR-5MB-5) - N22E114-184 - Nr L024

1943-11-02 - F05765 - ON023352 - T153940996 - (21PS-M11-18) - N22E114-162 - Nr 053

1943-11-02 - F05765 - ON023352 - T153940996 - (21PS-M11-18) - N22E114-162 - Nr 053

1945-02-01 - B07660 - ON059880 - T153948051 - (21PR-5MB-5) - N22E114-184 - Nr L024

龍醫院（12-1）、喇沙書院（12-2）、瑪利諾修院學校（12-3，法定古蹟）、拔萃男書院（12-4，二級歷史建築），以及佐治五世學校（12-5，二級歷史建築）均成為軍醫院的一部分，統稱為香港陸軍病院，預計可容納 2,000 名傷兵，其中各校分別為分院；據英軍服務團情報，瑪利諾和男拔萃分別為第三、四分院，佐治五世則為療養院。[2] 在戰爭期間，至少有 48 艘次醫療船運載了數千名來自中國和緬甸戰場的傷兵抵港進行治療。[3] 日軍又特地於 1942 年 6 月在九龍醫院操場的西北角興建了「安慰英靈紀念碑」，以紀念陣亡的日軍（12-6）。[4]

在界限街和窩打老道以及亞皆老街和窩打老道交界處，則分別有香港防衛隊的司令部（呼號波 8138 部隊，12-7a）以及第 67 步兵大隊（波 8115 部隊，12-7b）的營房和司令部，附近的房屋亦有部分被例如香港砲兵隊（香港防衛隊的一部分）以及飛行場擴張事務所佔用。[5] 這區邊緣的嘉林邊道民生書院（12-7c）和窩打老道培正中學（12-7d）則同時被第 67 步兵大隊佔用為軍營。英軍服務團情報指，梭椏道的導群中學被日軍佔用為軍營，但所屬部隊不明（12-8）。此外，日軍亦佔用了農圃道的協恩中學，至少有兩隊人員進駐。[6] 由於這區較為孤立，遠離民居，旁邊為守衛森嚴的戰俘營和陸軍療養院，因此亦為日軍使用（12-9，三級歷史建築）。此外，日本陸軍航空隊（代號為風部隊）的香港飛機廠人員亦在九龍塘根德道、森麻實道、沙福道一帶佔用多個住宅，亦有少量風部隊人員可能居住在嘉林邊道一帶。這區亦有少量海軍設施，即位於加多利山上的海軍軍需部宿舍，以及位於窩打老道和亞皆老街交界的海軍俱樂部——水交社（12-10）。[7]

有日軍的保護，加上不少房屋被日軍視為敵產或被空置，因此在九龍有業務的日本公司（例如航空公司），選擇把宿舍設置在這裏，例如中華航空、大日本航空、九龍造船所等。負責啟德機場擴建工程的建築公司與作村組、桂組等，亦在此區設立了事務所和宿舍。[8] 由於有相當數量的日人居住，日人亦佔用了本來由沙爾德聖保祿女修會（Sisters of St Paul de Chartres）營運的法國醫院，並將之交由台灣總督府屬下的慈善機構博愛會繼續經營，成為博愛

2 "Shipyards, Industrial Premises, BLDGs under Military Occupation etc in Kowloon," Kweilin Intelligence Summary 66, Appendix D, Elizabeth Collection, Hong Kong Heritage Project, EMR-1B-04, pp. 9-10; "Waichow Intelligence Summary No 21," 1/3/1943, Elizabeth Collection, Hong Kong Heritage Project, EMR-1B-02, p.4；「香港占領地総督部命令（香港陸軍病院の臨編並復帰の件）」，《陸軍省大日記》，アジア歴史資料センター，（JACAR），Ref：C01000890700，頁 0056。由於現時資料沒有具體提到第二分院，因此喇沙書院為第二分院的可能性最高。

3 鄺智文，《重光之路：日據香港與太平洋戰爭》，頁 278-280。

4 已故傳媒人和收藏家鄭明仁先生曾捐贈此紀念碑的照片數碼使用權予「日據香港空間史研究計劃」，照片連結如下：https://digital.lib.hkbu.edu.hk/japanese_occupation_of_hongkong/imageofwar_item/IW00078/。

5 "Shipyards, Industrial Premises, BLDGs under Military Occupation etc in Kowloon," Kweilin Intelligence Summary 66, Appendix D, Elizabeth Collection, Hong Kong アジア歴史資料センターHeritage Project, EMR-1B-04, p.10.

6 "Shipyards, Industrial Premises, BLDGs under Military Occupation etc in Kowloon," Kweilin Intelligence Summary 66, Appendix D, Elizabeth Collection, Hong Kong Heritage Project, EMR-1B-04, p.10.

1945-02-01 - B07660 - ON059880 - T153948051 - (21PR-5MB-5) - N22E114-184 - Nr L024

1945-02-01 - B07660 - ON059880 - T153948051 - (21PR-5MB-5) - N22E114-184 - Nr L024

會醫院九龍分院。[9]

這區有兩個戰俘營：亞皆老街戰俘營，以及馬頭涌戰俘營（12-11、12-12）。前者是收容駐港英軍的軍官，後者則是英屬印度陸軍的官兵。負責管理戰俘營的是香港捕擄收容所，指揮官為人稱「肥豬」（fat pig）的日本陸軍大佐德永德。他本為步兵軍官出身，但1940年代已在陸軍省任職，其後被調到香港管理戰俘營。他有時會居住在科發道戰俘營辦公室同一棟的住宅內，附近則有軍屬和衛兵的宿舍（12-13）。[10]

亞皆老街戰俘營在1943年4月共收容了423名英加軍軍官，另有106名這些軍官的勤務兵等共529人。[11] 這批戰俘包括駐港英軍司令莫德庇少將（Major General Christopher Maltby），以及參謀長紐臨上校（Colonel Lance Newnham），他們無需進行體力勞動，因此有不少時間進行會議、講座等團體活動，或是在戰俘營旁邊的田地於日軍監視之下進行少量耕作。至1942年底，莫德庇同意紐臨與英軍服務團的人員進行數月的秘密通訊，嘗試進行大規模逃脫行動。可是，紐臨及部分參與聯絡的軍官在1943年6月被捕，最終於10月在赤柱被殺。[12] 1944年5月，亞皆老街戰俘營的軍官被送到深水埗戰俘營，南面的印軍則被移送到此。從航拍照片可見，戰俘營在1945年有一個菜園，為戰俘提供額外的糧食。

馬頭涌戰俘營則位於亞皆老街戰俘營東南面，它在1943年時共有424名英印軍戰俘，當時不少印軍俘虜被日軍威迫利誘為其工作，因此只餘下數百名不願合作者。由於日軍嘗試脅迫這些戰俘附日，他們的待遇比英軍軍官相差極遠。馬頭涌戰俘營內缺乏食物和藥物，迫使不少印軍戰俘為日軍在香港和廣州服務，成為衛兵或軍夫，少數人則加入印度國民軍遠赴緬甸作戰。另一方面，不願加入日軍的印軍軍官兵亦嘗試抵抗，其中安沙里上尉（Captain Mateen Ansari）亦曾和英軍服務團人員聯絡，但因為其網絡被親日印兵滲透而被發現，因此於1943年中被捕，並和紐臨等人一同被處決。[13] 1944年8月，馬頭涌戰俘營內的所有印軍官兵均被移送到對面的亞皆老街戰俘營。其後，馬頭涌戰俘營

7「敵軍事會所『水交社』地點圖」，Australia War Memorial, AWM PR82/068。

8 香港電話局，《日本人關係電話番號》，頁16、24；山本喜代人，《華南商工人名錄》，頁612、596。

9《華僑日報》，1942年8月8日，頁3。

10 "Argyle Street Prison Camp 1943," Elizabeth Collection, Hong Kong Heritage Project, EMR-1C-02；戰前，亞皆老街營被用作收容廣州淪陷後進入香港的國軍部隊。詳見沈思，「流落香港「孤軍」的故事」演講，連結：https://www.youtube.com/watch?v=6PNl4t7bzeU（登入日期：2025年4月30日）。

11 鄺智文，《重光之路：日據香港與太平洋戰爭》，頁326。

12 同上，頁327、343-345。

13 同上，頁323-325。

1945-02-01 - B07660 - ON059880 - T153948051 - (21PR-5MB-5) - N22E114-184 - Nr L024

成為安置第三國國民和部分從監獄釋放或後來拘留的英籍平民，包括從赤柱監獄釋放的醫務衛生總監司徒永覺。出於日人預料，這個安排在戰爭結束時起到作用：司徒永覺和身在赤柱的輔政司詹遜（Franklin Gimson）及深水埗戰俘營的高級軍官懷特中校（Lieutenant Colonel Simon White）在日本投降後即建立聯繫，為英軍接收九龍奠定基礎。[14]

淪陷期間，這區最重要的變化卻是最為後世忽略的事件：模範村（12-14，又稱第一模範農村或模範新村）的開發。當日軍決定擴建啟德機場（詳見第二部分第二章〈九龍〉第五節〈元區〉）後，便安排受影響的十六鄉居民，遷移至窩打老道東面的地區以及羅湖，並建立模範村以安置他們。[15] 據報載，新村計劃有 125 家農戶，每戶可分得大約三畝土地。[16] 從 1945 年 2 月的航空照片可見，模範村有相當規模。窩打老道東面的平地（面積約 1,000 米×300 米）已被分成面積大致均等的農田，部分甚至可能已在耕作，今日九龍仔公園位置的山上亦已建築了房屋。從 1960 年代的街道圖對照，部分這些房屋可能在戰爭結束後近 20 年仍然存在。在戰爭後期，香港糧食問題日趨匱乏，總督部遂鼓勵市民把空地開發為農田。1943 年 10 月，九龍地區事務所曾召集青山、鹿島、山下，以及元區的鄉村村民，邀請他們開發空地。[17] 在 1945 年的航空照片中，可見青山和鹿島區之間的九龍塘村、旺角馬球場，以及太子道西出現不少農田（12-15）。

在九龍仔另一邊的侯王廟一帶，在日佔時期亦有所變動。最近夏思義新書 *Villages and Market Towns in Hong Kong* 提到侯王廟附近侯王新村時，引用了一張應為日據時期製作的平面圖，以及現存石屋的正面外觀。[18] 該圖又提到香八一一五部隊真鍋隊駐紮在民生書院位置。從 1945 年 2 月的航空照片可見，今日現存的石屋尚未出現，原址有數間似在拆卸的房屋，或因為照片質素不良而未能顯示清楚。另一方面，此書中日本文件顯示的部分房屋，似乎已經部分完成，亦有部分尚未出現（12-16）。因此，我們能把石屋的興建日期，確定至 1945 年 2 月後；由於日本文件顯示了石屋的正面式樣，亦可推斷新村的石屋建於日據時期，但是否在戰爭結束前完成

14 Selwyn Selwyn-Clarke, Footprints: *The Memoirs of Sir Selwyn Selwyn-Clarke* (Hong Kong: Sino-American Publishing, 1975), pp. 96-100.

15《華僑日報》，1942 年 8 月 2 日，頁 4；1942 年 11 月 9 日，頁 4；1942 年 11 月 29 日，頁 4。

16《華僑日報》，1942 年 9 月 14 日，頁 4；1943 年 5 月 3 日，頁 4。

17《華僑日報》，1943 年 10 月 3 日，頁 4。

18 Patrick Hase, *Villages and Market Towns in Hong Kong* (Hong Kong: Chinese University Press, 2024), p. 624.

則待考。

在鹿島區的最南面，是另一個群體的聚居地。第一次世界大戰結束以來，界限街以南的地段開始發展，出現了自由道、勝利道等紀念戰爭結束的街道（12-17，見頁 221）。在第二次世界大戰爆發前，這區成為葡裔人口的聚居地。香港淪陷時，由於葡萄牙是中立國，因此在港葡人雖然與港府有密切關係，但他們並未被視為敵國人口，可以獲得相對的人身自由，只有曾經參與防衛軍而且被俘虜的葡人被拘留於深水埗戰俘營。總督部自然不敢對這批葡人鬆懈，因此在 1942 年初即成立了居民組織，一方面對他們實施統一救濟，另一方面則藉此監視他們。在戰爭期間，在港葡人仍然心向盟軍，雖然有部分被迫出任總督部或相關的職位，但亦有葡人主動嘗試聯絡盟軍，將物資送到戰俘營。例如，居住在巴芬道（12-18，見頁 222）的白理桃（Gloria Barretto），其兄弟因參與香港義勇防衛軍而被拘留於戰俘營內，白理桃則嘗試將食物及藥物等營內缺乏的物資，混雜在糧食罐頭中送給營內的戰俘。[19] 由於日人漸不相信葡裔人口，最終葡裔居民代表利美迪奧殊（Fernando Eduardo D'Almada Remedios）在他位於梭椏道的家中被捕，更被嚴刑迫供。[20] 即使這區有日軍駐紮，1944 年春天中共港九大隊亦曾經在四號鐵路橋（即鐵路線與窩打老道的交界）引爆土製炸彈，雖然其後照片顯示橋樑完好，但亦顯示了日軍控制的限度。[21]

19「白理桃」，「日據香港空間史研究計劃」網頁：https://digital.lib.hkbu.edu.hk/japanese_occupation_of_hongkong/faceofwar_item/FW0056/（登入日期：2025 年 1 月 11 日）。當時為日軍擔任英文翻譯的基督教牧師渡邊清至亦參與其中。其事蹟在 1970 年代在英國被發現後廣泛報道（可惜其部分家人在廣島原爆中遇害）。

20 "G.M.C. W.A. 1/46, George Wong," HKRS41-1-1338, pp. 43-44.

21 劉智鵬、劉蜀永，《港九大隊志》（香港：商務印書館，2022），頁 50-51。

1944-09-30 - B07046 - ON055098 - T153950317 - (21PR-4MB-221) - N22E114-177 - Nr 038

第二節　香取區

香取區大約為今日的旺角、油麻地，以及佐敦一帶。在戰前，這區是華人密集居住的鬧市地區，其大部分於第一次世界大戰後發展，少量地段則於戰前數年才被開發（例如花墟一帶）。這區大致分為三個部分，即旺角—油麻地的華人聚居地、何文田山—京士柏—槍會山一帶，以及今日被稱為佐敦的官涌。

香港戰役期間，英軍和警察自九龍撤退時，這區曾出現不少搶掠，至日軍入城後才恢復秩序，期間曾造成不少死傷。戰鬥結束後，不少市民因歸鄉政策離開，所以這區人口亦有所減少，但在 1943 年 2 月的人口普查中仍有 99,612 人，這些市民大多為華人（有 134 名日人、730 名其他族群者），他們居住在密集的唐樓中。[1] 這些唐樓大多為三至四層，以磚頭或水泥建造。如遭遇空襲或砲轟，這些建築將不堪一擊。

1《華僑日報》，1943 年 2 月 19 日，頁 1。

1945-02-01 - B07660 - ON059880 - T153948051 - (21PR-5MB-5) - N22E114-184 - Nr L025

1945-02-01 - B07660 - ON059880 - T153948051 - (21PR-5MB-5) - N22E114-184 - Nr L025

1945-02-01 - B07660 - ON059880 - T153948051 - (21PR-5MB-5) - N22E114-184 - Nr L025

香取區役所位於廟街121號的新亞酒店，該處大概位於香取區的中心，鄰近屬於社區核心的天后廟（13-1），旁邊則是油麻地街市（13-2，時稱香取市場）。[2] 旺角、油麻地一帶仍有不少經濟活動，例如果欄等仍在運作，當時稱為九龍欄（同區的新填地街街市被稱為香取野菜市場）。[3] 由於有大量人口聚居，因此亦有不少娛樂場所繼續運作，例如平安戲院（Alhambra Theatre）和普慶戲院（Astor Theatre）等大型戲院，以及酒樓、旅店等。[4] 另一方面，這區亦有記錄沒有清楚提及的地下賭場和暗娼活動，所以區內有不少故衣店以及質屋（即當舖），九龍地區質屋組合的辦事處亦在這區設立。瞽師杜煥在1970年代回憶淪陷時在這裏的生活，說：「我哋所見者哩，廟街嗰列呀，但凡空舖每晚都有呻吟在此，天明之後呀，拾屍真係不計其數囉。我親自踢到嘅，我數過有六七仗咁多！」[5]

這區亦有當時九龍最大的民用醫院——廣華醫院（13-3）。在香港戰役期間，廣華院長華則仁醫生阻止日軍佔用醫院，又阻止搶掠。[6] 在淪陷頭半年，廣華醫院和東華董事局聯絡困難，但華醫生繼續和醫護人員勉力維持服務，期間並得到日軍醫官江口豐潔和前醫務衛生總監司徒永覺的協助，因此不但未有損失太多物資（只失去救護車和顯微鏡），並得到食物和藥物等援助。江口亦認識到，由於日軍已佔用九龍醫院，廣華實際上成為九龍唯一的現代化醫院，照顧九龍數十萬人。[7] 1942年中，東華董事局恢復運作後，廣華繼續得到財政資助，並於1943年起獲得總督部成立的華人慈善總會補助。可是廣華實際上得到的金額不多，它主要倚靠東華和捐贈渡過難關。[8] 1945年8、9月，廣華每日有住院病人約300人，另外照顧300名街症。[9] 在紅磡於1944年10月16日遭到空襲（詳見第一部分第四章〈豈有完卵：美軍大規模空襲香港〉）期間，大量傷者被送到廣華。單是16日，即有300多人到廣華留醫。[10]

在戰爭期間，官涌一帶有不少重要設施和地標建築，例如煤氣公司的煤氣鼓（13-4）和港府船廠，它們在淪陷期間仍繼續運作（13-5）。從航空照片可見，油麻地避風塘至1943年仍有不少小型船隻，岸上亦有在香港負責統制漁業的日本海洋漁業的冷藏庫

2《華僑日報》，1942年9月9日，頁4。

3《華僑日報》，1942年9月9日，頁4。

4 "Alhambra Theatre," Hong Kong Memory Project Website, Link: https://www.hkmemory.hk/MHK/collections/Theatre/All_Items/images/202006/t20200623_94509.html?cf=search (Accessed on 23/2/2025); "Astor Theatre," Hong Kong Memory Project Website, Link: https://www.hkmemory.hk/MHK/collections/Theatre/All_Items/images/202006/t20200623_94506.html (Accessed on 23/2/2025).

5「杜煥．一代瞽師的故事」，香港記憶網頁，網址：http://hkmemory.org/douwun/。

6 *South China Morning Post*, 24/9/1945, p. 4.

7 陸上自衛隊衛生學校編，《大東亞戰爭陸軍衛生史》（東京：陸上自衛隊衛生學校，1971年），頁132-134。

8 鄺智文，〈從東華董事局工作初探日本佔領當局與華人精英互動（1942-1945）〉，《香港大學中文學報》，即將出版。

9 *South China Morning Post*, 24/9/1945, p. 4.

10「卅三年十月十六日 甲申年八月卅日」，《廣華醫院總冊》，東華三院檔案及歷史文化辦公室，檔號：C159 19440925-19441210。

1943-11-02 - F05765 - ON023352 - T153940996 - (21PS-M11-18) - N22E114-162 - Nr 053

1943-11-02 - F05765 - ON023352 - T153940996 - (21PS-M11-18) - N22E114-162 - Nr 053

和貯冰庫，可見這區是當時漁業基地之一（13-6）。[11] 當時，油麻地戎克漁業組合是香港規模較大的漁業組合，此亦反映出在油麻地避風塘的漁船數量上。[12] 可是，船隻數量在 1945 年已明顯減少不少（13-7）。[13] 照片亦可見油蔴地小輪的旺角碼頭（13-8）和佐敦道碼頭（13-9）繼續運作，小輪公司在 1943 年 5 月獲總督部發還部分船隻營業。[14]

此外，這區亦相鄰日本海軍在九龍的基地（13-10，即前皇家海軍九龍基地，今中港城位置），該處亦有數個油鼓。官涌原有的南九龍裁判署和對面馬路的拔萃女書院（Diocesan Girls' School），則被憲兵隊佔用，成為九龍憲兵隊司令部（13-11）。何文田 —— 京士柏 —— 槍會山一帶，亦被日軍安排作不同用途。其中京士柏難民營被指定為孤兒院（13-12a，稱為競技場孤兒院），在佔領期間仍繼續運作，並得到慈善總會撥款資助。[15] 京士柏（13-12b）則改稱為九龍競技場，繼續作為休憩空間。至於西洋波會等會所，部分則仍能運作至 1943 年。可是，九龍木球會（13-13a）和九龍草地滾球會（13-13b）則停止運作，其中前者成為印軍戰俘訓練營（至 1942 年底），後者被用作鄰近有大量日人居住的湊區的總督部診療班，覺士道的英童小學則於 1943 年 10 月被日人佔用為香港國民學校九龍分教場（13-14）。[16]

從航空照片可見，何文田的兩個墳場（見第二部分第二章〈九龍〉第四節〈山下區〉）規模不少，而且在戰爭期間似乎仍在擴建。[17] 槍會山一帶則和戰前一樣，被用作軍事用途。原本槍會山軍營是香港星加坡皇家砲兵團的營地之一，淪陷後則成為日本陸軍船舶部隊（代號曉部隊）的第 2 船舶輸送司令部（代號曉 2941 部隊）和基地。曉部隊負責日本陸軍的海上運輸，儼然是隸屬日本陸軍的「海軍」。從航空照片中可見，日軍佔據槍會山軍營後，增加了高射砲 / 機槍陣地，以及防空掩體（13-15，見頁 252）。

雖然香取區並非美軍主要攻擊目標，但亦曾被戰火波及。1943 年 11 月 15 日晚上，美軍第 308 轟炸大隊對尖沙咀和官涌一帶發動空襲，向威菲路軍營（14-9）的日軍倉庫投下 51 個 500 磅彈，但只有約半數炸彈命中目標區。雖然只有少數炸彈落在威菲路

11 "Register of Enemy Properties Vol. 2," HKRS141-19-29-2, HKPRO, p. 60；香港電話局，《日本人關係電話番號》，頁 31。

12《華僑日報》，1943 年 10 月 1 日，頁 4。

13 當時並無休漁期。

14《華僑日報》，1943 年 5 月 1 日，頁 4。

15《華僑日報》，1943 年 10 月 7 日，頁 4。

16《華僑日報》，1943 年 10 月 28 日，頁 4。

17《華僑日報》，1942 年 11 月 5 日，頁 4。

1943-11-02 - F05765 - ON023352 - T153940996 - (21PS-M11-18) - N22E114-162 - Nr 053

軍營，但旁邊的九龍海軍船塢油庫卻被擊中。香港測量師學會前會長梁守朏先生在多年後回憶了這次空襲，說：「要數最『刺激』的『娛樂』，乃是空襲警報響起時，我即跑上天台看飛機……最難忘的一幕是位於油麻地的海軍船塢大火……我家對海方向不遠處，就是避風塘與船塢，該處亦有一個極大而圓的煤氣鼓……有一天該煤氣鼓被襲，巨響震耳，大火沖天，熱氣直撲我家人的頭面，這樣的場景維持了三日三夜。」[18]

梁先生的回憶大致與當時情況吻合，差別只是當時被焚的是油庫而非煤氣鼓。從空襲後的航空照片中可見，威非路軍營以北的柯士甸道本來有不少房屋，但其後可見它們均被摧毀，至 1945 年 2 月的照片中更可見瓦礫已被清理，甚至可能有新房屋落成（13-16）。此外，亦有部分地標可能受空襲影響，例如如油麻地戲院在空襲後屋頂不知所蹤（13-17，見頁 231）。

18《信報》專欄〈天圓地方〉，2024 年 11 月 14 日。

1943-11-02 - F05765 - ON023352 - T153940996 - (21PS-M11-18) - N22E114-162 - Nr 053

1943-11-02 - F05765 - ON023352 - T153940996 - (21PS-M11-18) - N22E114-162 - Nr 053

1944-11-02 - B07263 - ON052952 - T153937385 - (21PR-4MB-8) - N22E114-179 - Nr R018

1944-11-02 - B07263 - ON052952 - T153937385 - (21PR-4MB-8) - N22E114-179 - Nr R018

1945-02-27 - B07976 - ON049936 - T153952771 - (21PR-5MB-9) - N22E114-185 - N22E114-186 - Nr FLV052

第三節　湊區

在香港戰役結束後，第 23 軍佔領香港成立軍政廳時，曾使用尖沙咀梳士巴利道的半島酒店（14-1）為辦公地點，彌敦道的九龍英童學校則成為九龍民治部總部（14-2）。可是，總督部成立後，其總部設於中環（中區）的滙豐銀行大廈（1-1），九龍英童學校改為九龍地區事務所，因此尖沙咀未有成為日據香港的行政中心。日據時期的湊區，大約為今日九龍半島南端柯士甸道以南的尖沙咀一帶，它既是日軍後勤基地之一，亦是日本軍民其中一個主要居住地點。日文中的「湊」（Minato）有「港口」的意思，因此湊區亦是指港區。在 1943 年，湊區共有 13,784 名居民，包括 11,526 名華人（男 5,751、女 5,775），另有 1,027 名日本人和 1,231 名其他族群的居民，日人比例為全港各區最高之一。[1]

1《華僑日報》，1943 年 2 月 19 日，頁 1。

1945-02-01 - B07660 - ON059880 - T153948051 - (21PR-5MB-5) - N22E114-184 - Nr L025

1944-11-02 - B07263 - ON052952 - T153937385 - (21PR-4MB-8) - N22E114-179 - Nr R020

除了軍事設施和天文台外，日人亦徵用了這區不少政府、機構，以及私人物業，例如九龍倉（14-3，Kowloon Wharf）和藍煙囪碼頭（14-4，Holt's Wharf）及倉庫、天星碼頭（14-5，Star Ferry Pier），以及九廣鐵路尖沙咀總站（14-6），九廣鐵路在 1942 年已部分恢復行駛，至 1944 年被接管[2]，其貨物如未被日人充公，則要等待數月之後，才可以向總督部申請領取。淪陷後，香港所有聖公會物業全被接管，因此尖沙咀最大的教堂聖安德烈堂（14-7）被用作米站，照顧官涌一帶的居民，其後配給米制度陸續實施後，日軍容許曾紀岳牧師繼續營運教堂至 1944 年底。日軍其後於 1945 年將其用作紀念設施（可能用作紀念空襲中陣亡的日軍），但曾牧師將部分聖物送到深水埗戰俘營，因而得到保存。[3] 尖沙咀浸信會和九龍清真寺則繼續運作，雖然前者曾被日軍短暫佔據。[4]

湊區的主要設施，包括位於廣東道的海軍基地和倉庫（14-8）、威菲路軍營（14-9）、憲兵水上派遣隊總部（14-10，今 1881，法定古蹟）、天文台（14-11，當時由陸軍隼 9884 部隊控制，可能與第 4 氣象聯隊（隼 9880 部隊）相關，法定古蹟）等。[5] 根據英軍服務團情報，日本海陸軍在這區均有設立宿舍和設施，其中大部分宿舍屬於陸軍船舶部隊，它在這區亦有食堂、電台、工場等。這區的駐軍集中在威菲路軍營和憲兵水上派遣隊總部兩地，日軍亦可能在舊九龍西砲台（14-12）設立了高射砲陣地。可見，由於這區為交通樞紐，因此成為日軍後勤基地的一部分，以及日本軍民的聚居地。

2 部分貨物至 1944 年尚未能領取，見《華僑日報》，1944 年 2 月 2 日，頁 4。

3 *South China Morning Post*, 3/10/1945, p. 3.

4 陳智衡，《太陽旗下的十架：香港日治時期基督教會史》，頁 357。

5 "Shipyards, Industrial Premises, BLDGs under Military Occupation etc in Kowloon," Kweilin Intelligence Summary 66, Appendix D, Elizabeth Collection, Hong Kong Heritage Project, EMR-1B-04, pp. 7-8.

1944-11-02 - B07263 - ON052952 - T153937385 - (21PR-4MB-8) - N22E114-179 - Nr R020

1945-02-27 - B07976 - ON049936 - T153952771 - (21PR-5MB-9) - N22E114-185 - N22E114-186 - Nr FLV055

1944-11-02 - B07263 - ON052952 - T153937385 - (21PR-4MB-8) - N22E114-179 - Nr R018

當時的湊區幾乎成為日人為主的地段。在此居住的日本軍民大多數與日本陸海軍的後勤相關，或是與軍隊和物流相關的從業者。例如，在尖東一帶即可發現當時日本主要物流公司的員工宿舍，例如三井物產、東亞海運、臺灣運輸、赤帽社、昭和通商、山下汽船等公司，它們的主要業務均是海運和物流，負責維持香港和日本佔領區各地的海上聯繫。[6] 可是，由於美軍在西太平洋地區以及華南沿岸逐漸取得空中優勢（詳見第一部分第四章〈美軍大規模空襲香港〉），因此在香港出入的船隻日漸減少，500 噸以上的大型船隻更幾乎絕跡。這些公司在戰爭的最後數月其實亦無事可做。從航空照片可見，碼頭幾乎沒有大型船隻。除了和物流有關的人員外，亦有不少日本商行和企業選擇在此設立宿舍，例如負責控制香港漁業的日本海洋漁業統制株式會社和香港水產卸賣市場組合、建築公司伊藤組等。[7]

由於這區有大量日本軍民，因此亦有至少兩個主要予日人使用的娛樂區域，分別位於威菲路軍營的兩端。第一個為威菲路軍營以南的海防道（14-13）及其附近，該處有海軍的下士官兵集會所，在海旁的梳士巴利道則有被接管並更名為東亞酒店（東亞ホテル）的半島酒店，以及成為陸軍九龍下士官兵俱樂部的基督教青年會（14-14）。[8] 日人在香港的主要銀行 —— 橫濱正金銀行，亦於東亞酒店設立分行。[9] 另一個娛樂區是鄰近香取區的山林道（14-15，見頁 249）。該地本來是多個族群共處的商住區域，日人接管後成為未有正式界定的娛樂區域。山林道上有總督部成立的九龍三業組合以管理這區的娛樂事業，三業即料理屋、待合以及藝妓屋。[10] 這區亦有日軍的俱樂部、日式餐廳、藥店、美容院，以及樂器店等相關事業。可能由於有日本人和相關業務集中，這裏亦有千草塾、日語研究社等日語學校。在淪陷初期，總督部曾安排訓練日語教師，其中有 387 人曾於 1942 年 1 月在聖馬利書院（14-16，St. Mary's Canossian College）登記受訓，但只有 148 人完成訓練畢業。[11]

6 香港電話局，《日本人關係電話番號》，頁 18、19、22、26、40、54、56；山本喜代人，《華南商工人名錄》，頁 609、625、627。

7 香港電話局，《日本人關係電話番號》，頁 2、31、45。

8 《華僑日報》，1942 年 11 月 30 日，頁 4。

9 東洋經濟新報社編；香港占領地總督部報道部監修，《軍政下の香港》，頁 352。

10 香港電話局，《日本人關係電話番號》，頁 10。

11 *Hongkong News*, 29/1/1942, 2/2/1942.

另一方面，由於日人在此地段活動頻繁，即使在總督部嚴密監視下，這裏的華洋居民亦參與了各種形式的抵抗活動。其中美籍華人陳耀南、陳耀芳兩兄弟在其家族經營的彌敦道 190 號永青餐室（14-17，Evergreen Cafe）樓上居住，二人曾為英軍服務團人員鄭維廉提供情報，但兄弟二人先後於 1943 年和 1945 年 6 月遇害。[12] 其實，幾乎與彌敦道 190 號相鄰的柯士甸道 108 號，亦是國民政府中央調查統計局的備用電台，對面的柯士甸道 111 號則是中統人員羅四維的住處，他當時在九龍地區事務所任職。[13] 附近山林道 9 號居住的葡人羅沙里奧（Peter Rosario）和加連威老道的中國海關總稅務司前員工鮑華（John Charles Power）亦曾協助英軍服務團，但兩人均被日軍逮捕遇害。[14] 此外，有兩名印裔香港義勇防衛軍士兵 Hajee Ahmed 和 E. B. 納納克（Nanak）嘗試在居住於尖沙咀的母親協助下逃出香港，但三人最終被捕。[15]

由於民居包圍在主要目標威菲路軍營附近，湊區在三年零八個月期間未有遭到太多空襲，只是在 1943 年 11 月 15 日晚上遭到第 308 大隊的夜襲，以及九龍站一帶遭到個別飛機的轟炸。從戰後照片看，後者的攻擊炸出數個彈坑，但似乎未有對車站、藍煙囪碼頭、以及半島酒店等地標造成太大破壞。

12 「九龍尖沙咀彌敦道 190 號文物價值評估報告」，古物諮詢委員會，網址：https://www.aab.gov.hk/filemanager/aab/sc/content_4/202303_historic_7_new_items_c.pdf；「彌敦道 190 號文物價值評估報告」，活現香港，網址：https://walkin.hk/wp-content/uploads/2022/06/190_Nathan_Assessment_Final_v2_20220604.pdf。

13 姬田光義，《重慶中国国民党在港秘密機関検挙状況》（東京：不二出版，1988），頁 26、224。

14 "Judgment," WO325/167, 1-4; "G.M.C. W.A. 1/46, George Wong," HKRS41-1-1338, p. 34.

15 日軍審判文件的翻譯指她住在 Hing Chi Terrace，但尚未發現相關資料。" Judgment," 31/8/1943，WO325/167, 1-4。

第四節　山下區

日據時期的山下區大約為今日紅磡、鶴園角和土瓜灣三地，在 1943 年有人口 26,279 人，其中日人 142 人、其他族群 166 人。由於這區為工業地段，因此男性數量較女性要多出不少（13,384：12,587 人）。[1] 當時這三地亦稱為「三約」，港府在 19 世紀末、20 世紀初開發馬頭角到大環的海岸線，建築了今日的馬頭圍道和漆咸道北，其後青洲英泥廠（1900 年）、庇利船廠（1905 年）等工廠相繼成立，中華煤氣亦於此建立煤氣鼓，為工廠和居民提供煤氣，俗稱「牛棚」的馬頭角牲畜檢疫站亦位於附近。舊紅磡火車站和九廣鐵路的修車場則位於此區的邊緣。石山則為附近建築提供材料。第一次世界大戰後，土瓜灣至鶴園的工業繼續發展，

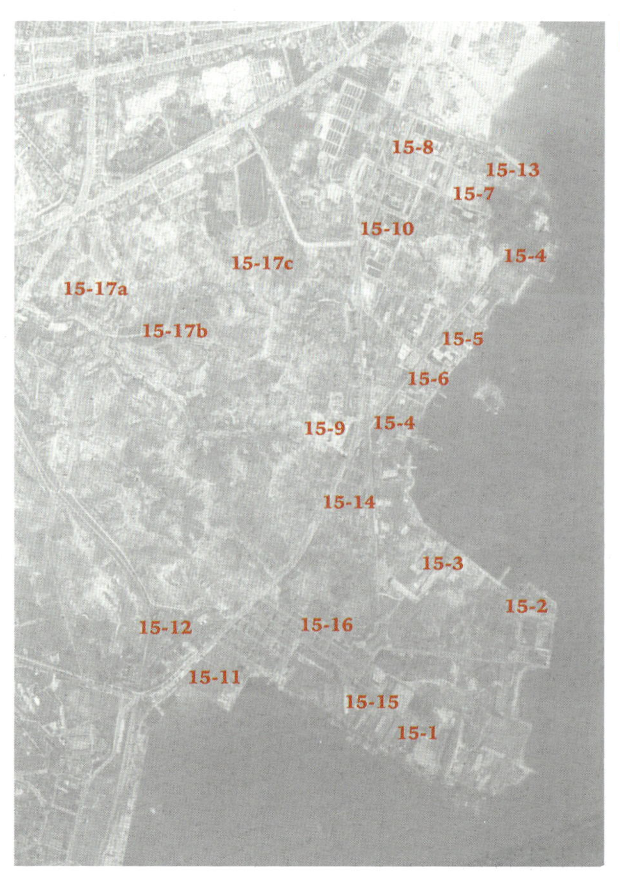

1《華僑日報》，1943 年 2 月 19 日，頁 1。

1943-07-26 - B08053 - ON049900 - T153952736 - (21PS-M7-6B) - N22E114-158 - Nr TV042

1943-11-02 - F05765 - ON023352 - T153940996 - (21PS-M11-18) - N22E114-162 - Nr 051

出現了諸如捷和鋼鐵廠（Chiap Hua）、中華書局、嶺南織工、香港蔴纜廠（Hongkong Ropes）、樹膠製造廠、天廚味精、遠東氧氣（Far East Oxygen and Acetylene）、協同和機器廠等各種生產事業。有見工業發展，中華電力於 1921 年在鶴園興建發電廠，並於 1940 年完成規模龐大的鶴園發電廠 A 廠。中日戰爭爆發後，內地亦有工廠遷移到此地運作；漢口淪陷後，六河溝鐵廠於 1939 年在土瓜灣設廠，但啟用不久此廠房與機器亦落入日軍之手。[2]

日軍佔領香港後，在山下區最重要的工作自然是接收這裏的工廠。其中規模最大的黃埔船塢（15-1）是由日本陸軍船舶部隊接收，成為曉部隊管理九龍造船所，並由日立造船公司的技術人員到香港協助營運。[3] 船塢在香港戰役期間損毀不多，其大型吊機亦完好無缺。當時造船台上尚有四艘未完成的英國標準貨輪——帝國輪（Empire Ships，每艘約 6,000 噸），日人即將其中兩艘完成，是為曉天丸與曉空丸。[4] 從 1943 年的航空照片可見，已有三艘帝國輪完成或正在艤裝。當時，黃埔船塢最高峰時仍有數千人工作，除了缺乏電力和材料，工人消極工作亦拖慢了造船進度。即使如此，日人仍能完成曉天丸與曉空丸，同時為多艘受損船隻完成維修，因此船塢成為美軍在香港的主要空襲目標。紅磡船塢亦有各方的情報人員活動，包括：英軍服務團、中統，以及中共均有情報人員在船塢工作。[5]

鶴園發電廠則由香港電廠負責管理（15-2），並於 1942 年 1 月恢復部分供電。至 1943 年 1 月，總督部把電廠交給臺灣拓殖株式會社管理。[6] 至於鶴園發電廠至馬頭圍一帶的工廠，日軍亦將大部分置於其管理，並將部分工廠的用途更改，以生產戰爭相關的物資。其中青洲英泥廠成為香港英泥廠（15-3），由日本磐城水泥株式會社派員接管，但工廠於 1944 年已經停產。[7] 日軍在其旁邊接管了庇利船塢以及建新營造，更名為圖南造船所，由陸軍船舶部隊管理，並由六河溝機器廠和協同和機器廠為其生產部件和引擎（15-4）。[8] 其後圖南造船所很可能在土瓜灣擴充生產，因為 1945 年協同和機器廠附近的中華煤氣鼓和捷和鐵廠旁邊可見有木船生產（15-5）。至於捷和鐵廠和遠東氧氣則成為香港酸素工場（15-6），

2《香港工商日報》，1947 年 8 月 12 日，頁 3。

3 岡村恆四郎，《香港工作部》（岡村八重子，1977），頁 54-57；日立造船株式會社，《日立造船株式会社七十五年史》（1956）渋沢社史データベース網頁，網址：https://shashi.shibusawa.or.jp/details_nenpyo.php?sid=6380&query=&class=&d=all&page=27（登入日期：2025 年 1 月 11 日）。

4「曉天丸の船歴」，大日本帝國海軍特設艦船網頁，網址：http://www.tokusetsukansen.jpn.org/J/A206/A206_113.htm；「曉空丸の船歴」，大日本帝國海軍特設艦船網頁，網址：http://www.tokusetsukansen.jpn.org/J/A206/A206_108.htm（登入日期：2025 年 1 月 11 日）。

5 鄺智文，《重光之路：日據香港與太平洋戰爭》，頁 271-273；姫田光義，《重慶中国国民党在港秘密機関検挙状況》，頁 268。

6 "Register of Enemy Properties-Vol. 2," HKRS141 19-29-2, HKPRO, p. 47；《軍政下之香港》，頁 156-158。

7「附表第十五 主要工場一覽表」，《磯谷廉介資料（無標題）》，香港歷史博物館藏。

8 AWM G7940.A4 H772, Australian War Memorial; RG 226, NM-54 8, Box 49, National Archives and Records Administration, attached map; "Register of Enemy Properties-Vol. 2," HKRS141-19-29-2, HKPRO, p. 74.

1943-11-02 - F05765 - ON023352 - T153940996 - (21PS-M11-18) - N22E114-162 - Nr 051

由日企海洋株式會社接管。[9] 戰前為香港和亞洲主要蔴纜生產地的香港蔴纜廠（15-7）亦被接管，由總督部直轄。[10] 附近的天廚味精成為香港化學工業廠、火柴廠成為燐寸工場、皮革廠和樹膠廠（15-8）等均被接管，部分為陸軍曉部隊控制，或許是協助生產和造船相關的物資。[11] 採石山則被更名為總督部碎石工場，為啟德機場擴建提供石材（15-9）。[12] 內閣印刷局則接收了中華書局的廠房，利用其機器印刷軍票。1945 年，香港的中華、商務，以及大東三家印刷廠準備印出 40 億圓的軍票（15-10）。[13] 除了工廠外，山下區和鄰近湊區的中間地帶則有數個重要設施，例如香港電台（15-11，當時稱為香港放送局）以及九廣鐵路車廠（15-12）。其中香港電台於 1942 年 3 月重新運作，廣播時間約為上午 8 時至晚上 10 時。[14]

由於山下區有幾個關鍵設施，加上上述各個廠房，因此日軍在此建立了高射砲和高射機槍陣地，包括大環山（今日黃埔公園內）、鶴園發電廠附近（美軍估計），以及在土瓜灣煤氣鼓旁邊有一個完整的高射砲陣地（15-13）。從航空照片可見，陣地由多個土丘組成，其中間部分可能為指揮所和觀測設施，土丘內則可見有高射砲的腳架，從其形狀可以辨識這些高射砲屬於日本陸軍使用的 88 式 75 毫米高射砲，這款火砲最高限約 9,800 米，雖然對前來空襲的美軍轟炸機造成一定威脅（美軍轟炸時高度通常為 3,000-5,000 米）。可是，其數量只有數門，未能構成足夠的火網。至於在極高高度飛行的美軍 F-5 偵察機，則未見被這些高射砲射擊的記錄。

山下區中的紅磡不幸成為美軍空襲的主要目標。早於 1942 年 10 月，美軍已對紅磡展開空襲，雖然造成的破壞不大，亦導致數十名居民死傷，預示了紅磡居民將要面對的災難。其後，美軍曾於 1943 年 8、9 月對船塢進行空襲，其中一次因為天候不佳而中途放棄、另一次則沒有造成太大破壞，紅磡再次倖免於難。可能是由於擔心遭到空襲，較接近黃埔船塢和庇利船塢的北帝和社壇廟（15-14、15-15）在 1943 年的競投中均無人問津。[15]

至 1944 年 10 月 16 日，紅磡再遭到美軍大規模空襲，不少炸

9 "Register of Enemy Properties-Vol. 2," HKRS141-19-29-2, HKPRO, pp. 68, 71.

10《磯谷廉介資料（無標題）》，香港歷史博物館藏，頁 58。

11 "Register of Enemy Properties-Vol. 2," HKRS141-19-29-2, HKPRO, pp. 69, 70; "Register of Enemy Properties-Vol. 1," HKRS141-19-29-1, HKPRO, p. 26; AWM G7940.A4 11772, Australian War Memorial.

12 "Register of Enemy Properties-Vol. 1," HKRS141-19-29-1, HKPRO, p. 26.

13 "Untitled Document (A Report of the Situation in Hong Kong in 1944 created by Governor Isogai)," Hong Kong Museum of History, p. 58.

14《華僑日報》，1943 年 3 月 1 日，頁 4；1943 年 12 月 2 日，頁 3。這個安排直至 1943 年 12 月。

15《華僑日報》，1943 年 10 月 2 日，頁 4。

彈落在民居（詳見第一部分第四章〈美軍大規模空襲香港〉）。[16] 從數月後拍攝的航空照片可見，絕大部分在蕪湖街和寶其利街一帶的建築物均被摧毀，其中街市和區役所均已看不到痕跡，附近房屋亦已全毀。位於觀音廟（15-16）後方的紅磡小學（紅磡街坊公立義學）更被完全摧毀，造成 179 名學生和兩名教師死亡、五名教師和 34 名學生受傷，是香港空襲中最嚴重的誤炸之一。[17] 可是，觀音廟和旁邊的醫局均未有倒塌。空襲過後，居民曾興建一個義祝祠以紀念死難者，並寫上一首對聯，上聯為「慘矣時代犧牲者」，下聯為「勗哉閭閻庇護神」。[18] 戰後，由於觀音山被夷平建屋，義祝祠亦被拆去。至 1960 年，街坊會再興建「殉難學生紀念碑」在旁，但亦於 1963 年興建紅磡街坊會小學戰後新校舍時拆去。[19]

至於山下區「上」（應為北）面的「山」，就是當時何文田一帶的老龍坑、大石鼓、靠背壟等山地，這一帶的三個墳場——何文田墳場、后背龍墳場、回教墳場（15-17a、15-17b、15-17c）——其中前兩個仍然運作，並由總督部民治部衛生課的九龍潔淨團管理，繼續接收死者安葬。回教墳場則由回教會管理。以 1943 年和 1945 年的航空照片作比較，可見本可以容納 30,000 個墳墓的何文田墳場的面積有所擴大（在日據時期，有大約 170,000 人在香港安葬）。[20]

16 "Narrative Attached Sheet, Group Mission Report No. 278, Bombing of Kowloon Docks at Hong Kong," p. 2.

17《華僑日報》，1944 年 10 月 22 日，頁 2。

18《香港日報》，1945 年 1 月 12 日。感謝 June Fung 女士提供資料。

19 鳴謝 June Fung 女士及 Victor Li 先生提供資料。

20《華僑日報》，1942 年 11 月 5 日，頁 4；Percy Selwyn-Clarke, *Report on medical and Health Conditions in Hong Kong*, p. 5.

1945-02-01 - B07660 - ON059880 - T153948051 - (21PR-5MB-5) - N22E114-184 - Nr L025

1945-02-27 - B07976 - ON049936 - T153952771 - (21PR-5MB-9) - N22E114-185 - N22E114-186 - Nr FV079

1945-02-27 - B07976 - ON049936 - T153952771 - (21PR-5MB-9) - N22E114-185 - N22E114-186 - Nr FV079

1945-02-27 - B07976 - ON049936 - T153952771 - (21PR-5MB-9) - N22E114-185 - N22E114-186 - Nr FV079

1945-02-01 - B07660 - ON059880 - T153948051 - (21PR-5MB-5) - N22E114-184 - Nr L025

第五節　元區

在日據香港，有兩個以「元」字為名的區域，分別為元區的九龍城以及元香港區的香港仔。「元」字在此應指「前」或者「舊」，即在日人理解中，這兩處是原來華人的聚居地，因而以此命名。元區大約包括今日理解的九龍城以及附近的鄉村，即聯合道到啟德濱的三德道一帶，北起九龍山脊下的竹園，南至土瓜灣譚公道，北帝街的北面。戰前，這區因為九龍城，啟德濱和土瓜灣的發展而成為人口密集的地區，其中包括來自中國各地的移民和東南亞的華僑，亦有世代居住在九龍城寨附近村落者。自 1898 年清英兩國簽訂《展拓香港界址專條》後，九龍城寨一直是清帝國領土，其官員亦曾於附近的廟宇留下牌匾以宣示主權。1912 年民國肇建後，九龍城寨的地位問題成為懸案，其駐軍和官府被裁撤，但其城寨和衙門則繼續保留，後者被教會租用，設立廣蔭院（Alms House）。[1]

[1]「歷史背景」，香港華人基督教聯會廣蔭頤養院網頁，網址：https://hkcccu.kych.org.hk/zh-hant/about/history/。

1943-11-02 - F05765 - ON023352 - T153940996 - (21PS-M11-18) - N22E114-162 - Nr 051

1943-11-02 - F05765 - ON023352 - Tl53940996 - (21PS-Mll-18) - N22E114-162 - Nr 051

1943-11-02 - F05765 - ON023352 - T153940996 - (21PS-M11-18) - N22E114-162 - Nr 051

945-02-01 - B07660 - ON059880 - T153948051 - (21PR-5MB-5) - N22E114-184 - Nr L022

日軍於 1941 年 12 月 8 日開戰當日曾對啟德機場發動空襲，期間有炸彈擊中九龍城街道，造成死傷。多年在此生活的朱石年如此回憶道：「日本仔就炸機場啦，落咗炸彈炸機場，有啲炸彈呢就炸落街市，就炸死好多人啦⋯⋯就我街尾呀，叫做賈炳達道，就落個炸彈，又炸死幾個人。城南道、打鼓嶺道又落個炸彈，炸死人。佢日本機飛好低嘅，我睇到佢日本機師嘅，兩個機師飛好低，架機好細咋嘛⋯⋯嗰啲人就知道打仗嘞，就買糧食啦，個個湧去買糧食啦，搶買米呀、買餅乾呀、買柴、買油、買鹽呀，搶糧食呀。」[2]

總督部劃分區政時，收入了坪石鄉、上元嶺鄉、蒲崗鄉、大磡鄉、瓦窯頭鄉、竹園鄉、東頭鄉、西頭鄉、上沙埔鄉、下沙埔鄉等村落，唯獨沒有衙前圍，但衙前圍的圍村剛好位於擴充後的機場

2「朱石年」，鄺智文 (2024)。日據香港空間史研究計劃，1941-1945。檢索於 2025 年 2 月 1 日，取自香港浸會大學圖書館《史庫》：https://digital.lib.hkbu.edu.hk/japanese_occupation_of_hongkong/faceofwar_item/FW0036/。口述歷史原文來自香港大學「香港口述歷史檔案計劃」。

945-02-01 - B07660 - ON059880 - T153948051 - (21PR-5MB-5) - N22E114-184 - Nr L022

範圍外。元區和啟德兩區在啟德機場東面一帶的範圍亦頗有重疊（詳見第二部分第二章〈九龍〉第六節〈啟德區〉）。總督部又設立了區役所和佔用了警署為九龍城憲兵派遣隊的基地。在 1943 年的人口普查中，元區共有 58,117 人，其中有男性 27,353 人、女性 30,784 人（其中有 42 名日人和 166 名其他族群的市民）。[3]

區役所設立後不久，日軍即打算大幅擴充被認為不夠軍機使用的啟德機場，並成立協遷會以安排拆遷和賠償事宜。[4] 由於日據初期總督部較有餘力採取懷柔政策，因此總督部聲稱安排了 300 多戶共千多名農民遷往九龍塘或羅湖的新村，並討論安置和救濟居民的辦法。[5] 在機場工程開始後，日本建築公司清水組、阪本組、作村組，相繼在這區或旁邊的鹿島區建立辦公室，組織人力及物資進行工程。當時，報紙曾提到有逾萬名勞工參與工程。[6] 工程中的首要部分，就是要把啟德濱的一大部分，以及啟德機場以北的數條村落拆卸。從 1943 年 11 月第 21 中隊第一次拍攝的航空照片可見，啟德濱的街道佈局仍然可見，與 1930 年拍攝的照片沒有很大分別（16-1）。此外，宋皇臺北面的珓杯石一帶的建築物亦已經被夷平。宋皇臺（16-2a）雖然在 1943 年 1 月已舉行「拆遷祭典」，但聖山尚未被夷平，依然勉強可辨認登上聖山的樓梯。[7] 當時日人已在九龍城龍津石橋一帶填海，但仍然可以見到石橋的末端（16-2b）。

至 1944 年的照片，可見啟德濱的道路已不可見，龍津石橋亦已被填平。翌年，整個區域已成為填平的機場部分，甚至已有戰鬥機停在地面。從 1945 年的照片中，亦可見啟德機場北面近大磡處有一出口橫跨清水灣道，其旁邊有一大型飛機庫及停機坪。飛機庫旁邊有一圓形建築物，即保護該處的日軍水泥機槍堡。現時，這兩個建築物以及戰後興建的大觀園 4 號石屋有時被統稱為「大磡三寶」（16-3、16-4，見頁 273）。由於日本海陸軍各自運作其航空隊，因此機場這一邊可能是海軍或陸軍機場的部分。從其他資料可見，位於啟德機場內東面皇家空軍基地的部分設施，例如皇家空軍俱樂部等均被日本海軍使用，因此可以推測機場的這一部分應為陸軍使用。照片亦顯示，機場旁邊的道路亦已經完工，這條寬闊的

3《華僑日報》，1943 年 2 月 19 日，頁 1。

4「香港（啓德）飛行場の狀況報告」，1942 年 1 月 15 日，〈昭和 17 年「陸支密大日記 第 11 號」〉，《陸軍省大日記》，JACAR，Ref: C04123732200；「香港（啓德）飛行場擴張に關する件」，1942 年 5 月 29 日，〈昭和 17 年「陸支密大日記 第 24 號」〉，《陸軍省大日記》，JACAR，Ref: C04123787200，頁 2；《華僑日報》，1942 年 6 月 20 日，頁 4。

5《華僑日報》，1942 年 8 月 10 日，頁 4；《華僑日報》，1942 年 8 月 12 日，頁 4。

6《華僑日報》，1942 年 7 月 15 日，頁 2。

7《華僑日報》，1943 年 1 月 10 日，頁 4。

道路就是今日的太子道東和觀塘道。日軍擴充機場時為了預防水浸，沿著機場和道路的外圍修建了一條明渠，並和九龍城連接的地方興建了一條大約 20 米寬的橋。[8] 據住在附近的陳乃坤先生回憶，當時這條橋被命名為「鹿島橋」(16-5)。[9]

由於拆遷，原來的區役所遷到亞皆老街 165 號的一棟住宅，警署亦被搬走，但新址具體位置不明。總督部又曾設立公醫，但具體位置亦不清楚。總督部為顯示其建設香港的意願，特地在九龍城中心的獅子石道興建了新的九龍城市場，是日據時期極少數的公共建設。[10] 從 1945 年 2 月的航空照可見，市場應為一座約 25 米 ×50 米的單層建築，有一個深色的屋頂(16-6)。至戰後，這個建築物即被拆毀改建成一排唐樓。由於人口密集，這裏也有不少指定配給商店，售賣米、油、糖、鹽等必需品。

由於位於嘉林邊道的民生書院被日軍霸佔為香港防衛隊軍營(16-7)，其他在九龍塘一帶的大校舍亦被日軍用作醫院，因此九龍城區在淪陷期間的教育幾乎中斷。其後，民生書院老師黃歡連和另外幾位老師，借用繼續運作的士他令道九龍城浸信會的部分地方續辦民生小學，為這區的兒童提供教育。[11]

此外，部分在戰前已經活動的教會亦在這裏繼續運作，包括九龍城崇真會、蒲崗山浸信會、播道會侯王堂、九龍城浸信會等。[12] 另一方面，啟德濱工程也拆毀了剛在 1937 年才完工、位於隔坑村道的天主教聖五傷方濟各堂。[13] 位於馬頭涌戰俘營旁邊的聖公會聖三一堂(16-8，二級歷史建築)，亦因為其所屬而被接管部分空間作宿舍，但亦有記錄指這個教會加入了日人成立的基督教總會。至於侯王廟則被慈善總會接管並外判予經營者，其旁邊的牛坳墳場和基督教墳場則由總督部管理(16-9、16-10)。[14] 九龍城寨內的廣蔭院(16-11)亦繼續運作，並得到慈善總會和市民捐款資助。[15] 城寨的外牆則被拆去，從航空照片可見被拆前後的情況(見頁 268、272)。

在淪陷時期的九龍城(16-12)亦有地下抵抗活動。香港輔助警察隊的曹峻安與在港的前輔警成員，嘗試組織地下情報網。他在 1942 年秋離開香港後，工作由其副手雷福榮(David Loie)和

8《華僑日報》，1943 年 3 月 13 日，頁 4。

9「陳乃坤先生訪問紀錄」，2024 年 6 月 8 日。陳先生回憶他與其他兒童就在機場旁邊的空地玩耍，與機場就相隔著一條河道。

10《華僑日報》，1943 年 10 月 17 日，頁 4；1943 年 11 月 3 日，頁 4；1942 年 11 月 7 日，頁 4。

11 "Register of Enemy Properties-Vol. 1," HKRS141-19-29-1, HKPRO, p. 74; *Hongkong News*, 24/2/1944, p. 2.

12 陳智衡，《太陽旗下的十架：香港日治時期基督教會史》，頁 357。

13 *South China Morning Post*, 7/10/1937, p. 14.

14《華僑日報》，1942 年 11 月 5 日，頁 4。

15《華僑日報》，1942 年 10 月 16 日，頁 4；1942 年 12 月 7 日，頁 4。

甄卓明等繼續。雷氏生於 1906 年，來自一個紐西蘭華僑家庭，戰前是政府化驗所人員。淪陷後，他繼續在化驗所工作，同時參與了後備警察隊和英軍服務團的情報工作。現有資料顯示，單是九龍城一地，已有雷福榮、雷家仁、甄卓明、張榕森、陸宗樑等嘗試聯絡深水埗和亞皆老街戰俘，或刺探日軍在香港的活動。結果，除了雷家仁以外，他們均在 1943 年春夏之間被日軍拘捕，其後陸續被殺害。雷家仁曾經回到惠州報告，但亦在 1944 年的一個任務中失蹤。雷家仁、甄卓明、張榕森三人均住在衙前圍道，雷福榮和陸宗樑則居住在其附近。雖然未有清楚資料證明他們如何聯絡，但有資料提到當日軍到雷家仁的家找他時，附近店員曾提示另一英軍服務團人員，因此後者得以逃脫。[16]

16 "Lui Ka Yan," Personnel Files, Elizabeth Ride Collection..

1944-11-02 - B07263 - ON052952 - T153937385 - (21PR-4MB-8) - N22E114-179 - Nr R016

第六節　啟德區

在日據時期，日軍把竹園村以東至井欄樹、大埔仔，再到清水灣、將軍澳、鯉魚門、茶果嶺、晒草灣、咸田、深灣仔、牛頭角、牛池灣這個大範圍劃為啟德區。簡言之，就是啟德以東，西貢區以南的所有地段均被劃入此區。可是，由於人口較為分散，因此在 1943 年的人口普查中，此區只有 13,560 人，其中有男性 6,348 人、女性 7,212 人，從男女比例較平均可見，這區是以農村人口為主，沒有大量單身男性工人群體。[1] 這區幅員較大，因此其人口亦較為分散，不同地區亦有其獨有的設施及產業。戰前，港府曾在九龍灣（時稱大灣全）一帶填海，準備設立另一個工業區，並正研究把油塘灣附近建設成小型船廠的集中地。[2] 戰爭爆發時，這些工程

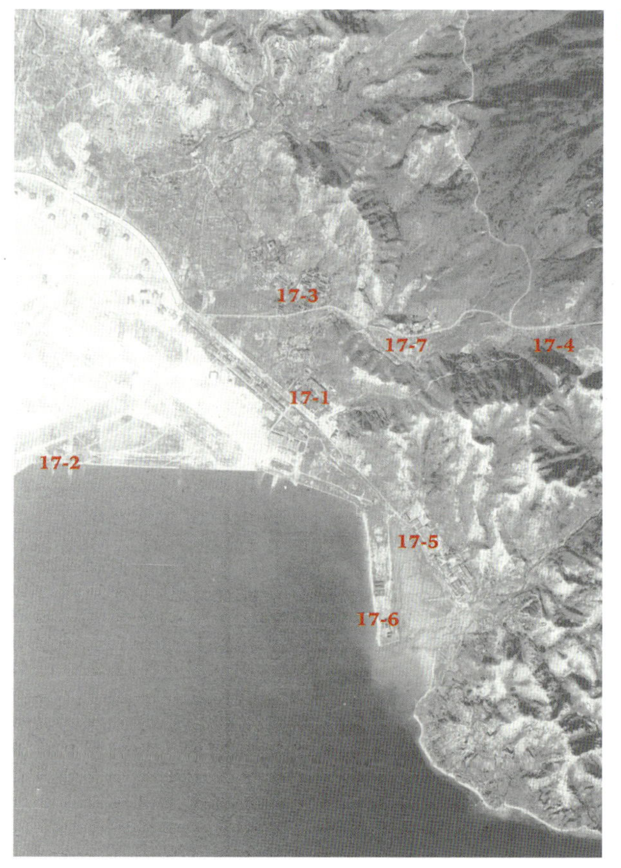

1《華僑日報》，1943 年 2 月 19 日，頁 1。

2 "Plan to Accompany Report by Sir David J. Owen on the Future Control and development of the port of Hong Kong, February 1941," National Library of Australia.

945-02-01 - B07660 - ON059880 - T153948051 - (21PR-5MB-5) - N22E114-184 - Nr L022

945-02-01 - B07660 - ON059880 - T153948051 - (21PR-5MB-5) - N22E114-184 - Nr L022

尚未完成，因此在九龍灣出現了一條延伸出來的填海地，其位置為今日的九龍灣地鐵站和車廠一帶。在戰前，這區已有船廠，可能為日人擁有。[3]

這區最重要的設施，自然是啟德機場的建築群。可是，現有資料少有具體提到不同建築的功能，除了英軍服務團的報告以地圖坐標指出，皇家空軍的軍官俱樂部（17-1，RAF Officers Mess，今日香港浸會大學視覺藝術院，一級歷史建築）屬於日本海軍軍官俱樂部。[4] 因此，機場的這一邊，加上海邊的水上飛機場應該成為日本海軍航空隊人員的設施（17-2）。在戰爭期間，日本海軍曾派出一隊零式戰鬥機到啟德機場駐守。

啟德區的區役所地點並不完全清楚，唯一史料是英軍服務團的情報，指它位於地圖坐標 239603，如以戰前軍用 1:20,000 地圖看，則應位於鑽石山以南上元嶺位置，該處有數間可能容納區役所的大屋。可能是由於人口比較分散，總督部未有在這區建立市區一樣的市政設施，例如市場、郵便局、憲兵派出所等，反而在前往西貢的清水灣道上的九龍安老院 / 聖約瑟安老院（17-3，St. Joseph's Home for the Aged ，二級歷史建築）附近設立哨崗，以控制來往啟德和西貢的公路。可是，由於這區有大量山路可以從西貢經九龍山脊前往啟德，因此日軍未能阻止 1944 年美軍克爾中尉的飛機被擊落後，中共港九大隊對機場的襲擊。[5]

這區另一重要設施，是戰前香港最大的政府墳場 —— 新九龍 7 號墳場（17-4）。據 1942 年《華僑日報》公佈，第 7、8 號兩個墳場共有 300,000 個位置，其中大部分位於規模更大的第 7 號墳場。從航空照片看，墳場範圍內是沿著等高線興建的一排排墓碑。1942 年 11 月，報載九龍的死者暫時會集中在何文田安葬，因此不清楚這個墳場的使用狀況。[6]

日軍佔領啟德機場後，開始在機場東面發展，利用尚未完成的填海部分。其中 1939 年投入生產的安全工商公司工廠，主要生產電筒和防毒面具等軍用品，但現時未有資料關於它在戰時的活動。從航空照片看，工廠部分廠房屋頂似乎因失修或其他原因損毀，但仍有其他生產活動（17-5）。其西側的填海地則被日軍用作

3 資料由 Stephen Davies 提供。

4 "Shipyards, Industrial Premises, BLDGs under Military Occupation etc in Kowloon," Kweilin Intelligence Summary 66, Appendix D, Elizabeth Collection, Hong Kong Heritage Project, EMR-1B-04, p.11.

5 劉智鵬、劉蜀永，《港九大隊志》，頁 45-46、219。

6《華僑日報》，1942 年 11 月 5 日，頁 4。

945-02-01 - B07660 - ON059880 - T153948051 - (21PR-5MB-5) - N22E114-184 - Nr L022

船廠，據 1944 年英軍服務團情報，它名為福井船廠，由日本海陸軍的福大公司營運（17-6），南面的牛池灣亦有一間小船廠。英軍服務團情報指，它們均用作生產電扒（一款木製小艇）與其他小船，但實際產量不明。[7] 此外，日人亦於清水灣道近牛池灣嘗試建立一個牧場（17-7），並於 1942 年春天從九龍城附近 20 多個牧場徵集了共 550 頭乳牛。[8] 這區另一個主要產業，是被東光公司接管的茶果嶺高嶺土礦場，該地本來由香港磁泥有限公司營運（見頁 288）。[9]

可是，日軍似乎沒有足夠的力量或意願警備魔鬼山以東的地域，因此今日將軍澳一帶地下和游擊活動非常活躍。淪陷期間，至少大埔仔村的村民曾協助英軍服務團。另外，大廟灣和布袋澳村民於戰後獲政府獎勵，因他們曾協助戰俘逃脫，包括兩名於 1942 年 2 月從北角戰俘營逃走的荷蘭海軍人員。[10] 此外，中共港九大隊於檳榔灣村一間村屋，設立了市區中隊的中隊部，並在坑口設立交通站。[11] 當時這些地方均有道路連接到清水灣道，然後可以由此進入九龍，亦可以使用其他山路出入。至戰爭後期，日軍在竹角建立了戰壕和隧道，其用途可能既為了用作防禦工事，亦用以阻止西貢的游擊隊進入九龍。從航空照片中，可看到一個 Y 型戰壕、山洞，以及數個可能是炸彈造成的大坑（見頁 289）。

7 "Shipyards, Industrial Premises, BLDGs under Military Occupation etc in Kowloon," Kweilin Intelligence Summary 66, Appendix D, Elizabeth Collection, Hong Kong Heritage Project, EMR-1B-04, pp. 12; "Ngauchiwan / Fukui Shipyard during the Japanese Occupation, 1942-1945," Industrial History of Hong Kong Website: https://industrialhistoryhk.org/ngauchiwan-fukui-shipyard-japanese-occupation-1942-1945/ (Accessed on 22/2/2025).

8「戦時月報に関する件」，1942 年 4 月，《陸軍省大日記》，JACAR，Ref：C01000412800，頁 131。

9 "Register of Enemy Properties-Vol. 2," HKRS141-19-29-2, HKPRO, p. 44.

10 科大衛，〈日治時期的西貢〉，見趙雨樂、程美寶編，《香港史研究論著選輯》，頁 246；*South China Morning Post*, 16/2/1947, p.1。

11 方蘭，〈馮芝 —— 我的母親〉，載於莫世祥（編），《香港抗戰親歷記》，頁 344、350；劉智鵬、劉蜀永，《港九大隊志》，頁 28。

1943-11-02 - F05765 - ON023352 - T153940996 - (21PS-M11-18) - N22E114-162 - Nr 049

1945-02-27 - B07976 - ON049936 - T153952771 - (21PR-5MB-9) - N22E114-185 - N22E114-186 - Nr FLV087

1945-02-01 - B07660 - ON059880 - T153948051 - (21PR-5MB-5) - N22E114-184 - Nr L016

第七節　大角區

鹿島區以西、香取區以北的地區被劃為大角區，即今日大角咀與旺角及太子一帶，具體位置為太子道西至大同船塢、旺角車站至染布房街、通菜街、西洋菜街，以及砵蘭街和新填地街的北段等地。這區是九龍華人工人階級的聚居地，區內的重要設施包括大同船塢，以及亞細亞公司的油庫等，但其規模比荔枝角油庫要小。在香港戰役期間，這區亦與鄰近地區一樣曾出現搶掠，但日軍進駐後即恢復了秩序。在 1943 年的人口普查中，大角區共有人口 68,881 人，其中男女分別為 35,288：33,593 人，其中只有 25 名日本人。[1] 由於人口不少，所以駐區有多間指定米舖。原有的旺角街市和花園街街市則更名為大角市場（18-1）和花園市場（18-2），由民治部工商課營運。[2]

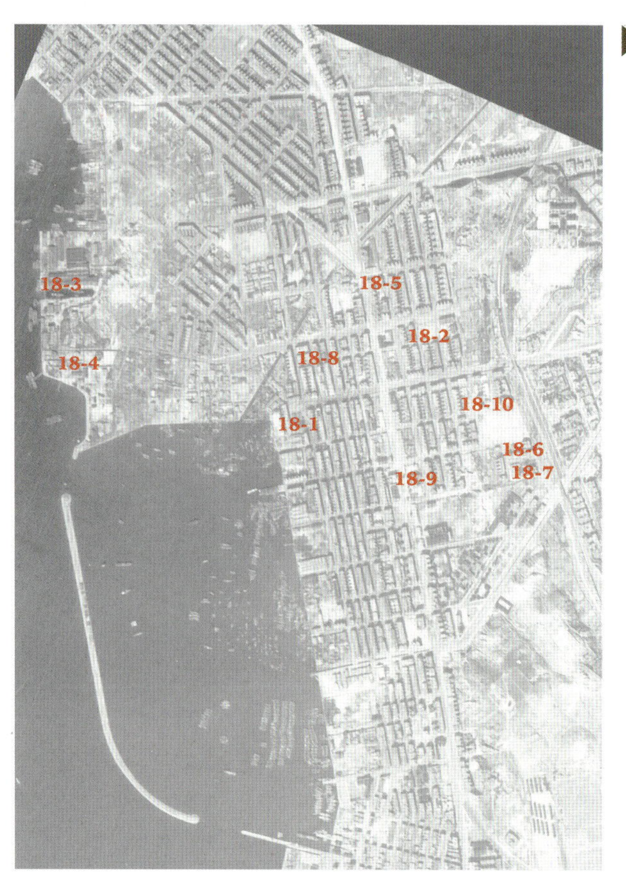

1《華僑日報》，1943 年 2 月 19 日，頁 1。

2《華僑日報》，1942 年 9 月 9 日，頁 4。

1945-02-01 - B07660 - ON059880 - T153948051 - (21PR-5MB-5) - N22E114-184 - Nr L025

1945-02-01 - B07660 - ON059880 - T153948051 - (21PR-5MB-5) - N22E114-184 - Nr L025

在淪陷期間，日人佔用了大同船塢（18-3）等主要設施。其中大同船塢為日人修理船隻，旁邊的廣協隆船廠則被日人更名為大日造船所，負責生產小型船隻。日人在船廠後面的協興隆機器廠旁邊開設了大日產業的鑄造部，為船廠生產部件。此外，亞細亞公司的油庫被總督部指定為「第二油庫」（18-4）。[3] 或許是規模太小，這些設施只有在 1945 年 4 月被轟炸一次。

總督部在這裏主要佔用了停止運作的學校，例如知用中學成為區役所，碗街的英華書院（今望覺堂基督教大樓位置）成為總督部交通課管理的道路下水事務所（18-5）。[4] 日本建築公司富士組即於彌敦道建立了辦公室。彌敦道 735-739 號設有總督部的汽車修理廠，以及總督部為控制港九巴士成立的香港自動車運輸株式會社。[5]

由於這區是華人工人階級的聚居地，所以有大量國民政府人員活動。當時，中央調查統計局在香港的掩護組織是彌敦道 693 號的「上海罐頭公司」，中統在香港的電台位於洗衣街 177 號。[6] 中統香港站交通站長梁國英於 1943 年 4 月被捕前，亦居住此區。國民黨地下組織同樂別墅工人會仍繼續運作，其部分人員亦居住於此，包括秘書江清白。[7]

3 AWM G7940.A4 H772, Australia War Memorial; RG 226, NM-54 8, Box 49, National Archives and Records Administration, attached map; "Shipyards, Industrial Premises, BLDGs under Military Occupation etc in Kowloon," Kweilin Intelligence Summary 66, Appendix D, Elizabeth Collection, Hong Kong Heritage Project, EMR-1B-04, p. 7.

4《日本人關係電話番號》似乎誤植區役所地址，指它在奶路臣街 186 號。查奶路臣街當時街號只到 29 號，但有 K.I.L. 1386 一處（今奶路臣街 11 號位置），而且位置和《九龍地區料理業組合同人錄》附圖所載脗合，因此應為此處。見香港電話局，《日本人關係電話番號》，頁 11；《九龍地區料理業組合同人錄》（1943），附圖。另外，英軍服務團報告則指該處為知用中學位置，見：John Whyatt, Street Index of the City of Victoria &, &c., Hong Kong (Hong Kong: Noronha and Co., 1938) p. 261. "Shipyards, Industrial Premises, BLDGs under Military Occupation etc in Kowloon," Kweilin Intelligence Summary 66, Appendix D, Elizabeth Collection, Hong Kong Heritage Project, EMR-1B-04, p. 7; "Register of Enemy Properties-Vol. 2," HKRS141-19-29-2, HKPRO, p. 21。

5 報載巴士公司車庫為彌敦道 750 號。《華僑日報》，1943 年 10 月 10 日，頁 4。

6 姬田光義，《重慶中国国民党在港秘密機関検挙状況》，頁 28、212。

1945-02-27 - B07976 - ON049936 - T153952771 - (21PR-5MB-9) - N22E114-185 - N22E114-186 - Nr FLV047

1945-02-27 - B07976 - ON049936 - T153952771 - (21PR-5MB-9) - N22E114-185 - N22E114-186 - Nr FLV047

這區自 1920 年代開發以來，已有數個教會在此建立，部分在此期間亦繼續運作並照顧市民，例如中華基督教會望覺堂、長老堂，以及神召會等。[8] 可是，望覺堂本來的位置已被日軍霸佔為交通部道路下水事務所。雖然美籍牧師被送到赤柱拘留營，但神召會在淪陷期間仍有聚會。[9] 山東街的水月宮（18-6）則被總督部成立的華民慈善總會接管後於 1943 年外判營運，部分收入被用作慈善工作，但旁邊的聖公會諸聖堂則先被佔用為米站，後又被用作紀念堂（18-7）。[10] 此外，這區三所較大型的學校，包括鴻翔中學（18-8）、鑰智中學（18-9），以及德明中學（18-10）則於 1942 年 5 月重開，上文提到的江清白即在德明中學任教。[11] 這些學校的存在，顯示這區仍有一定數量的華人人口。

7 姫田光義，《重慶中国国民党在港秘密機関検挙状況》，頁 102、228。

8 陳智衡，《太陽旗下的十架：香港日治時期基督教會史》，頁 356-358。

9 《神召會禮拜堂 90 周年特刊》，神召會禮拜堂網頁，網址：https://www.faog.org.hk/faog90th/。

10 《工商日報》，1946 年 2 月 8 日，頁 4。

11 姫田光義，《重慶中国国民党在港秘密機関検挙状況》，頁 102；*Hongkong News*, 24/2/1944, p. 2。

第八節　青山區

大角區以北及鹿島區以西是青山區，其範圍包括鹿島通近今日太子地鐵站一帶至其西面末端，北至石硤尾和白田至李鄭屋，西至青山道荔枝角油庫一帶。在戰前，這裏是繼旺角一帶發展成市區的「新九龍」地段，大部分街道均在 1920 至 1930 年代完成。1927 年，港府在新填海的地段撥出土地興建深水埗軍營，最初容納了經香港前往上海的英國上海遠征軍（Shaforce）。[1] 其後，深水埗軍營成為難民營，至 1989 年才拆卸。戰前，深水埗一帶亦是華人的聚居地，其北面部分則尚未城市化，所以有石硤尾、上李屋、李鄭屋等村落。至於長沙灣一帶則開始出現工廠，例如青山道的世界鉛筆廠（World Pencil Factory）等。

1 當時中國正值國民革命軍北伐，上海、南京的安國軍撤退後部分北伐軍進城後攻擊外國人，導致英、美、日等國軍艦砲轟南京，英國並派出上海遠征軍到上海增援。其時英政府已準備承認國民政府，國府方面蔣介石一派亦打算清共，事件最終平息，北伐軍內部出現分裂，稱為「寧漢分裂」。

1943-07-26 - B08053 - ON049900 - T153952736 - (21PS-M7-6B) - N22E114-158 - Nr TV042

1943-07-26 - B08053 - ON049900 - T153952736 - (21PS-M7-6B) - N22E114-158 - Nr TV042

在香港戰役期間，這區是日軍最先進入市區之地，可是英軍已經撤走，所以這區雖然曾出現一段混亂時期，但未有成為戰場。日軍佔領香港後，佔用了深水埗部分設施，最重要者自然是成為戰俘營的深水埗軍營、長沙灣一帶的船廠，以及荔枝角油庫等。由於這區的重要性，加上人口密集（青山區於 1943 年有人口 107,820 人，其中只有 26 名日人和 196 名其他族群的市民）[2]，因此日軍特地在太子道的警察訓練學校設置軍營，以保障他們對太子道西段和深水埗一帶的控制。位於深水埗中心地段的深水埗警署（19-1）則成為深水埗憲兵派遣隊的基地。一份 1944 年 11 月的報告指出，這處有兩名憲兵、八名輔助憲兵、66 名華人或印人憲查，以及四名輔助憲查。[3] 這區亦有其他軍事設施，例如第 23 軍南支那野戰自動車廠（波 8611 部隊），佔用了深水埗元州街附近

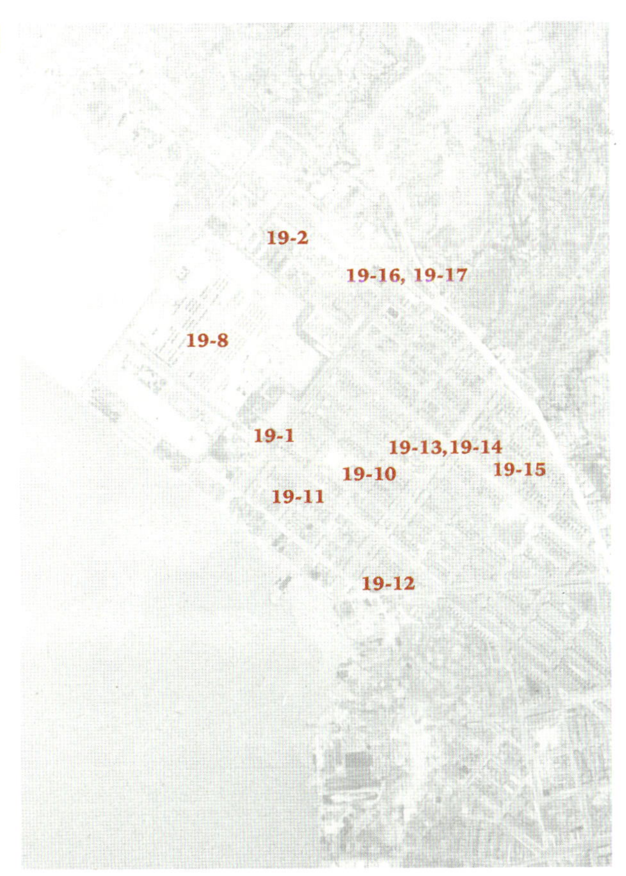

2《華僑日報》，1943 年 2 月 19 日，頁 1。

3「附圖第二 憲兵隊配備圖」，《磯谷廉介資料（無標題）》，香港歷史博物館藏。

1943-07-26 - B08053 - ON049900 - T153952736 - (21PS-M7-6B) - N22E114-158 - Nr TV042

的九龍巴士公司廠（19-2），又佔用了鄰近元州街的房屋為軍營。這區亦有第 67 步兵大隊駐守。巴士廠旁邊的大行樹膠廠則成為日軍第 14 通訊聯隊（波 8128 部隊）人員的軍營。同一條街的另一邊，則有隼部隊（陸軍航空隊）的營房。[4] 在荔枝角油庫以西皇家海軍的一個小型魚雷發射場（19-3），則由總督部管理，但似乎未有被使用。[5]

在這些設施西面的是長沙灣工業區，以及位於荔枝角的美孚油庫及相鄰的煤庫（19-4）。在淪陷時期，總督部佔用了油庫，將之更名為九龍油槽所，但它在 1943 年 9 月 2 日的空襲中被焚毀（詳見第一部分第四章〈豈有完卵：美軍大規模空襲香港〉）。油庫旁邊本來屬於傳染病醫院的荔枝角醫院則成為九龍傳染病院（19-5），未有改變用途，亦未有受到戰火波及。[6] 在長沙灣的工廠亦有被總督部使用，包括永安盛造船所及其附近的廠房，被總督部指定為總督部深水埗造船所和土瓜灣直營造船所，負責生產機動艇和機帆船（19-6）。1943 年 3 月，土瓜灣船廠的伊達號機帆船下水，總督部更特地製作香煙紀念。[7] 其他較小型的船廠如廣成興等亦為日軍佔用。[8] 除了世界鉛筆廠外，沿著青山路還有復興煉油，在戰爭期間生產肥皂和食油，其所有人為華民代表陳廉伯。[9] 由於當時食油可從指定的糧油店配給購買，所以總督部幾乎把香港和九龍的食油壟斷事業交給陳廉伯。由於缺乏具體地址的資料，加上此段青山道沒有清晰的航空照片，所以我們不能確定其位置（19-7）。

這些日軍設施旁邊的就是深水埗軍營（19-8）。1941 年 12 月 8 日開戰時，這裏曾被日軍轟炸，營房和鄰近房屋皆被擊中，造成不少傷亡。12 月 11 至 13 日英軍從九龍撤退，深水埗軍營遭到搶掠。日軍亦未有佔用軍營，而是繼續前進到九龍半島南部展開其砲兵陣地，步兵部隊亦前往其他地區。港島淪陷後，日軍把投降的駐港英軍戰俘集中在域多利兵房等數處，然後將之押送到深水埗戰俘營，部分則拘留在北角的難民營（見第二部分第一章〈港島〉第九節〈筲箕灣區〉）。戰俘乘船到九龍後步行前往戰俘營，幾乎等於是「遊街示眾」。

根據日軍香港捕擄收容所月報，香港在 1942 年 6 月有 9,084

4 "Shipyards, Industrial Premises, BLDGs under Military Occupation etc in Kowloon," Kweilin Intelligence Summary 66, Appendix D, Elizabeth Collection, Hong Kong Heritage Project, EMR-1B-04, p. 6.

5 "Register of Enemy Properties Vol. 2," HKRS141-19-29-2, HKPRO, p. 27, 31.

6 "Register of Enemy Properties-Vol. 2," HKRS141-19-29-2, HKPRO, p. 15.

7《華僑日報》，1943 年 3 月 30 日，頁 4。煙標於互聯網可見。

8《華僑日報》，1942 年 11 月 4 日，頁 1；1942 年 11 月 7 日，頁 4；1943 年 2 月 1 日，頁 4；1943 年 6 月 18 日，頁 4。總督部於 6 月把這些船廠交給日本私人企業打理。

9《華僑日報》，1943 年 5 月 27 日，頁 4。

名戰俘，包括 4,804 名英軍、1,881 名印軍、2,255 名其他族裔官兵、36 名荷蘭軍、以及 100 名本地防衛軍官兵（包括華洋葡印混血等族群），當中沒有女性。在這些官兵中，大部分英軍、加軍和防衛軍官兵被囚禁在深水埗。[11] 戰俘抵達營房後，發現營房不少門窗已被拆走，營內又缺乏食物、藥物。防衛軍醫官、香港大學教授賴廉士中校（Lieutenant Colonel Lindsay Ride）認為與其坐以待斃，不如趁日軍完善戰俘營的防衛前逃走。結果在 1942 年 1 月 7 日晚上，他和其華人助理李耀標，以及一名英軍軍官從水路離開，登上李氏預先安排的舢舨，先在荔枝角附近上岸，然後登上鷹巢山，再大約沿著醉酒灣防線 2、3 號防區的山路行進（即今日獅子山郊野公園麥理浩徑第五段），最終到達沙田一帶，遇上中共游擊隊，然後在西貢由水路離開。[12]

在淪陷期間，不少市民曾前往深水埗嘗試看望戰俘，父親被囚禁於深水埗的伊露芭（Luba Estes）寫道：「起初我父親被關在深水埗戰俘營。在允許我們送食物包裹的日子裏，我們能夠遠遠地看到他和其他囚犯站在一起。我母親最痛苦的必定是她能送給父親的東西太少，而能留給兩個飢餓的女兒的也很少。我有時會陪母親去深水埗探望。因為我姐姐是個漂亮的少女，母親寧願讓她待在家裏，遠離日本士兵的注視。送往戰俘營的包裹經常會被當作懲罰而被禁止：有一次因為在玻璃罐蓋中發現了書信，停止了接收包裹一段時間。在允許探訪的時候，守衛總是很惡劣，兇神惡煞，如果不服從任何一條命令就會用槍托打人。」。[13]

青山區另一重要規劃是 1942 年 9 月劃定的娛樂區。日軍佔領香港後，曾打算取締私娼，並在灣仔、西環，以及深水埗等地設立娛樂區。這些娛樂區由特別機關管理，區外則不准經營這些業務。[14] 深水埗的娛樂區，包括南昌街、桂林街、長沙灣道，以及荔枝角道的一部分（19-9）。[15] 1942 年 9 月《華僑日報》曾刊出娛樂區內一個娛樂場所九龍花園的廣告，該店有南昌街 99 號和 109 號兩個地址，可能有一定規模。雖然現時我們對這個娛樂區的瞭解不多，但觀乎附近有上述日軍的設施，可以推斷這些場所可能為本地人與日軍官兵使用。

11「第 3917 号　17・7・18　俘虜情報局長官　月報提出の件報告」，《陸軍省大日記》，JACAR，Ref：C06030130900，頁 373。

11 Kwong Chi Man, *Hongkongers in the British Armed Forces*, p. 121.

13 "STATEMENT OF MRS. LUBAA. ESTES (NEE LUBAALEXANDRA SKVORZOV) December 8, 1941," Hong Kong's War Crimes Trials Collection website: https://hkwctc.lib.hku.hk/archive/files/luba-estes-statement_674d0cfb3d.pdf.

14《華僑日報》，1942 年 9 月 9 日，頁 4；1942 年 9 月 15 日，頁 4；1942 年 11 月 3 日，頁 4。

15《華僑日報》，1942 年 11 月 2 日，頁 4。

由於這裏華人人口不少，而且大多是工人階級，所以總督部仍然維持了主要市政設施的運作，包括三個街市（更名為界限街市場、青山市場、長沙灣市場）[16]、郵局（稱深水埗郵便分室）、診所（青山醫局，原為深水埗公立醫局）、碼頭等。[17] 此外，總督部成立的工人組織香九勞工總協會，亦在大南街成立了辦公室。雖然這區有室內市場，但亦有指定的露天小販運作地點。從 1945 年 2 月底的大比例航空照片可見，青山市場對出的北河街一路上都是露天小販和行人，與鄰近冷清的街道形成對比（19-10，見頁 301）。這區亦有兩間鴉片專賣店，佔全九龍的三分之一，反映了人口密度與其組成。[18] 這區亦有不少宗教與救濟設施繼續運作。深水埗的天后廟（19-11）、武帝廟（19-12）、三太子廟和北帝廟（19-13、19-14），均被華民慈善總會接管並外判予經營者。[19] 這些廟宇均位於以往近海位置，至於較內陸較遲發展的部分，則有中華聖潔會、華人自立教會、崇真堂（19-15）、喜樂福音堂、中華基督教會深愛堂，以及寶血堂（19-16）等基督教和天主教會，這些教會大多參與了日人成立的香港基督教聯會。[20] 幸好聯會會長鮫島盛隆同情港人並盡力提供協助，加上總督部參謀長菅波一郎雖然尚未受洗但心向基督宗教，所以這些教會仍得以繼續運作。[21] 寶血會在戰爭期間繼續營運寶血醫院（19-17），但其規模不大，而且護理人員只能由廣華醫院訓練。[22]

在淪陷時期，深水埗的勞動人口生活艱苦，尤其在 1944 年以後總督部逐漸放棄糧食配給之時，這些工人的工資根本沒可能負擔急漲的物價。1945 年 8 月 9 日，距離戰爭結束只有數日，香港報紙曾報道，在南昌街發現有一對夫婦食用人肉，更在附近將之販賣。[23] 這宗食人案反映了當時城市勞動人口面臨的情況之惡劣。

16《華僑日報》，1942 年 9 月 9 日，頁 4；HKRS141-19-29-2, p. 10。

17《華僑日報》，1942 年 12 月 1 日，頁 4。

18《華僑日報》，1943 年 3 月 1 日，頁 4；1943 年 3 月 25 日，頁 4。

19《華僑日報》，1943 年 10 月 2 日，頁 4。

20 陳智衡，《太陽旗下的十架：香港日治時期基督教會史》，頁 356-358。

21 詳見鮫島盛隆著、龔書森譯，《香港回想記：日軍佔領下的香港教會》（香港：基督教文藝出版社，1971）。

22《華僑日報》，1943 年 3 月 27 日，頁 4。

23《香島日報》，1945 年 8 月 9 日，頁 2。

1943-07-26 - B08053 - ON049900 - T153952736 - (21PS-M7-6B) - N22E114-158 - Nr TV042

1945-02-27 - B07976 - ON049936 - T153952771 - (21PR-5MB-9) - N22E114-185 - N22E114-186 - Nr FV042

1945-02-27 - B07976 - ON049936 - T153952771 - (21PR-5MB-9) - N22E114-185 - N22E114-186 - Nr FLV043

第九節　荃灣區

戰前由於港府在城門的水利工程，加上 1930 年代末推動的發展計劃，荃灣出現了一定的發展，其中最重要者是位於白田壩[1]的華南鐵工廠，以及荃灣西約禾笛壩的曉穆喉管廠〔20-1，The Hume Pipe (Far East) Ltd〕。來自澳洲的曉穆喉管廠於 1934 年成立，它獲得港府的合同，負責興建城門水塘到港島的大型水喉。華南鐵工廠（20-2）成立於 1938 年，是中華汽車屬下的公司。1939 年工廠投產，由黃埔船塢公司為其擔任採購，包括購入馬鞍山鐵礦。1940 年，工廠僱用了 200 人，擁有一個鑄造廠房、機械廠，以及設計作坊。當時工廠已能仿製部分英美汽車型號的部件在香港銷售，並計劃生產引擎。[2] 美國的德士古公司（Texaco）亦於 1936 年在此建立油庫，所以牙鷹洲對岸的半島又稱德士古半島

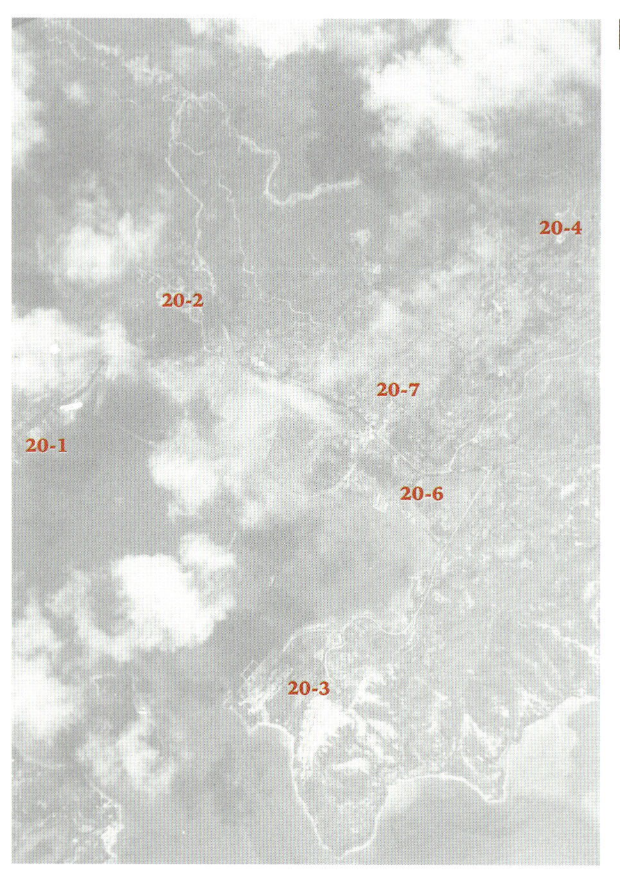

1 1952 年前的地圖拼寫做 Pai，後更正。

2 *South China Morning Post*, 25/5/1940, p. 4.

1943-07-26 - B08053 - ON049900 - T153952736 - (21PS-M7-6B) - N22E114-158 - Nr TV042

（20-3）。[3] 由於人口增加，荃灣出現了不少宗教建築，例如三棟屋旁的荃灣天主堂、基督教全完堂，以及山上老圍一帶的東普陀講寺、竹林禪院，以及鹿野苑等（20-4）。[4]

香港戰役期間，荃灣一帶曾短暫成為戰場，當時此地屬於醉酒灣防線左翼，英軍在上葵涌、城門，以及金山均有佈防。日軍自青山道和大帽山以東的菠蘿壩接近，本打算正面進攻英軍陣地，但日軍於 9 至 10 日晚佔領城門碉堡，又於翌日佔領金山。英軍和增援的加拿大軍曾於九華徑一帶佈防作後衛行動，其後撤退到港島。由於戰鬥短促而且主要戰鬥發生在金山附近，所以對這區影響不大。英軍砲艦蟬號（HMS Cicala）曾於英軍撤退前後砲擊曉穆喉管廠，但效果不明。[5]

總督部劃出的荃灣區和今人對荃灣的理解不盡相同。日據時期的荃灣區屬於九龍地區，東自九華徑，西至青龍頭，但似乎不包括當時屬於軍事重地的大帽山。此外，青衣和馬灣（當時稱汲水門）均屬於荃灣區。在 1943 年的普查中，荃灣區有人口 10,681 人，其中只有 9 名日人和 3 名其他族群的市民。[6] 這區是極少數在當局歸鄉政策下人口仍然增加者，可見其經濟變化未有令人口大量減少。[7]

總督部亦接管了其主要生產設施。當時，曉穆喉管廠似乎已被破壞，所以沒有它運作的記錄。至於與國民政府有關的華南鐵工廠則未被英軍破壞，其後被日本國際航空株式會社接管，為日軍生產車輛、飛機，以及船隻的零件。[8] 根據當時離港工人以及英軍服務團的情報，日軍曾嘗試利用工廠為修理廠，其後部分機器被拆去，安裝在深水埗南針電筒廠，當時後者是圖南船廠的一部分，機器可能被用作生產金屬部件。[9] 戰後，《南華早報》曾於 1948 年報道，盟軍最高統帥部曾命令日本把華南鐵工廠的機器運回香港，又提到自 1943 年起該廠有三分之二的機器被拆走。[10]

此外，日軍又佔用了深井的香港啤酒廠（20-5，Hong Kong Brewery and Distillery Limited）。該廠於 1933 年由巴斯商人律敦治（Jehangir Hormusjee Ruttonjee）創辦，總督部看中酒廠的長遠潛力，因此成立總督部啤酒廠。1942 年 12 月，磯谷廉介曾視察該

3 "Caltex-Texaco-Chevron in Hong Kong," The Industrial History of Hong Kong Group, Link: https://industrialhistoryhk.org/caltex-texaco-chevron-in-hong-kong/.

4 陳智衡，《太陽旗下的十架：香港日治時期基督教會史》，頁 116、356-358；〈天主教香港教區歷史建築探索〉，天主教香港教區網頁，網址：https://heritage.catholic.org.hk/tc/home/index.html。

5 "The Hume Pipe (Far East) Ltd–Jock Inglis," The Industrial History of Hong Kong Group, Link: https://industrialhistoryhk.org/hume-pipe-far-east/.

6《華僑日報》，1943 年 2 月 19 日，頁 1。

7《華僑日報》，1942 年 11 月 18 日，頁 3。

8 鄺智文，《重光之路：日據香港與太平洋戰爭》，頁 125。

9 "The South China Iron Works during World War Two," The Industrial History of Hong Kong Group, Link: https://industrialhistoryhk.org/south-china-iron-works-world-war/.

10 *South China Morning Post*, 29/10/1948, p. 1.

1943-07-26 - B08053 - ON049900 - T153952736 - (21PS-M7-6B) - N22E114-158 - Nr TV042

1945-01-20 - B07658 - ON066145 - T153947138 - (21PR-5MB-3) - N22E114-182 - Nr TV026

廠。[11] 至戰爭結束時，該廠仍生產啤酒，存貨尚有 3,000 支，但缺乏原料繼續生產。[12] 律敦治亦曾提到市面冒充其商標的酒類充斥。[13] 此外，當時荃灣其中一項重要生產，即為柴薪的代替品 —— 水朗 / 浪竹。[14] 戰前，香港從汶萊輸入大量柴薪為市民日常煮食用的燃料，由於淪陷後海運斷絕，柴薪無從來港，報紙曾稱荃灣盛產的水朗 / 浪竹是柴薪的廉價替代，每日可運數百擔供市區使用。[15] 可是，我們難以從航空照片看到時人從何處砍伐這些水朗 / 浪竹。

在荃灣圍（20-6）一帶，總督部在眾安街 5 號的一間房子設立區役所，憲兵派遣隊則佔用了附近的荃灣警署。荃灣醫局則繼續運作。[16] 除了行政和保安外，總督部在這區最重要的舉措，就是成立統制經濟組織，以及控制這裏的宗教機構。總督部成立了佛教聯合會，並從日本派出高僧宇津木二秀到香港擔任會長。東普陀寺、竹林禪院，以及鹿野苑均有加入聯合會。其後，宇津木二秀取代茂峰

11 《華僑日報》，1942 年 12 月 1 日，頁 4。

12 *South China Morning Post*, 20/9/1945, p. 4.

13 *South China Morning Post*, 24/10/1945, p. 3.

14 報載為「水朗」。

15 《華僑日報》，1943 年 12 月 9 日，頁 4。

16 《華僑日報》，1942 年 12 月 1 日，頁 4。

成為東普陀住持，顯示日人對這些佛教團體的控制。宇津木本人主要工作為協助香港佛教徒的救濟，曾從憲兵隊手中營救香港的佛教領袖。[17] 東普陀寺當時亦設有小型農場，並照顧貧苦僧尼，又為市民贈醫施藥。[18]

這區的基督教會全完堂，亦加入了日人成立的香港基督教聯會，其中一名長老葉錦全（1872-1945）更是荃灣區會成員。此外，總督部成立了荃灣戎克漁業組合（1943 年 6 月），其 1945 年的組合代表何傳耀亦是荃灣區會成員。[19] 他來自鹹田，在戰前於德士古油庫工作。[20] 這些地方精英繼續控制了這區的主要經濟活動（當時為漁業），並維持了荃灣公立學校（20-7，時稱私立荃灣小學校）。[21] 可是，這並不代表這些宗教團體和個人單純地和日人合作，其背後的運作實則更為複雜。例如陳慶棠雖然出任區長，但亦有協助游擊隊活動。[22] 此外，葉錦全亦曾協助游擊隊，更曾因此被捕。[23] 中共港九大隊可以於這區維持了交通站。[24]

這區在日據時期的航空照片不多，現時只發現 1943 年 7 月第 21 中隊拍攝的照片（21PS-M7-6B）。這批照片雖然比例較小，但仍可見建築物外形，以及地形和海岸線。照片中可見德士古油庫似乎未有受到太大破壞，附近則有兩艘約 100 米長的船隻，排水量應有數千噸。它們可能是取走油庫剩餘的燃油，或是提走華南鐵工廠的機器或存貨。由於比例太小，華南鐵工廠和曉穆喉管廠雖然均見到其建築物，但難以判斷其活動狀況。另一方面，細看荃灣港內，可以見到有漁船停泊，雖然數量不及其他例如油麻地避風塘一帶。至於荃灣至十三哩海灘一帶，則只有一張 1945 年 1 月 20 日拍攝的小比例照片斜拍航空照（21PR-5MB-3）。我們現時難以辨識這張照片中的建築物，即使如香港啤酒廠般大規模廠房在照片中亦只是白色一點（20-8）。

17《華僑日報》，1944 年 2 月 1 日，頁 4。https://www.buddhist-bookshop.com/buddachong/psc1056.pdf.

18《華僑日報》，1943 年 6 月 2 日，頁 4；1944 年 1 月 12 日，頁 4。

19 另一代表為李偉森。《華僑日報》，1943 年 6 月 11 日，頁 4；1943 年 6 月 13 日，頁 4。

20 "The Ho family of Tsuen Wan and Caltex in the New Territories and Southern China ," The Industrial History of Hong Kong Group, Link: https://industrialhistoryhk.org/the-ho-family-of-tsuen-wan-and-caltex-in-new-territories-and-southern-china/.

21《華僑日報》，1943 年 3 月 17 日，頁 4。當時位於往芙蓉山的路上。

22 港九獨立大隊史編寫組，《港九獨立大隊史》（廣州：廣東人民出版社，1989），頁 163

23 曾發，〈深切懷念葉文秋同志〉，烽火網頁，網誌：http://www.wphoto.net/qianbei/article/ts/show/articleid/9793/。

24 港九獨立大隊史編寫組，《港九獨立大隊史》，頁 142。

|第三章|新界|

在戰前，新界由新界理民府（1907 年成立）管理，屬下有北約及南約理民府，其中北約包括大埔、沙田、上水、粉嶺、沙頭角、打鼓嶺、西貢、元朗、青山，南約則包括新九龍、荃灣、青衣，以及所有離島。在 1907 至 1941 年雖然經歷變更，但至 1941 年 12 月仍維持著北南約的規劃。

在日據時期，軍總督府把新界劃分為七區，分別為（由東至西）西貢區、沙頭角區、沙田區、大埔區、上水區、新田區、元朗區。從其分佈，可見新界大致分為新田、上水、沙頭角三個鄰接邊境的地區，以及元朗、大埔、沙田、西貢四個區。在軍政當局規劃中，由於啟德區包括將軍澳一帶，加上荃灣被劃入九龍，因此「九龍」的面積擴大了不少。

總督府在新界的行政中心為新界地區事務所，同時在各區設立區役所，但不少區役所的實際位置並不清楚。例如，總督部《敵產台帳》指沙田區役所的位置為由劉氏家族擁有、位於排頭村的一棟三層住宅。至於沙頭角區、上水區等，同樣沒有資料指出其區役所位置。只有相對史料較多的西貢區，知悉其區役所位於西貢墟入口油蔴埔街的崇真學校（21-1，見頁 318）。

第一節　西貢區

在戰前，農耕土地較為狹小，陸上交通不便的西貢區有大量偏遠的小村落，它們既有漁村，亦有在內陸河谷中的農村。從 1939 年的地圖可見，這些村落的可耕地和元朗錦田一帶不能比擬，所以這些村落的人口亦比不上新界西的平原地區。這些村落以山路連接，部分例如鹽田梓、糧船灣、滘西、伙頭墳等島嶼更只能以水路聯絡。另一方面，西貢北官坑一帶的海邊地區則有較多平地，亦有農田。在內牛尾海（西貢海）則有西貢墟，是水陸兩路較易到達之地。

日軍進攻香港時，這區沒有英軍防守，至於警察亦於守軍撤退至港島前離開。12 月 12 日左右，中共廣東抗日游擊隊第 3 大隊的一支武工隊抵達西貢內陸的嶂上（21-2）建立根據地，並消滅了附近的地方武裝。1942 年 2 月，中共游擊隊人員在西貢黃毛應（21-3）的教堂成立港九獨立大隊。其後，在西貢的游擊隊成為西貢中隊，其活動範圍擴展至黃毛應以東的西貢半島，並於沙角尾村和西貢墟均有活動地點。他們亦於塔門、高塘、滘西、伙頭墳、糧船灣等地先後建立稅

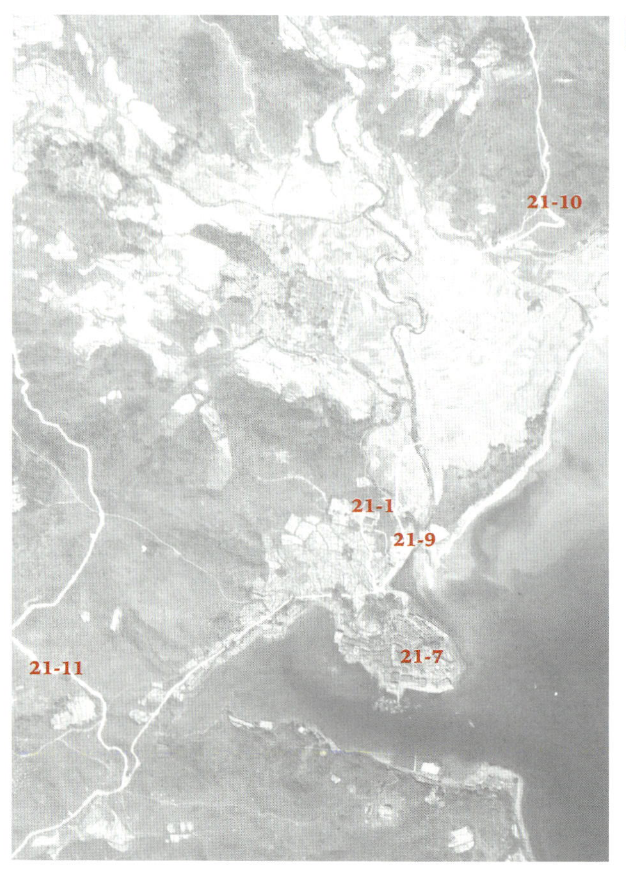

1945-02-01 - B07660 - ON059880 - T153948051 - (21PR-5MB-5) - N22E114-184 - Nr R016

站，向往來人貨徵收水腳，為游擊隊提供收入。可見，即使日軍在鄰近水域巡邏，游擊隊在此地仍有活動。1944 年，游擊隊曾於官坑、蠔涌、西貢墟發動數次殺死日軍翻譯等的攻擊，對投日者施加壓力。日軍為應付游擊隊活動，曾於新界各地建立由野戰陣地組成的類似「阻絕線」，以防在不同地區活動的游擊隊聯成一氣，或繼續擴張至可能影響日軍市內運作。例如，日軍於黃竹洋（21-4，見頁 323）就建立了這種陣地。

中共游擊隊在西貢區亦有與盟軍合作。1942 年 1 月，香港防衛軍醫官賴廉士一行到達西貢時，即遇上游擊隊，後者亦經西貢將他們送到國民政府控制區。英軍服務團於 1942 年 6 月成立後，雙方建立合作關係，於赤徑一間小屋（21-5）建立稱為「Y 站」（Post Y）的交通站，使英軍服務團人員和情報得以經西貢進出日軍和盟軍範圍。雖然雙方合作在 1943 年秋中斷，但游擊隊則轉向和美軍合作（詳見第一部分第三章〈中緬印戰場的美軍航空偵察（1942-1945）〉）。1944 年 2 月，美軍克爾中尉自觀音山的炭窰（21-6，見頁 325）獲救後，亦經西貢前往國民政府控制區。由於西貢居民和游擊隊的工作，戰後港府獎勵了 13 條西貢村落（如加上大廟灣則為 14 條），是全港數量最多者。[1] 從這些村落分佈，可大概推測部分逃脫者的行進路線，即由九龍經九龍山脊進入西貢，遇上游擊隊後從水路逃脫。例如香港大學教授黃國棟（Gordon King）於 1942 年 2 月從港島的家中逃出後，先在尖沙咀乘坐巴士到九龍塘，然後經啟德機場一帶前往稅關凹，他提到途中見到日軍的九龍家畜牧場（17-7），在稅關凹沿著山路自飛鵝山以東進入西貢。其後，他在企嶺下坐船離港，一行人包括美籍荷裔商人馬士文（針山鎢礦經營者）。[2] 1947 年 4 月 12 日，到訪香港的英國遠東陸軍司令（GOC Far East Land Forces）李芝中將（Lieutenant General Neil Ritchie）亦授予西貢居民「忠勇誠愛」的錦旗，表揚西貢鄉民的抗日行動。不少參與抗日的西貢鄉民亦獲得中華人民共和國政府的獎勵。

淪陷期間，西貢曾出現總督部允許組織的維持會。維持會主要在西貢墟（21-7）活動，對偏遠地區村落的控制有限。總督部成

1 *South China Morning Post*, 16/2/1947, p. 1.

2 *South China Morning Post*, 27/2/1946, p. 5.

1945-02-01 - B07660 - ON059880 - T153948051 - (21PR-5MB-5) - N22E114-184 - Nr R016

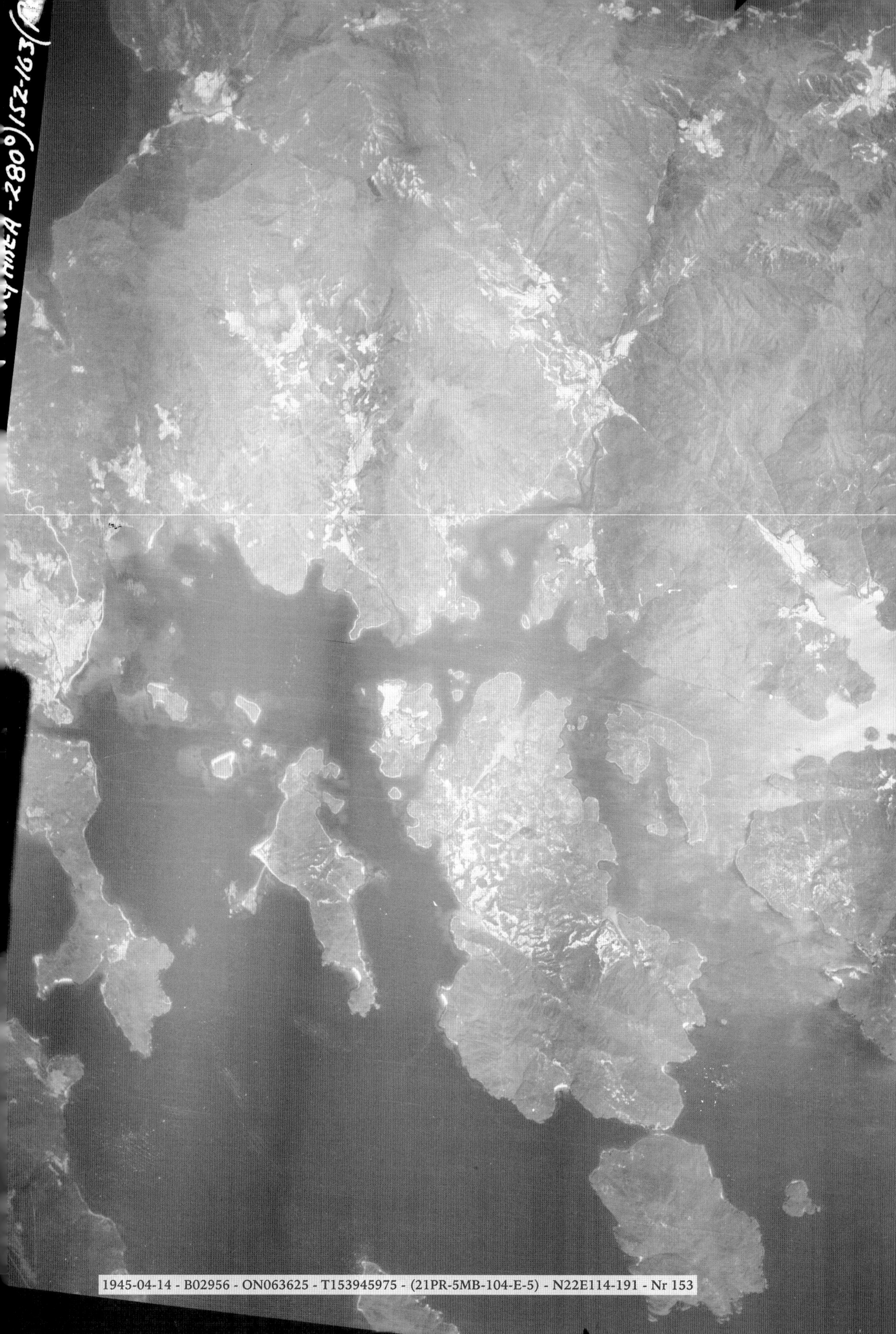
1945-04-14 - B02956 - ON063625 - T153945975 - (21PR-5MB-104-E-5) - N22E114-191 - Nr 153

立西貢區時，區役所雖然理論上管理整個西貢區，但實際上其權力在偏遠村落可能只屬象徵式。在 1943 年的普查中，西貢區有人口 10,853 人，並無日人和其他族群的市民。[3] 由於香港的恩理覺主教（Bishop Enrico Valtorta）為意大利籍，加上總督部參謀長菅波一郎對基督宗教抱同情態度，所天主教會在香港未有被日軍打壓。戰前天主教會在西貢早已活躍，建立了包括鹽田梓聖若瑟小堂（21-8，二級歷史建築）等多個教堂，並由西貢聖心堂署理主任司鐸華人神父郭景芸負責照顧教民。可是，他在 1942 年 8 月被殺害，其時正好是游擊隊和英軍服務團合作、英軍服務團人員尚未進入新界之時。其後，繼續工作的黃子謙神父和丁味略神父（Emilio Teruzzi）均於 10 月被殺。他們先後去世，使天主教會在西貢區的工作受到不少打擊。

淪陷時期的西貢墟有各路人馬活動，頗反映出西貢區作為日

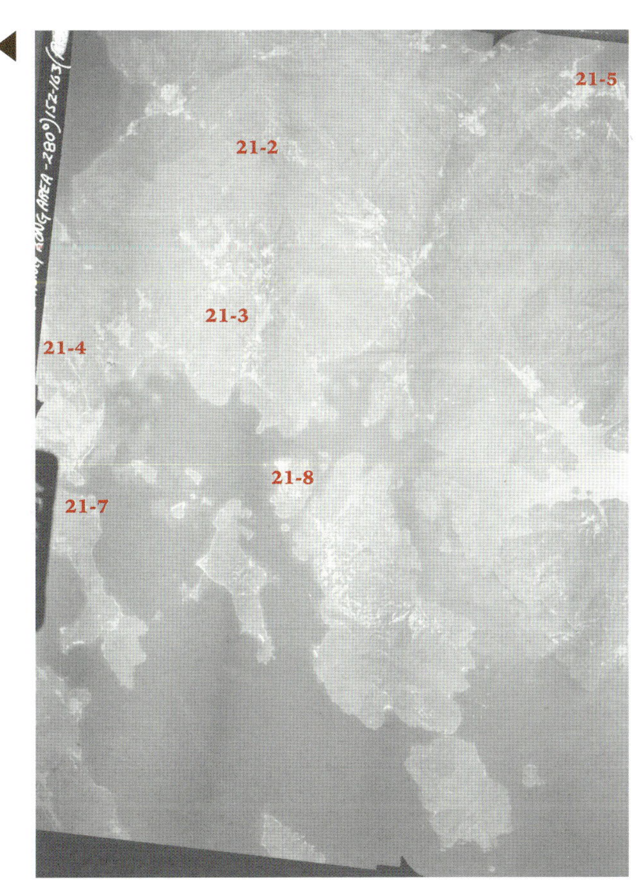

3《華僑日報》，1943 年 2 月 19 日，頁 1。

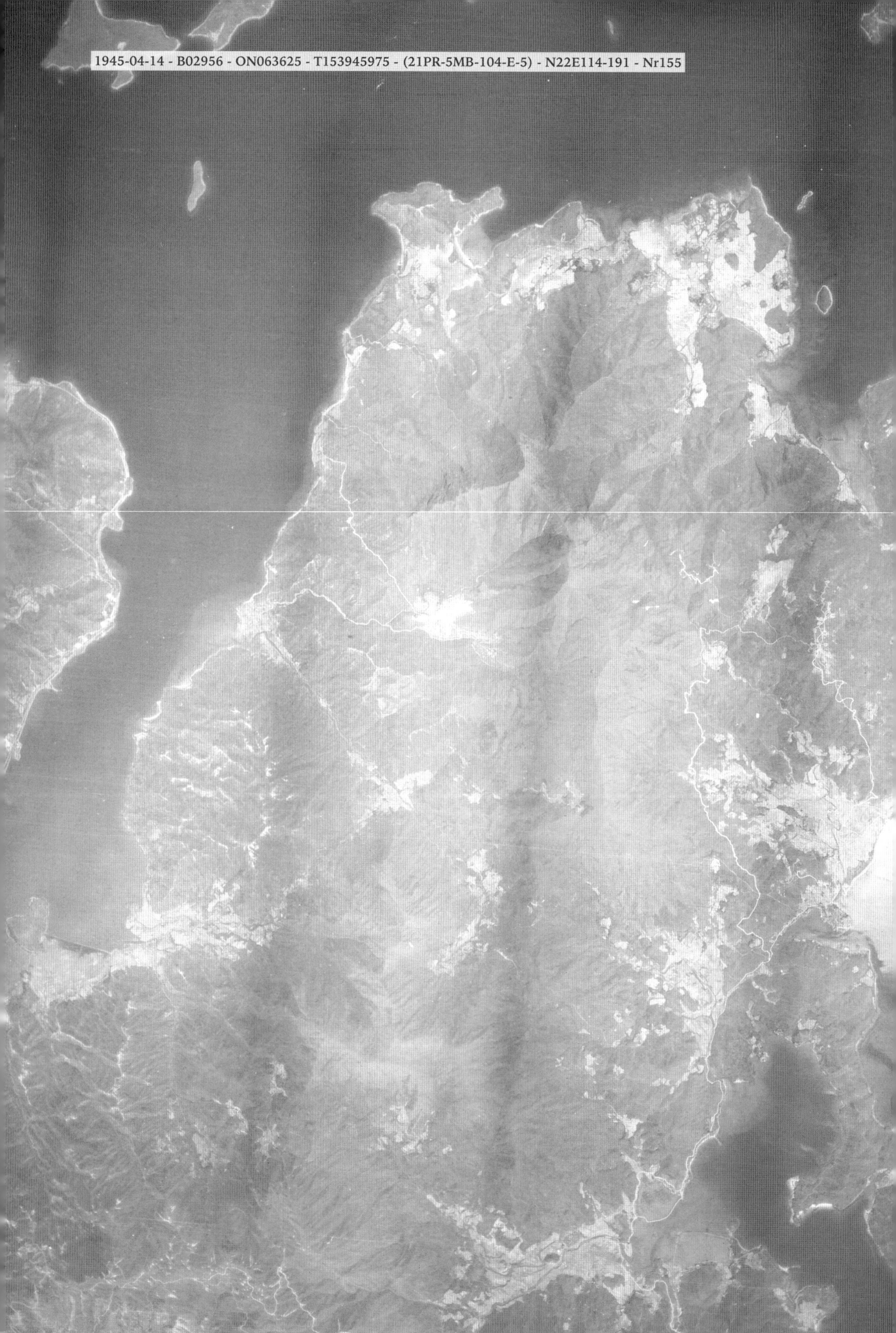
1945-04-14 - B02956 - ON063625 - T153945975 - (21PR-5MB-104-E-5) - N22E114-191 - Nr155

軍和游擊隊控制範圍之間的「邊區」性質。當時，區役所位於崇真學校，其下方的幼稚園（21-9）則被日軍用作憲兵隊派遣隊基地。維持會的會址位於西貢墟內，附近則有游擊隊活動的「不夜天」酒樓以及天主教聖心堂。此外，西貢墟亦是這區主要經濟產業西貢戎克漁業組合的根據地。[4] 即使日軍在西貢墟駐兵不少，但游擊隊仍能在這裏活動，甚至於 1942 年在維持會會址縱火。

為加強對這區的控制以及做到快速增援，日軍擴闊了出入西貢的公路，並開發前往更內陸地區的道路。從 1943 年的航空照片可見，日軍在西貢墟附近只有少數公路，但 1945 年 2 月的照片則顯示日軍已擴展了很多條西貢地區的道路（21-10、21-11）。例如，1942 年的航空照片中尚未見到西貢有明顯的公路，但 1945 年的照片則可以清楚看到由大埔仔經蠔涌到西貢墟，以及由西貢篤和西貢墟進入黃竹洋的公路。戰後，英軍再次擴闊這條道路，成為今日的西貢公路（Hiram's Highway）。

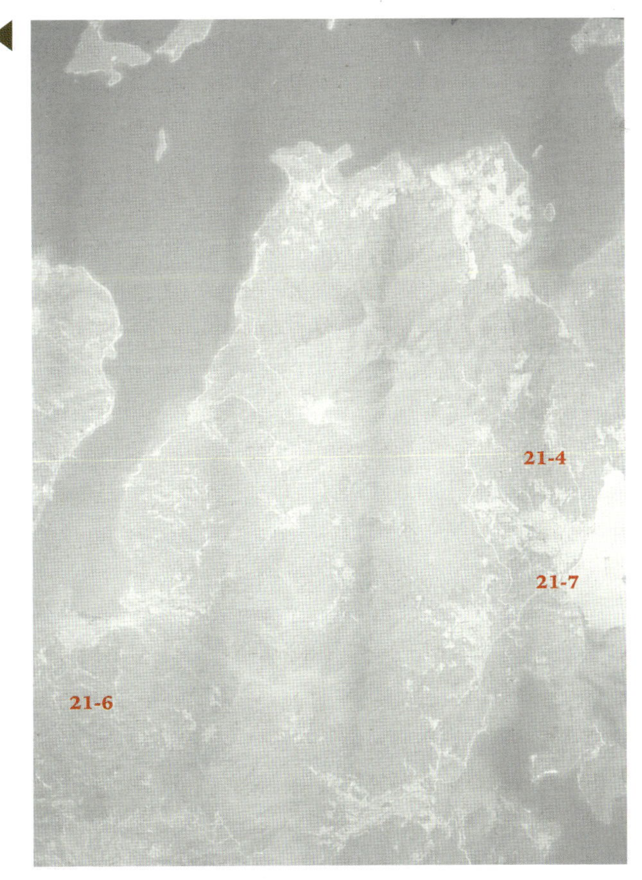

4《華僑日報》，1943 年 11 月 16 日，頁 4。王作堯，〈緊急搶救〉，載於莫世祥（編），《香港抗戰親歷記》（香港：中華，2023），頁 115；科大衛，〈日治時期的西貢〉，見趙雨樂、程美寶編，《香港史研究論著選輯》（香港：公開大學，1999），頁 234-236；港九獨立大隊史編寫組，《港九獨立大隊史》，頁 44。1944 年成為油麻地戎克漁業組合西貢支部，意味著漁業的進一步統合。《華僑日報》，1944 年 7 月 1 日，頁 4。

第二節　沙田區

戰前沙田區（包括今日沙田和馬鞍山）的基礎建設，包括大埔道和九廣鐵路，在城門河谷沿吐露港兩邊至烏溪沙、馬料水兩岸有不少農村，其中較大型者包括大圍和沙田圍，例如曾大屋等大型建築，從航空照片中可清晰看見（22-1）。據研究新界多年的夏思義指，位於鐵路線和大埔道經過的沙田等地的村落在 1941 年 12 月日軍進攻期間被日軍掠奪了糧食，以及用於翌年播種的種子，因此在戰爭期間糧食不足。這區有兩個較有規模的礦場，分別是馬鞍山鐵礦（22-2，見頁 331）和針山鎢礦（22-3）。前者在 1905 年已發現有鐵礦石，期間曾有留美專家馬仕驥，在 1920 年代嘗試尋找礦藏，但直至 1931 年才有華興礦務公司（New Territories Iron Mining）開發鐵礦，但發展並不理想。至 1940 年，華南公司（在荃灣經營華南鐵工廠，見第二部分第二章〈九龍〉第九節〈荃灣區〉，20-2）和華興公司合併

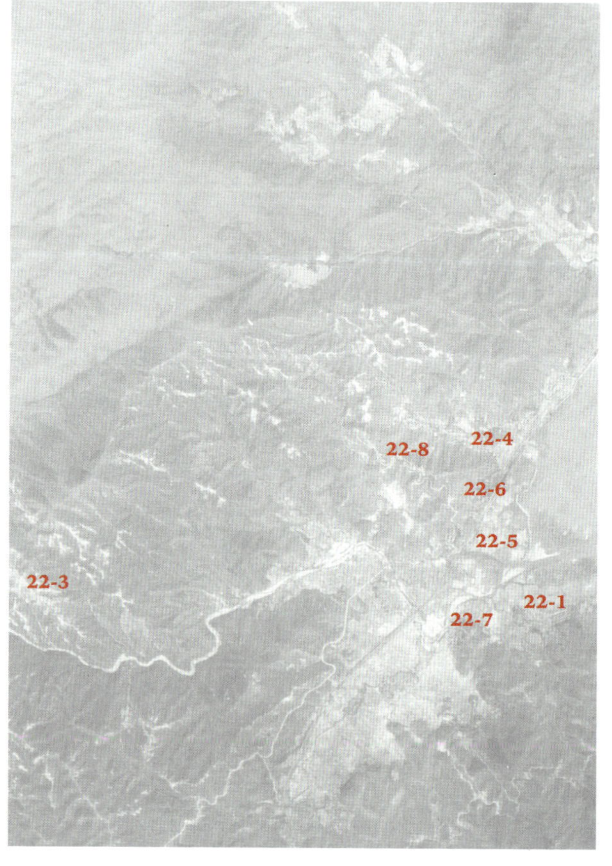

1 "Ma On Shan Mine – Part One, The Open Cut Years," The Industrial History of Hong Kong Group, Link: https://industrialhistoryhk.org/ma-on-shan-mine-part-1-the-open-cut-years/;《馬鞍山風物誌：礦業興衰》編研小組，《馬鞍山風物誌：礦業興衰》（香港：沙田區議會，2002），頁 32-34; HKRS141-19-29-2, 45。

1945-04-14 - B02956 - ON063625 - T153945975 - (21PR-5MB-104-E-5) - N22E114-191 - Nr157

接管了鐵礦，但其擴張計劃卻因為戰爭而未有實行。針山礦藏則於 1935 年城門水塘工程期間被發現，然後由美籍荷裔商人馬士文（Jan Marsman）於 1938 年營運針山鎢礦（Needle Hill Mine）。[1]

香港淪陷後，總督府在沙田中心地帶排頭村（22-4），霸佔了一棟建築作為沙田區役所，建立了隸屬新界地區事務所的沙田區。日人在這區的主要活動自然圍繞著兩個礦場。1942 年夏，臺灣拓殖株式會社經總督部取得許可，投資 721,900 圓營運針山鎢礦，打算在未來三年開採 110 噸鎢礦石。鎢礦石是稀有金屬，可以用作例如鎢絲和彈頭，所以是重要的戰略資源。當時日人曾經香港從華南各地購入鎢礦石然後運往日本。[2] 據總督部 1944 年 12 月的報告聲稱，雖然條件困難，但針山鎢礦曾於 11 月時挖出六噸原石，產量比戰前要多。[3]

1942 年 3 月，日本製鐵株式會社（以下簡稱日鐵）成立南支事務局，它在香港的事務所設置於德輔道中。[4] 10 月，日鐵南支事務局決定盡快進行馬鞍山鐵礦的開發，似乎此前數月已研究該地。日鐵控制馬鞍山鐵礦期間，最多曾有 1,500 人在此工作。[5] 日鐵當時估算此處的礦藏達 800,000 噸。[6] 戰爭結束後，日鐵離開了馬鞍山。1949 年，大公洋行（Mutual Trust Company）成立並繼續營運鐵礦，並與盟軍當局協議每年提供 150,000 噸鐵礦石予日本。由於當時馬鞍山鐵礦產能不足，大公洋行需要自海南島購買鐵礦石，派出船隻於香港裝上馬鞍山的鐵礦石再前往日本。1953 年，大公洋行又再與日據時期營運礦場的日鐵合作，後者派遣技師到香港工作。至於這些技師中有否曾到香港者，則不得而知。[7]

此外，臺拓亦在原為沙田哥爾夫球場（22-5）的地段嘗試進行耕作。沙田哥爾夫球場早於 1920 年代已經使用，位於沙田站以南約數百米，早於 1926 年已被稱為「日人哥爾夫球場」（Japanese Gold Course）。[8] 在 1943 年底，臺拓開發沙田哥爾夫球場，將之改為 10 町面積的水田，嘗試耕作稻米。在 1945 年 1 月的航空照片中，可以見到此地成為田地。戰後，此地被防衛軍接管，恢復為哥爾夫球場和休憩用地。[9]

總督部在沙田區除了上述礦務和基本的居民和家屋登記工作

2《華僑日報》，1942 年 8 月 16 日，頁 4；「台拓ノ香港占領地（九龍半島針山）ニ於ケルタングステン採取事業経営ニ関スル件」，B06050378300，JACAR。

3《磯谷廉介資料（無標題）》，香港歷史博物館藏，頁 41。

4 日本製鉄株式會社，《日本製鉄株式会社史：1934-1950》（1959）渋沢社史データベース網頁，網址：https://shashi.shibusawa.or.jp/details_nenpyo.php?sid=4940&query=&class=&d=all&page=34。

5《馬鞍山風物誌：礦業興衰》編研小組，《馬鞍山風物誌：礦業興衰》（香港：沙田區議會，2002），頁 34。

6 "Register of Enemy Properties-Vol. 2," HKRS141-19-29-2, HKPRO, p. 45.

7 "Ma On Shan Mine–Part One, The Open Cut Years," The Industrial History of Hong Kong Group, Link: https://industrialhistoryhk.org/ma-on-shan-mine-part-1-the-open-cut-years/ (Access Date: 19/2/2025).

8 *South China Morning Post*, 12/2/1926, p. 11.

9 *South China Morning Post*, 16/12/1948, p. 12; 12/9/1955, p. 3.

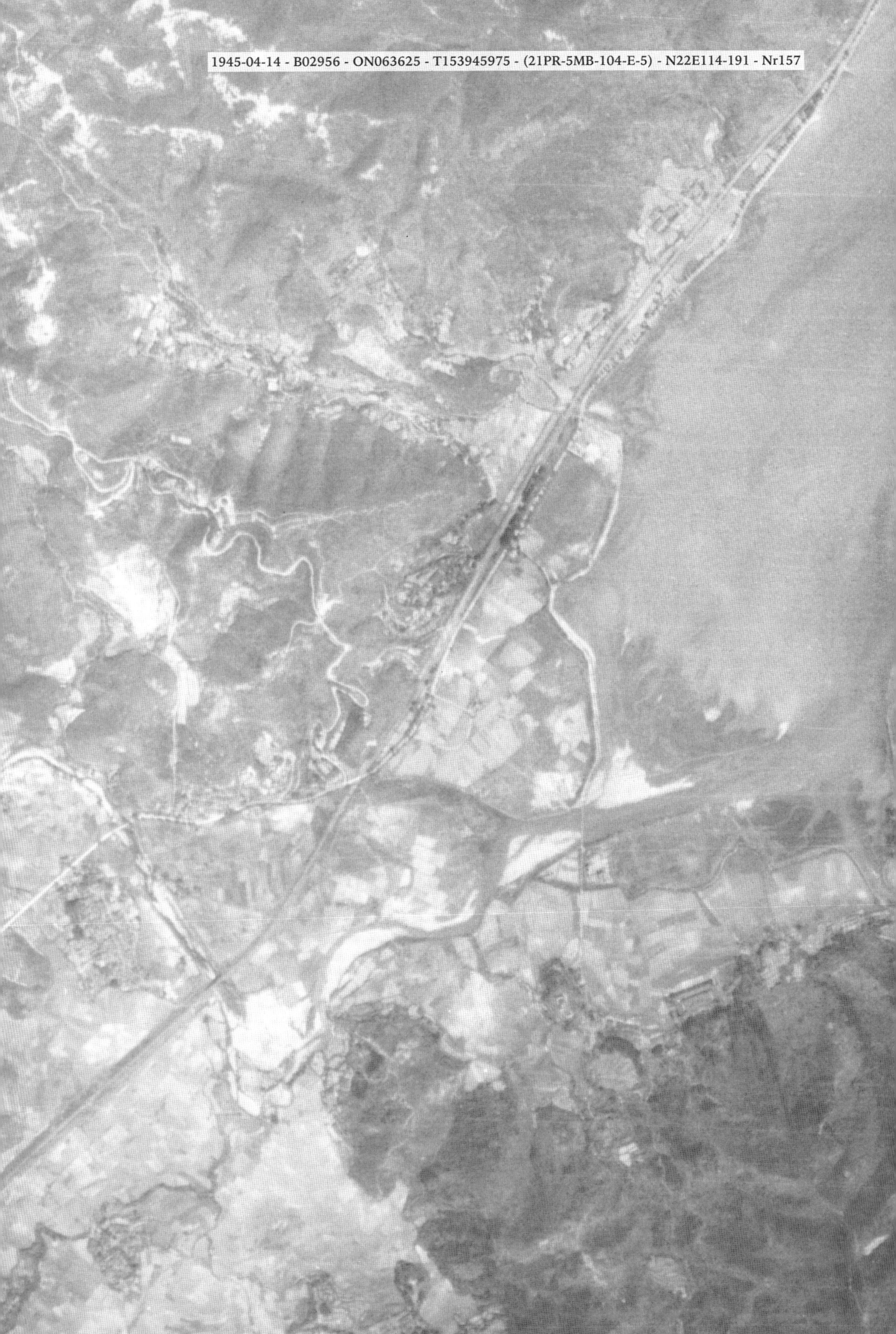
1945-04-14 - B02956 - ON063625 - T153945975 - (21PR-5MB-104-E-5) - N22E114-191 - Nr157

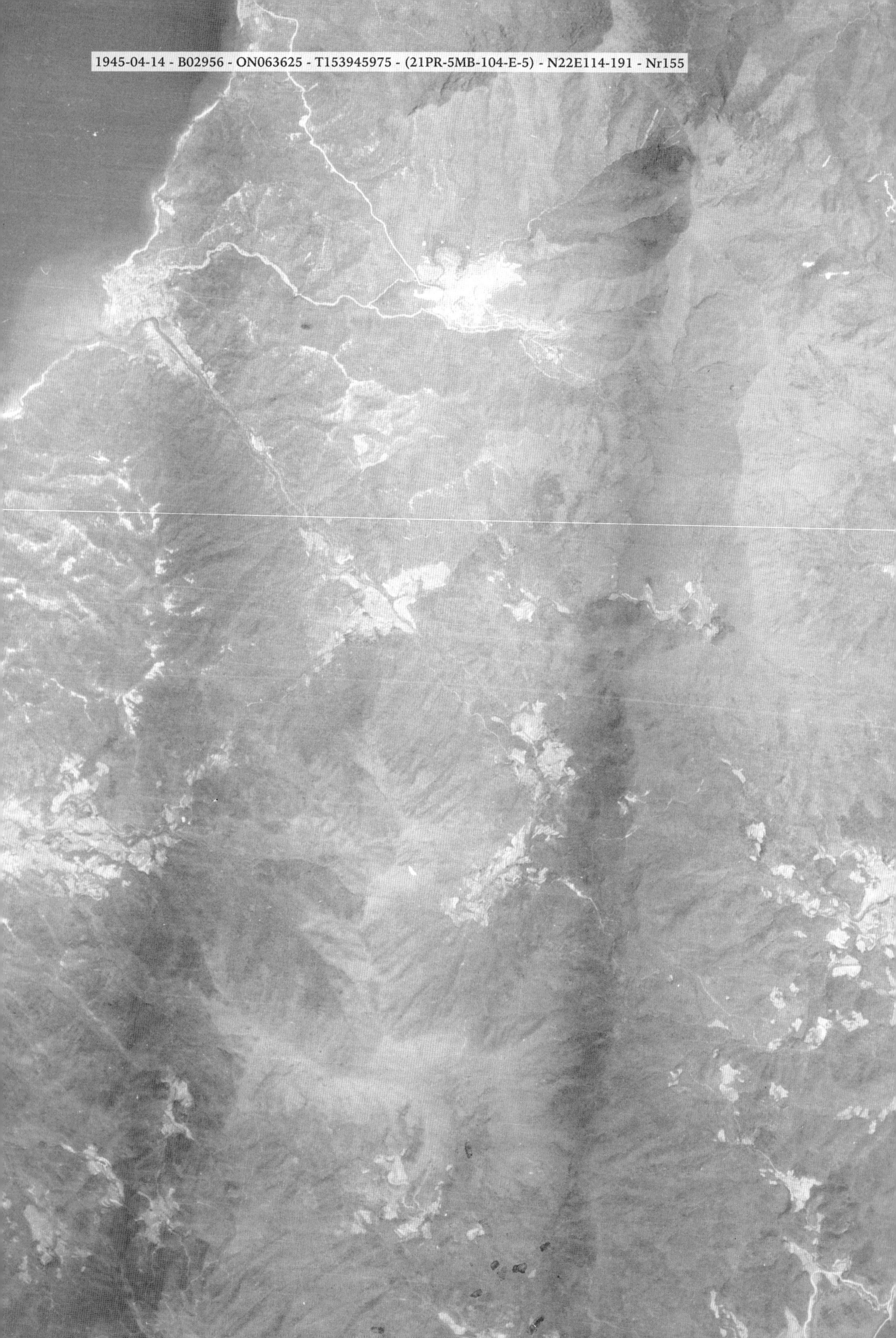
1945-04-14 - B02956 - ON063625 - T153945975 - (21PR-5MB-104-E-5) - N22E114-191 - Nr155

外，似乎沒有太多特別設施和工作。在 1943 年的普查中，這區只有人口 5,763 人，其中並無日人，只有 24 名其他族群的市民。當時這區主要宗教設施有普靈洞和車公廟，前者加入了日人成立的佛教聯合會，後者則被華民慈善總會接管並外判予經營者，收入部分用作支援香港的救濟工作（22-6、22-7）。由挪威籍傳教士創辦的基督教退修地道風山（22-8，Tao Fung Shan），則未有被日人佔領或佔用，但被登記為「道風山村」，成為沙田區的一部分。淪陷期間，艾香德（Karl Ludvig Reichelt）等三名挪威牧師及其家人則滯留在道風山，只能走路到數公里外購辦糧食和日用品，直至戰爭結束。[10]

中共游擊隊在九廣鐵路線以東亦有活動，其中梅子林和觀音山（22-9、22-10）均設有港九獨立大隊的交通站，其所屬手槍隊亦在此地活動，更於 1944 年在窩塘進行襲擊。[11] 此外，吐露港東岸的小瀝源村亦曾協助逃脫者而於戰後獲得獎勵。[12]

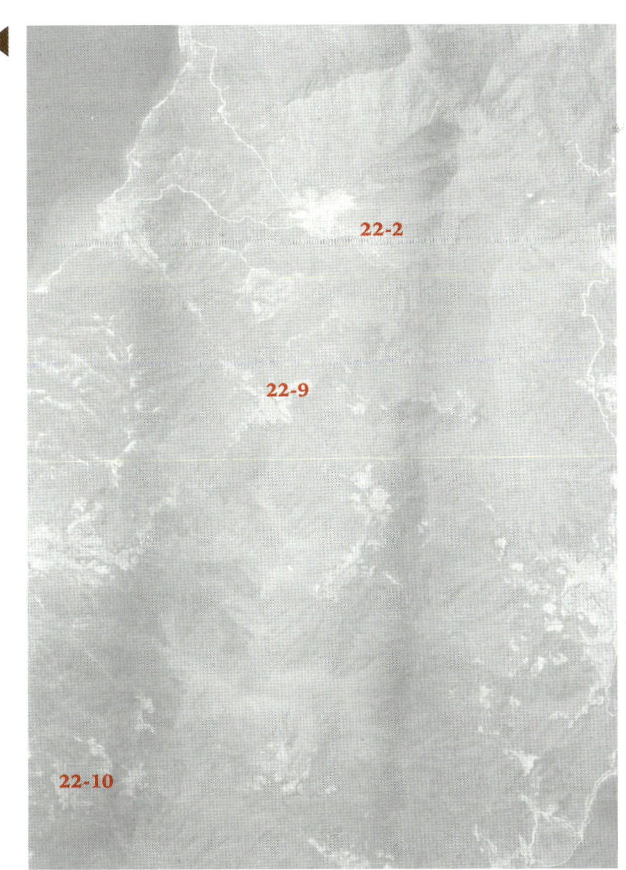

10 *South China Morning Post*, 20/9/1945, p. 4.

11 劉智鵬、劉蜀永，《港九大隊志》，頁 59-60。

12 *South China Morning Post*, 16/2/1947, p. 1.

第三節　大埔區

戰前的大埔區是殖民政府在新界的行政中心，大埔墟亦是新界最大的墟市之一。九廣鐵路完成後，這區也是日漸繁忙的貿易和旅遊地點，附近有大量村落和農田，規模則比不上新界西的元朗、錦田一帶。戰前的新界理民府位於大埔墟旁，新界理民官的官邸（23-1，Island House，法定古蹟）則位於大埔元洲仔。此外，大埔滘亦有數間歐式大宅，例如防衛司傅利沙（John Fraser）的官邸大埔瞭望台（23-2，Lookout ，一級歷史建築）等。香港戰役期間，日軍主力曾經過大埔區和大埔墟，通過廣福橋，並沿著鉛礦坳和大埔道南下。日軍進入大埔時未有對大埔墟市造成太大破壞，但日兵則搶掠了附近村落的糧食。

1945-04-14 - B02956 - ON063625 - T153945975 - (21PR-5MB-104-E-5) - N22E114-191 - Nr157

日軍控制香港後，大埔成為總督部管理新界的中心，大埔區的大約範圍，東至大尾篤（大美督），西至林村水窩，北至坪山仔和九龍坑，南至大埔尾和燕岩。在 1943 年的普查中，大埔區有人口 18,303 人，其中有 19 名日人和一名其他族群的市民。[1] 另外，塔門島亦被劃入大埔區，可能與其定期船隻航線相關。總督部佔用了大埔墟旁山上的大埔理民府作為新界地區事務所（23-3），旁邊的警署亦被用作事務所的一部分。新界地區事務所所長會邀請各區長見面，探詢地方事務。[2] 總督部繼續營運大埔郵局和醫局，這區兩個主要救濟設施：大埔孤兒院（23-4）以及盲人院均有運作，亦得到慈善總會的援助，即使前者仍由英人詹寧士（Margret Aileen Jennings）營運。[3] 1942 至 1943 年間，日軍曾於香港進行了一次全面的航空攝影（詳見附錄一〈日本海陸軍在香港航空照片

1《華僑日報》，1943 年 2 月 19 日，頁 1。

2《華僑日報》，1945 年 7 月 1 日，頁 4。

3《華僑日報》，1942 年 12 月 1 日，頁 4；1943 年 1 月 18 日，頁 4。

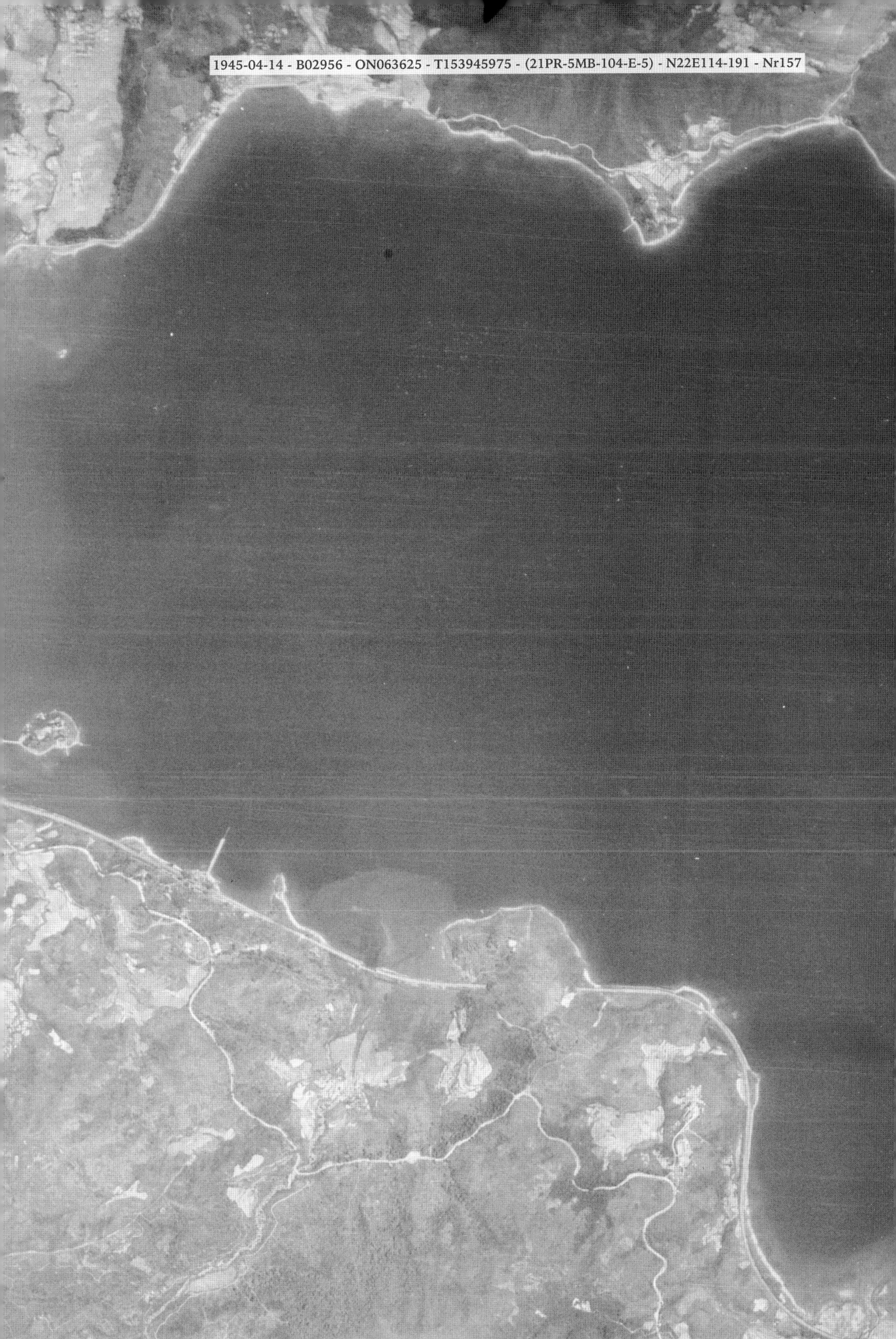
1945-04-14 - B02956 - ON063625 - T153945975 - (21PR-5MB-104-E-5) - N22E114-191 - Nr157

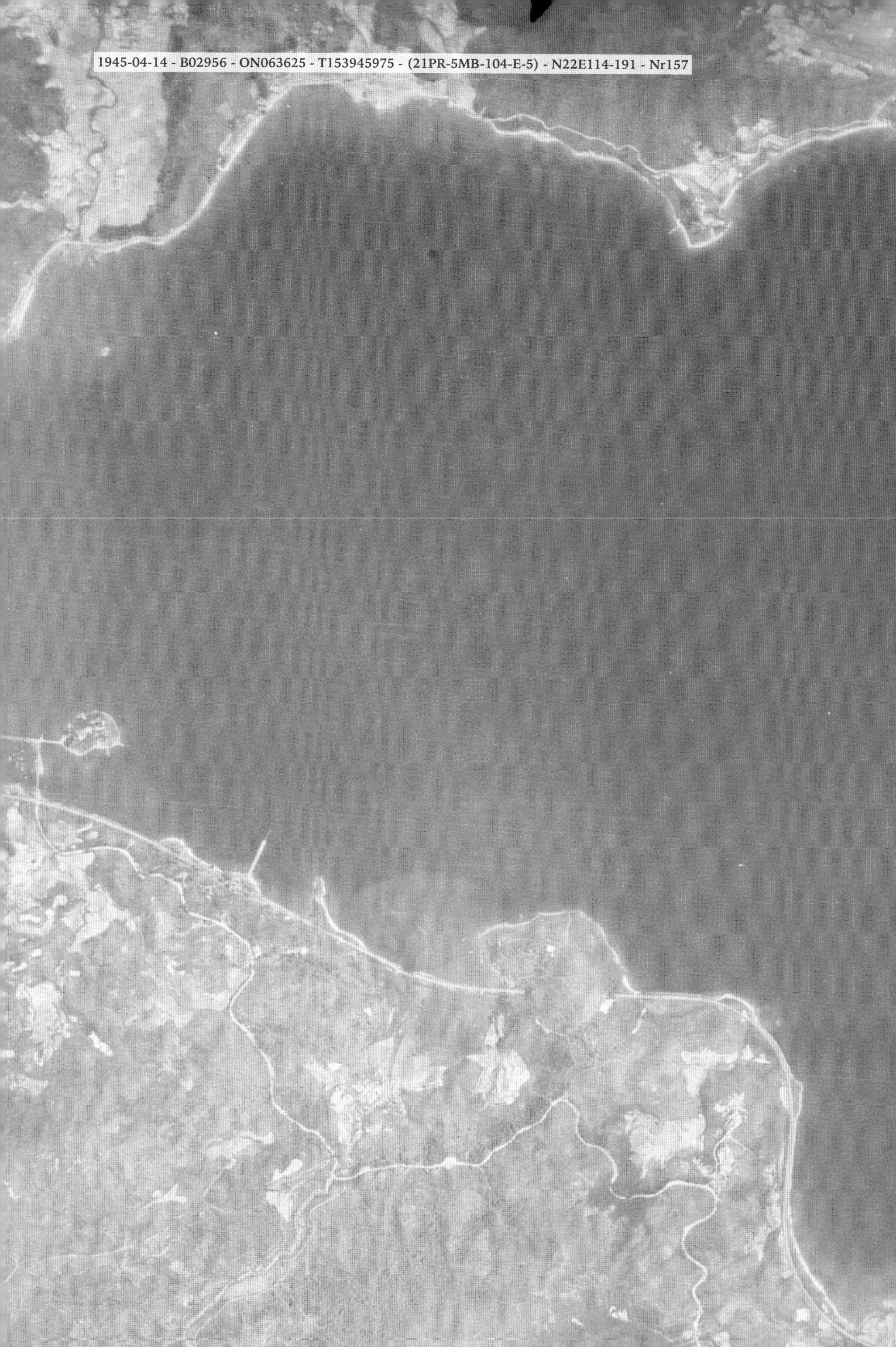
1945-04-14 - B02956 - ON063625 - T153945975 - (21PR-5MB-104-E-5) - N22E114-191 - Nr157

拍攝〉），可惜現時只剩下兩卷菲林，大埔墟一帶剛好位於兩卷現存菲林之間，所以戰時大埔的航空照只剩下美軍拍攝的小比例尺（1:60,000）照片，只能見到大埔墟的梗概。

現存的日軍航空照片尚容許我們一窺當時大埔區的面貌。例如，照片可見大埔墟已經恢復運作的九廣鐵路，以及大埔滘一帶和碗窰附近的村落和農田。今日尚在大埔火車站附近的泮涌圍村亦清晰可見。此外，曾參與 1932 年上海戰役的粵軍將領翁照垣在大埔桃源洞的大宅，則被日人佔用為新界地區事務所長宿舍（23-5）。[4] 再往西面可見到林村峽南面的村落，如梧桐寨、坪朗等村，以及附近的水田和梯田。當時大埔至林村和錦田仍未有直達的現代公路。

另一卷菲林則可見到大埔區北面的部分，例如林村和九龍坑，以及在稻田之間穿過的九廣鐵路線（23-6）。其中部分照片的邊緣拍攝到已隱退的粵系軍人李福林的康樂園（23-7，見頁 338），它是當時新界其中一個最大的農場。李氏在淪陷期間離開香港，康樂園則被日軍佔領，成為由臺拓管理的大埔農場。[5] 臺拓嘗試增加產量，並於 1944 年報告將可以在 1945 年生產人心果 60,000 斤、番石榴 34,000 斤、橄欖 7,800 斤等，並增加楊桃、龍眼、木瓜等水果的產量。[6] 1943 年 10 月，總督部曾於大埔設立「模範林區」，推行植林，但現時航空照片未能看到具體實施情況。[7]

雖然日軍對大埔墟和九廣鐵路的控制尚算嚴密，而且日本海軍在三門派駐了一支派遣隊，但港九獨立大隊當時在大埔區亦有不少游擊活動。其中沙螺洞是其沙頭角中隊的基地之一。他們亦在船灣北岸的山寮至大尾篤一帶活動，更曾於 1944 年 9 月襲擊大埔滘的隧道（23-8）。[8]

4 HKRS141-19-29-2, P.17.

5《華僑日報》，1942 年 8 月 16 日，頁 4。

6「臺灣拓殖株式會社香港ニ於ケル拓殖事業經營ノ件」，1944 年 3 月 11 日，〈本邦會社關係雜件／臺灣拓殖株式會社／各種事〉，《外務省茗荷谷研修所舊藏記録》，JACAR，Ref：B06050386000，頁 225。

7《華僑日報》，1943 年 10 月 10 日，頁 4。

8 劉智鵬、劉蜀永，《港九大隊志》，頁 57-58。

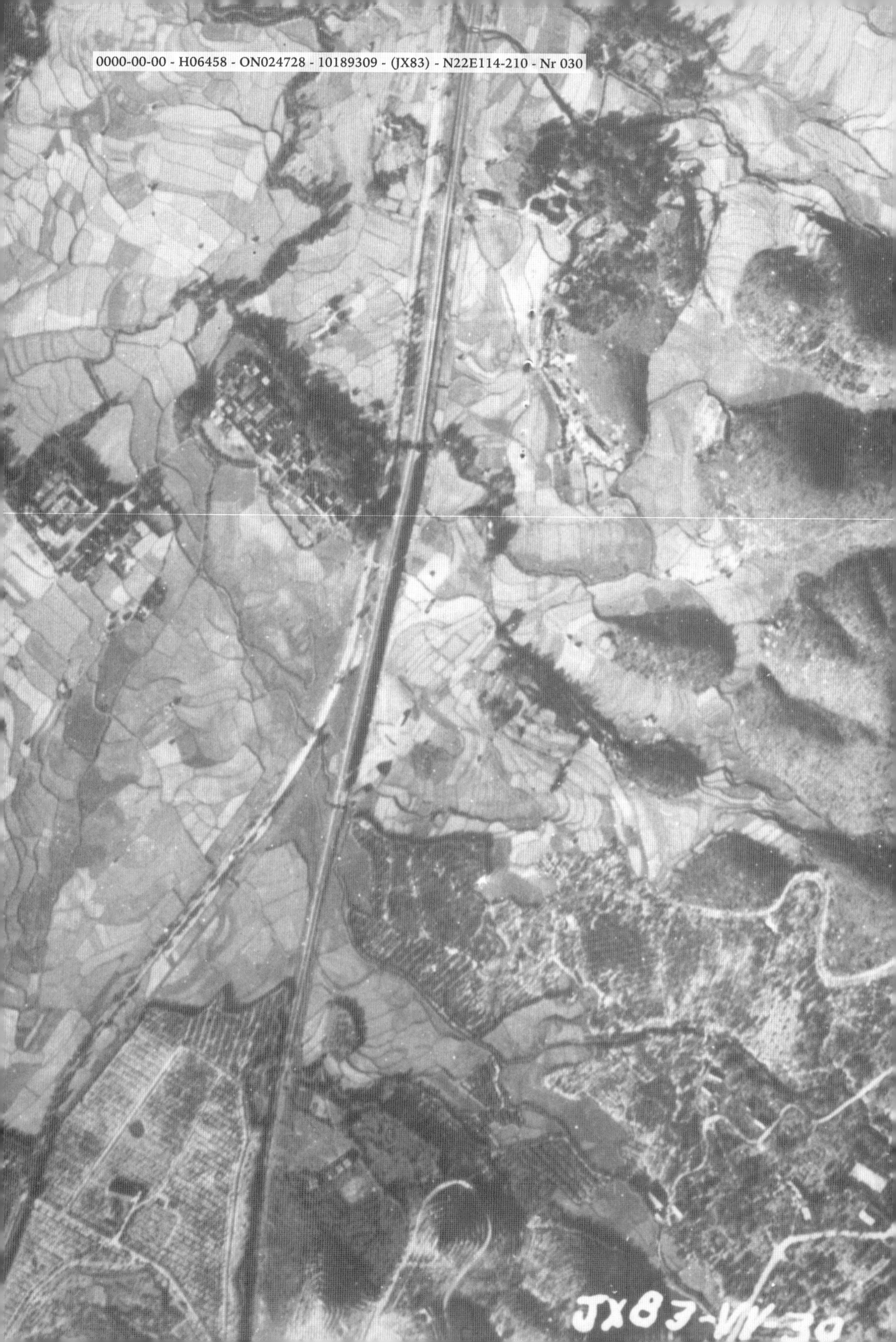
0000-00-00 - H06458 - ON024728 - 10189309 - (JX83) - N22E114-210 - Nr 030

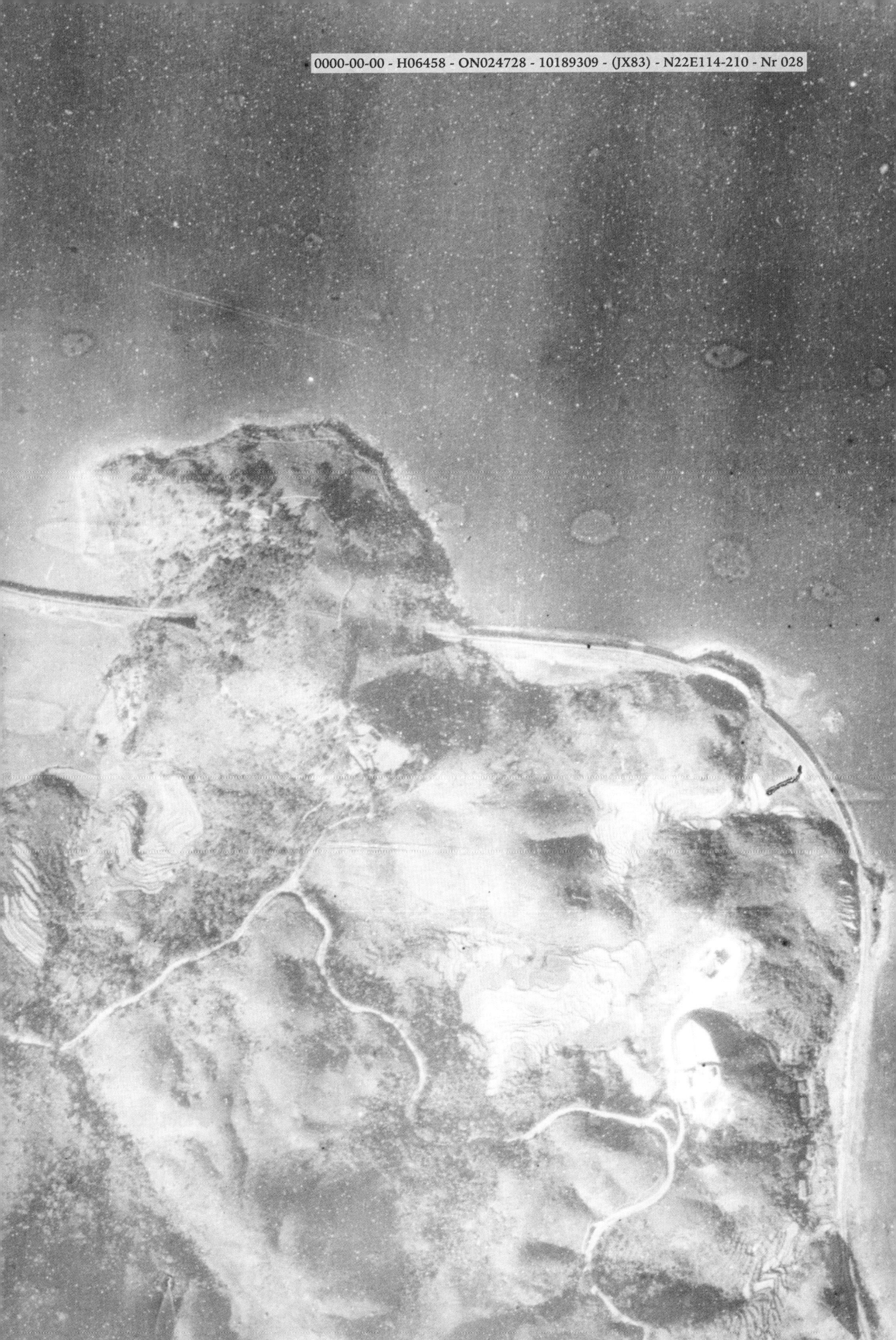
0000-00-00 - H06458 - ON024728 - 10189309 - (JX83) - N22E114-210 - Nr 028

第四節　元朗區

由於地勢平坦，又有錦田河等主要河流，所以元朗—錦田一帶在戰前是新界的農業中心。錦田的平原一直延伸至青山和九徑山之間的屯門，這些平原幾乎（除了南生圍以北的濕地）均被用作各種農業用途。當時元朗的墟市已有一定規模，以至聖公會已在元朗墟（24-1，見頁 341 左邊）建立元朗堂。港府接收新界後不久，即已完成連接粉嶺、錦田、元朗、屯門，直至荃灣、葵涌，以及長沙灣的公路（青山道）。

除了農業外，近海的屯門亦有少量工業規模的生產，即磚廠與礦業。自 1930 年代開始，屯門出現建生磚廠和青山陶業等較有規模的磚廠，後者更曾為英軍軍事建築提供材料，在城門碉堡亦能發現其產品。自 1910 年代起，青山的鎢礦已被開採，但未有工業規模的開發。1941 年，馬士文公司獲得港府許可開礦，但未有全面實行即已開戰。[1] 此外，戰前元朗的最大發展，要數 1937 年英國在錦田收地建立錦田機場。雖然錦田機場面積比擴充前的啟德機場（24-2）要大，但由於它位於醉酒灣防線以外，所以只被視為臨時機場，而非永久的皇家空軍基地。至開戰時，錦田機場已不再使用，而且航空照片上可見機場已建有難民營。

1 "Castle Peak Mine – Mining Lot No 12," The Industrial History of Hong Kong Group, Link: https://industrialhistoryhk.org/castle-peak-mine-mining-lot-no-12/ (Access Date: 19/2/2025).

H06458 - ON024728 – 10189309 – (JX-84) - N22E114-211 – Nr 047

香港淪陷後，總督部設立元朗區，其規劃與英佔時期的北約理民府規劃有所不同，其範圍東自打石湖和林村峽西端的雷公田，北至南生圍，南至青龍頭，西至龍鼓灘。在 1943 年的普查中，元朗區是新界人口最多的一區，有人口 38,184 人，當中並無日人，只有三名其他族群的市民。[2] 元朗區役所和憲兵派遣隊的位置不明，有可能位於元朗墟內，後者則可能佔用了屏山警署（24-3，見頁 347）。此外，從《敵產台帳》和總督部 1944 年的文件可見，屯門亦有憲兵分駐所，但實際位置尚未能確定。至今較為清楚關於日軍在元朗區佈防的資料，包括《敵產台帳》提到在丹桂村有香港砲兵隊（波 8139 部隊）的營房，在大圍（元朗的一條村落）有一分遣隊，以及日軍投降時的文件提到新界西由第 3 特設獨立步兵大隊防守。

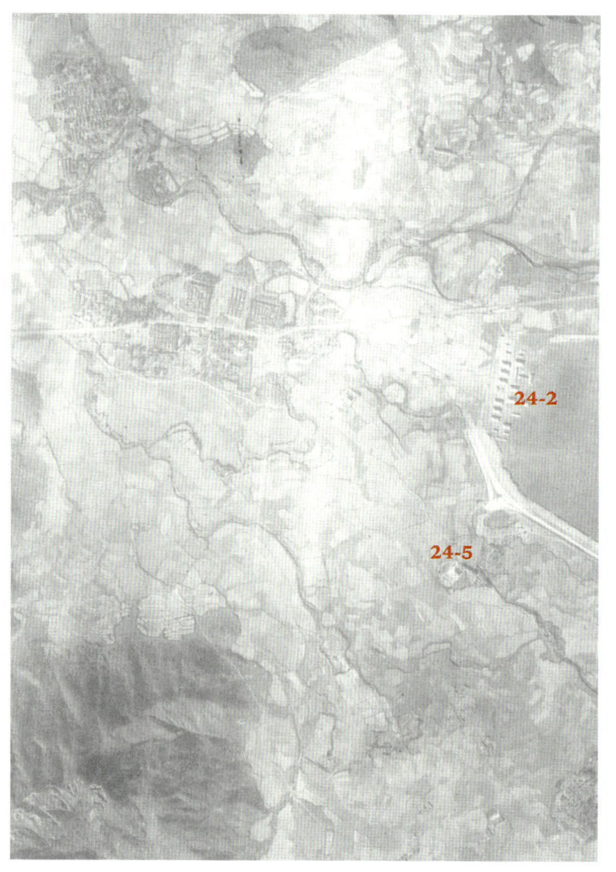

2《華僑日報》，1943 年 2 月 19 日，頁 1。

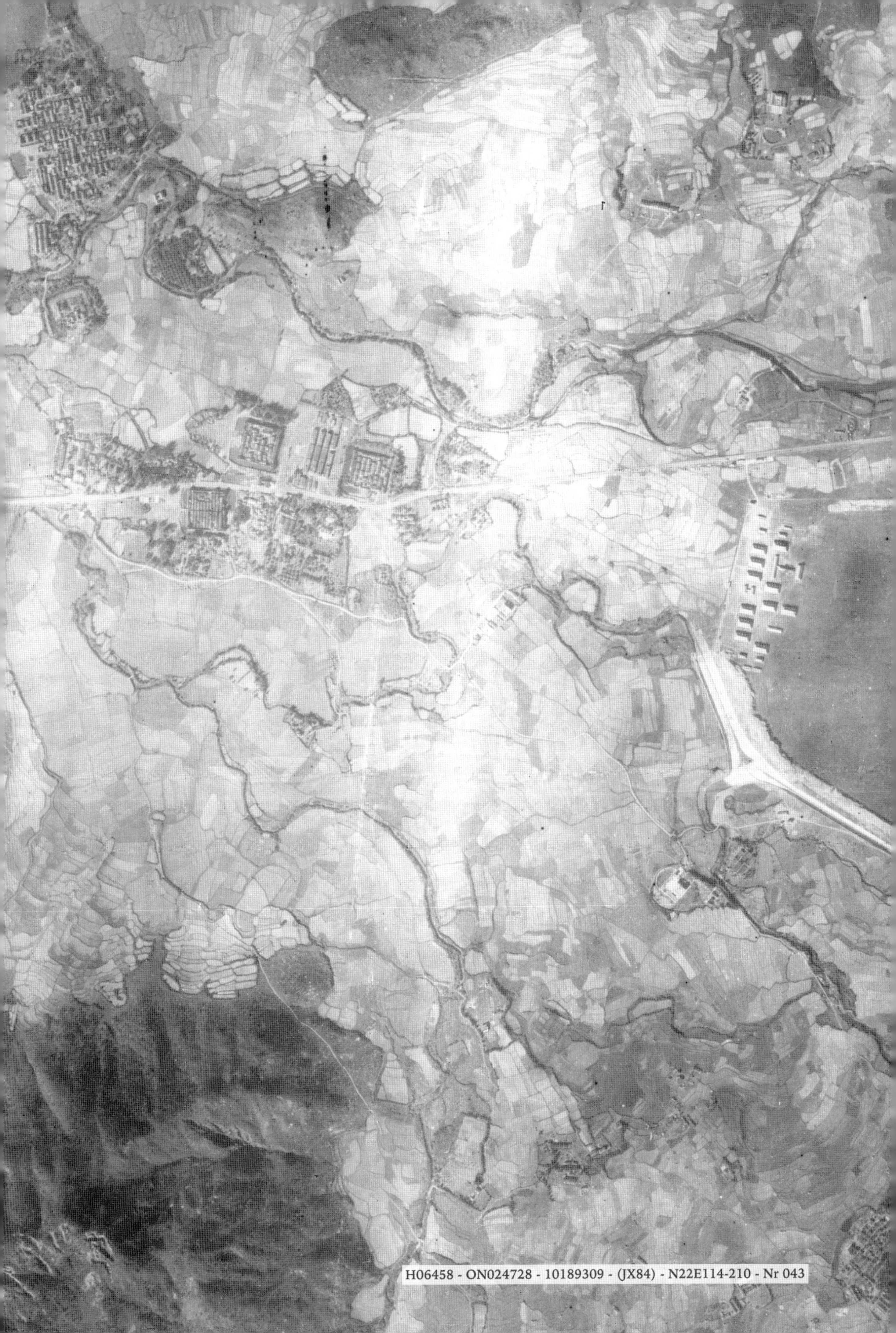
H06458 - ON024728 - 10189309 - (JX84) - N22E114-210 - Nr 043

1945-04-14 - B02956 - ON063625 - T153945975 - (21PR-5MB-104-E-5) - N22E114-191 - Nr160

從日軍於 1942 至 1943 年拍攝的航空照片可見尚未開發的錦田機場。在 1943 年末，臺拓獲總督部批准開發錦田機場為錦田農場，當時日人測量其面積大概為 130 町步，是所有日人在新界開發地點中規模最大者。[3] 在 1945 年 3 月拍攝的照片中，可見錦田機場已成為整齊的農地，似是臺拓大規模開墾的結果（24-4）。在錦田農場旁的江夏圍至今仍然存在，在航拍照片中可見（24-5）。[4] 在航拍照片中，亦可見當時元朗、錦田一帶的大遍稻田、果園、池塘，以及村落。當時元朗一帶糧食供給未必有太大困難，這裏唯一的配給物資是食油。[5] 當時報紙甚至說元朗出產的食米被運往其他地區售賣。[6] 另一糧食生產地是成立於 1943 年，屯門的青山漁業組合，但其具體位置不明。[7]

3「臺灣拓殖株式會社香港ニ於ケル拓殖事業經營ノ件」，1944 年 3 月 11 日，〈本邦會社關係雜件／臺灣拓殖株式會社／各種事〉，《外務省茗荷谷研修所舊蔵記録》，JACAR，Ref：B06050386000，頁 234。

4 當時臺拓曾報告於新界租用了一所華人民宅為事務所，但未有提及其具體位置。

5《華僑日報》，1942 年 8 月 8 日，頁 4。

6《華僑日報》，1943 年 12 月 2 日，頁 3。

7《華僑日報》，1944 年 10 月 28 日，頁 2。

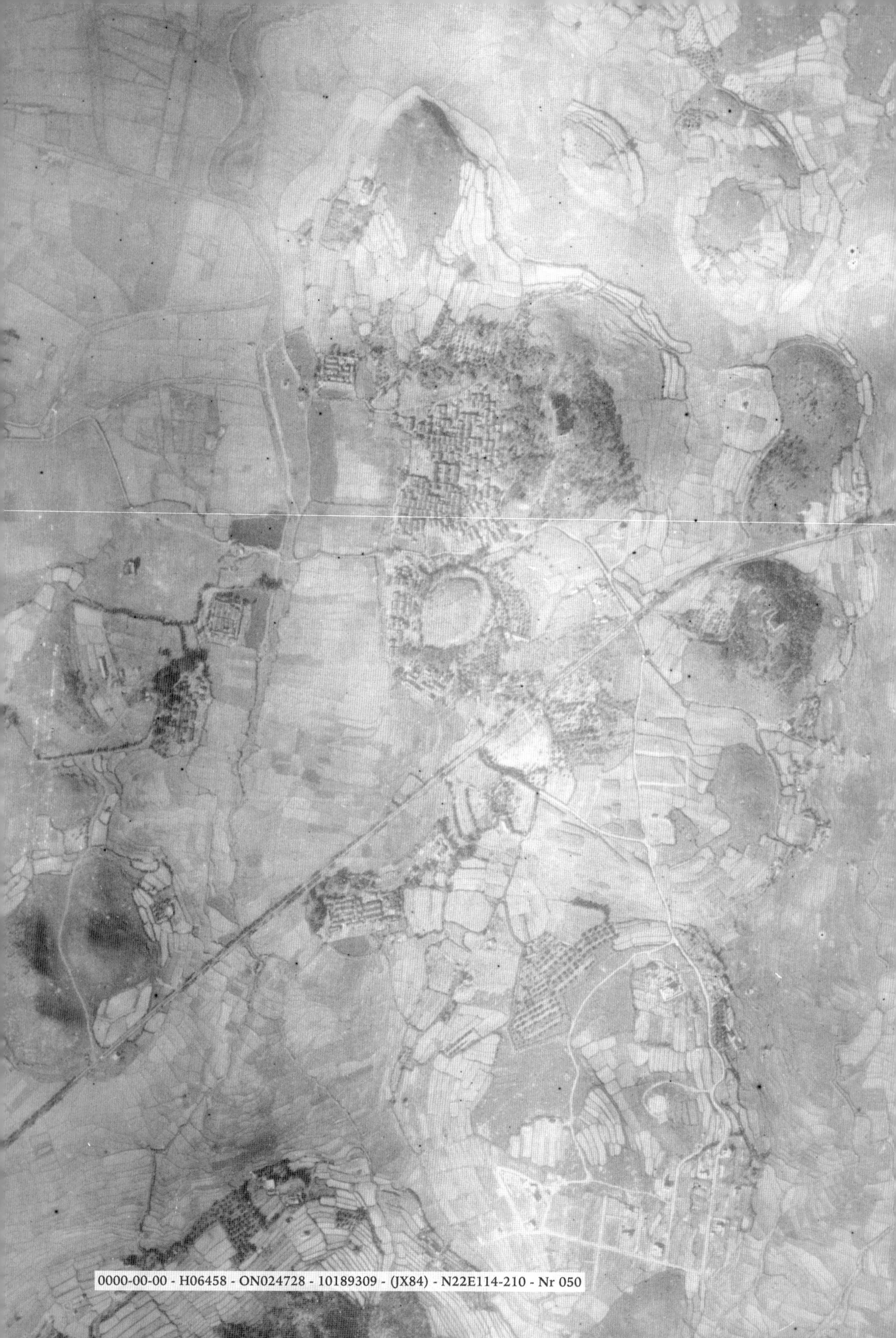
0000-00-00 - H06458 - ON024728 - 10189309 - (JX84) - N22E114-210 - Nr 050

總督府在元朗區另一開發計劃，就是開採青山的鎢礦（24-6），該礦位於良田村附近。當時，日本企業太平洋礦業公司（辦事處位於德輔道中 14 號）接管了馬士文公司的鎢礦。[8] 據日本資料顯示，該礦由太平洋礦業公司接手，於 1943 年 5 月開始營運，但 1944 年 9 月以後電力中斷隨即轉用人手挖掘，所以每月只能得到約 500 公斤鎢礦石。日人為此派遣的技師之中，有數人在途中因為乘坐的船隻被美軍擊沉而遇難。[9] 在 1944 年 12 月，總督部報告中提到鎢礦仍在運作。[10]

8「屯門（乾山）青山鎢礦場 -- 初探記」，尋礦 ‧ 香港礦石及礦場網頁，網址：https://c18h27no3bms.blogspot.com/2018/09/blog-post.html（登入日期：2025 年 1 月 11 日）。

9 並河栄治郎，《南方鉱山とともに 50 年：ある鉱山業者の回想》（アグネ，1972），頁 131。

10《磯谷廉介資料（無標題）》，香港歷史博物館藏，頁 58。

香港淪陷前後，廣東抗日游擊隊第 5 大隊人員進入元朗，並以黃泥墩為基地。1944 年，以這區為中心的游擊隊元朗中隊共有約 60 人。在淪陷初期日軍尚未完全站穩陣腳時，中共游擊隊曾在元朗區建立協助文化人離開香港的「西線」，其中元朗楊家村適廬屋主楊竹南，曾協助收容正在離開香港的文化人。元朗區的游擊隊至少進行過數次襲擊，甚至曾於元朗墟擊殺投日者。為阻止游擊隊活動，並守住足以容納大部隊登陸的青山灣，日軍曾於掃管灘、兄弟角等地興建野戰陣地，其式樣與日軍在沙頭角、黃竹洋等地興建者類似（24-7）。[11] 可是。現存的戰時航空照片未能顯示這些陣

11 Y. K. Tan, "World War II Japanese Pillboxes along Castle Peak Road at Kar Wo Lei & Brothers Point (Tai Lam Kok)," *Surveying and Built Environment*, Vol. 32, No. 2, (2023), pp. 38-39.

1945-04-14 - B02956 - ON063625 - T153945975 - (21PR-5MB-104-E-5) - N22E114-191 - Nr163

地。研究者滕玉果先生透過研讀 1963 年航空照片發現這些陣地，它們的位置處於元朗和大嶼山的游擊隊活動範圍之間。此外，在元朗和錦田之間的蠔殼山今日亦有不少戰壕存在，亦可能與日軍防止游擊隊活動或佈防有關。除了游擊隊外，在流浮山一帶亦有親日武裝黃公杰部，但難以在航空照片中看到內容。

1945-01-20 - B07658 - ON066145 - T153947138 - (21PR-5MB-3) - N22E114-182 - Nr TV026

第五節　新田區

戰前的新田區可算是較少受到殖民管治影響較少區域。港府在此最大的工程，就是20世紀初完成了粉嶺至凹頭的公路，該路是今日新界環迴公路的雛形，使人們可以駕車由粉嶺經元朗、屯門、青山灣，以及荃灣等地前往九龍。港府在落馬洲建立了警署，觀察位於邊境的渡口。在戰前，新田區的村落有大片禾田和池塘，例如歷史較悠久的新村，以及在20世紀初開發的和生圍等地，在牛潭尾（25-1，又稱攸潭尾）則有果園、菜田等，米埔一帶仍然是濕地。香港戰役期間，英軍未有在這裏佈防，雙方只沿青山道經過這裏，未有進行交戰。

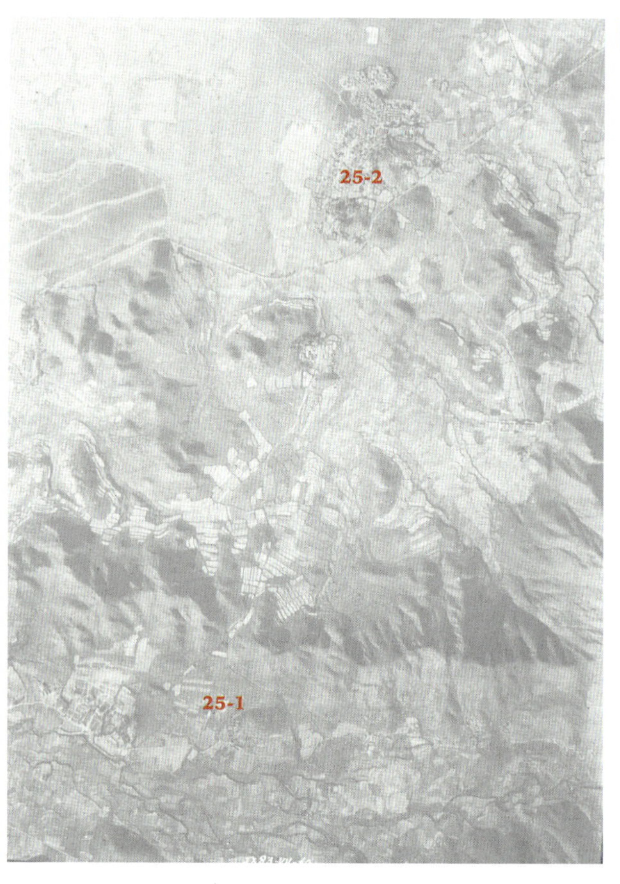

H06458 - ON024728 - 10189309 - (JX83) - N22E114-210 - Nr 040

香港淪陷後，總督部在這裏成立了新田區，其邊界北至河上鄉、料壆村，東至蕉徑，南至壆圍，西面則達到后海灣。在 1943 年的普查中，新田區是新界人口最少的一區，有人口 5,641 人，其中並無日人，只有五名其他族群的人士。[1] 據 1942 年 4 月總督部的狀況報告指出，日軍的香港防衛隊於新田區（稱落馬洲分遣隊，可能駐在落馬洲警署），元朗區的大圍（稱大圍分遣隊）、屏山（稱西區分遣隊），以及在丹桂村和大纜涌均駐有分遣隊。此外，憲兵在新田區亦駐有派遣隊，但其具體位置則尚未明瞭。[2] 由於日軍在此邊境地區兵力較多，所以這裏游擊隊活動並不活躍，只有在 1945 年 2 月出現過一次游擊隊襲擊牛潭尾的日軍農場。[3]

現有資料尚未能清楚指出新田區役所所在地，其工作亦未有太多相關史料。另一方面，在港島薄扶林的心光盲女院（Tsau Kwong Blind Home）曾搬至古洞村（25-2）繼續運作，直至戰爭結束。當時心光負責人德籍傳教士慕智謙姑娘（Sophie Moritz）因其國籍而未受日軍騷擾，其工作亦得到慈善總會資助。[4] 由於缺乏物資和藥物，心光的工作極為困難，但其在戰爭結束時尚有 18 位女童存活。[5]

1《華僑日報》，1943 年 2 月 19 日，頁 1。

2「香港佔領地總督管区警備配置要図」，〈状況報告〉，《陸軍省大日記》，アジア歴史資料センター（JACAR），Ref：C01000250100，頁 1343。

3 劉智鵬、劉蜀永，《港九大隊志》，頁 60。

4《華僑日報》，1942 年 10 月 5 日，頁 4。

5「心光歷史」，心光盲人院暨學校網頁，網址：https://www.ebenezer.org.hk/tc/1912-1953。

第六節　上水區

在戰前，上水—粉嶺一帶約屬於六約和雙魚兩區，均屬北約理民府管轄範圍。1899 年六日戰爭後，港府即興建從九龍到新界的公路，軍事和保安理由自然是建路的主要考慮因素。1914 年左右，這條公路大致完成，其中一段從新田延伸到沙頭角，中途即經過粉嶺，亦連接上水。其後，另一條公路連接了粉嶺和大埔。九廣鐵路亦於 1911 年通車，連接了廣州與九龍，亦開通了粉嶺、上水兩個車站。公路與鐵路的建立，大大縮短了從九龍前往新界的時間。

當時粉嶺、上水一帶既有大量本地村落，同時亦是在港華洋上流社會的「後花園」。1911 年，粉嶺哥爾夫球場（26-1，一級歷史建築）開幕，成為著名的消遣之地。至 1910 年代末期，九龍已有定期到粉嶺的汽車旅遊服務。其時，駐港英軍亦有使用粉嶺一帶進行訓練，特別是後來的羅湖軍營與新圍軍營之間的平地（今日以其英文名字 Long Valley 名為塱原，現為塱原自然生態公園），以及打鼓嶺以北的 Laffans Plain。與正規軍共同訓練者，是成立於 1854 年的本地

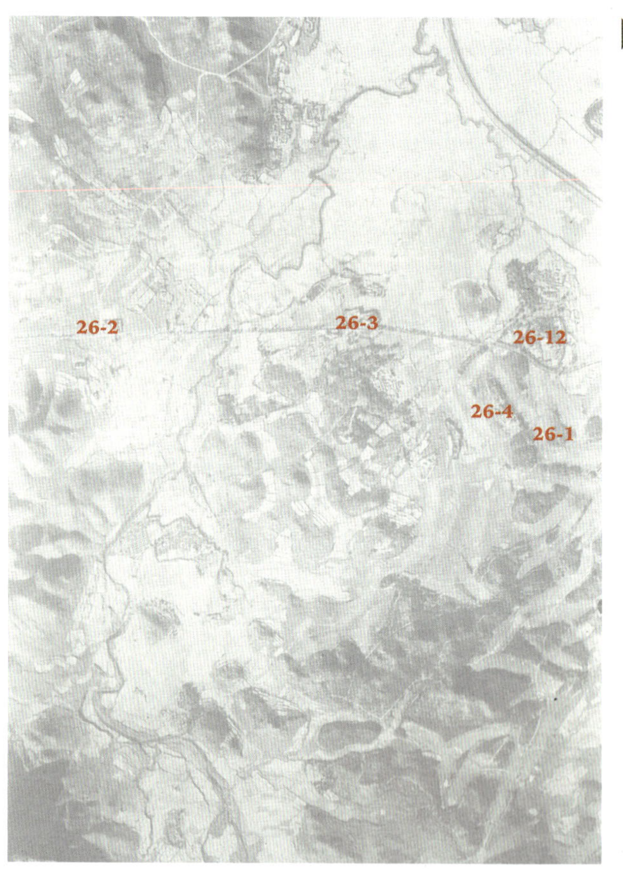

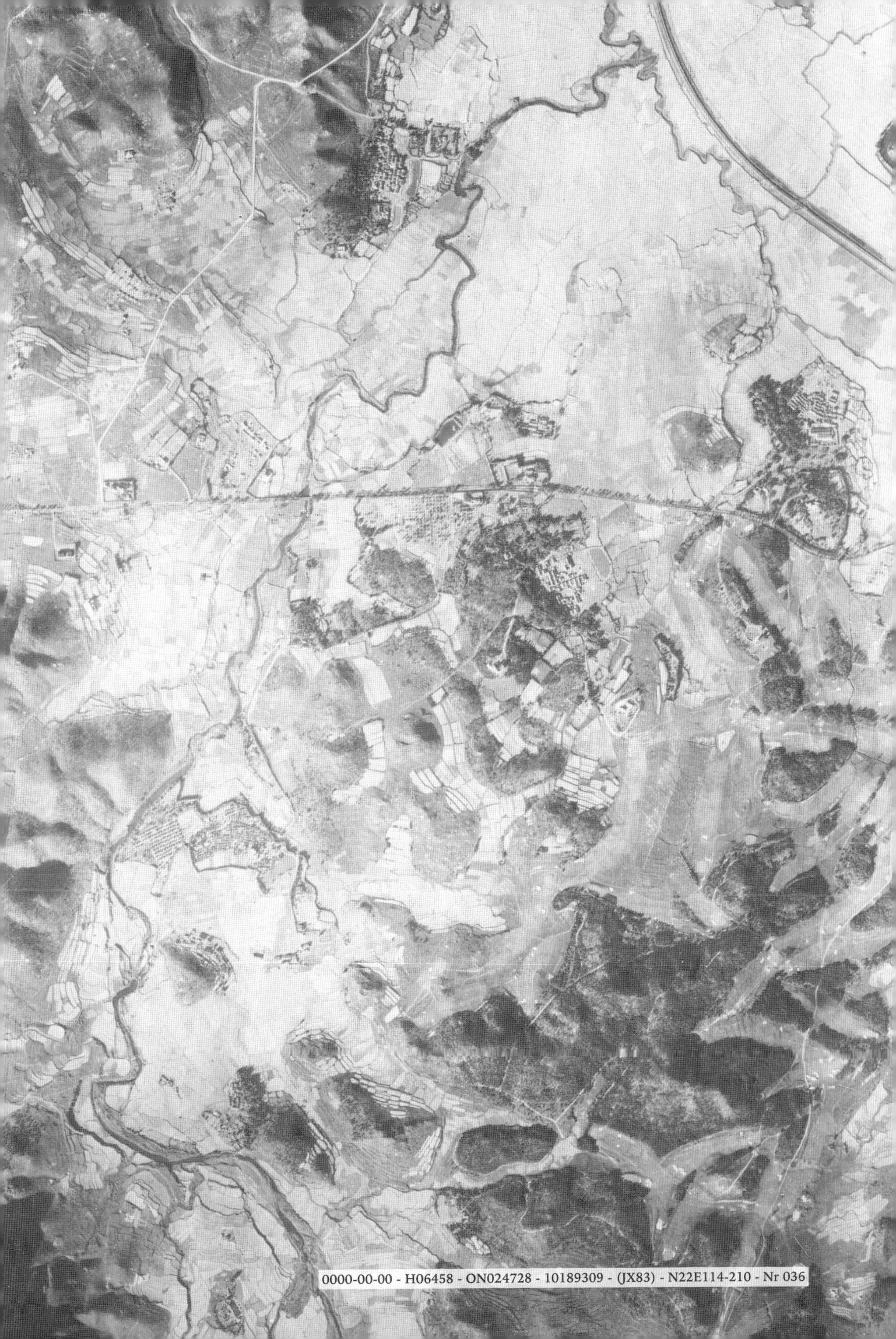
0000-00-00 - H06458 - ON024728 - 10189309 - (JX83) - N22E114-210 - Nr 036

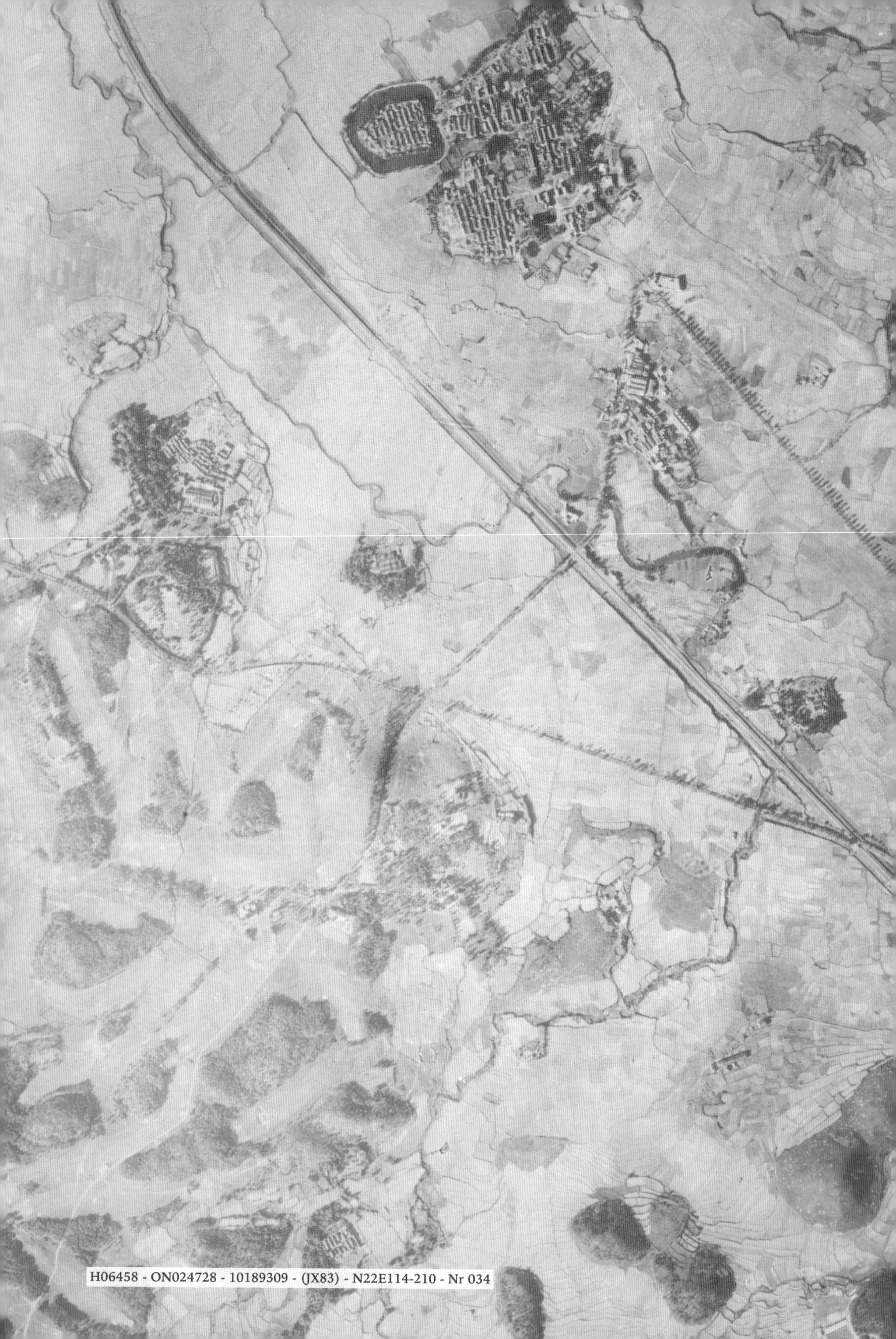
H06458 - ON024728 - 10189309 - (JX83) - N22E114-210 - Nr 034

義勇軍部隊（1917 年前稱 Hong Kong Defence Force，其後成為 Hong Kong Volunteer Defence Force，再更名為 Hong Kong Volunteer Defence Corps）。從航空照片和其他資料可見，戰前塱原一帶主要以種植稻米為主，亦可見少量土地種植水果和蔬菜。當時報紙曾提到粉嶺一帶有種植荔枝。大部分稻田每年冬天有數月不會進行耕種，所以有時英軍或防衛軍會在這裏進行演習。

由於火車和公路開通，加上哥爾夫球會、鄉村俱樂部，以及粉嶺獵會（the Fanling Hunt，1924 年成立）等設施和機構的出現，兩次大戰期間「粉嶺 —— Long Valley」一帶成為富裕階層進行野外活動的地點。這裏亦開始出現歐式大宅，較著名者包括 Dill's Corner 26-2、Lena Lodge 26-3、Governor's Lodge（26-4，今行政長官別墅，二級歷史建築），亦有印、葡、華人擁有者，例如華人富商許愛周於松柏朗村旁邊在戰後購入的愛園別墅（26-12，一級歷史建築）。時人在塱原進行的野外活動包括狩獵、賽馬等，以及英式獵狐。愛好戶外的港督貝璐（Governor William Peel）有時亦會參與獵會的活動。

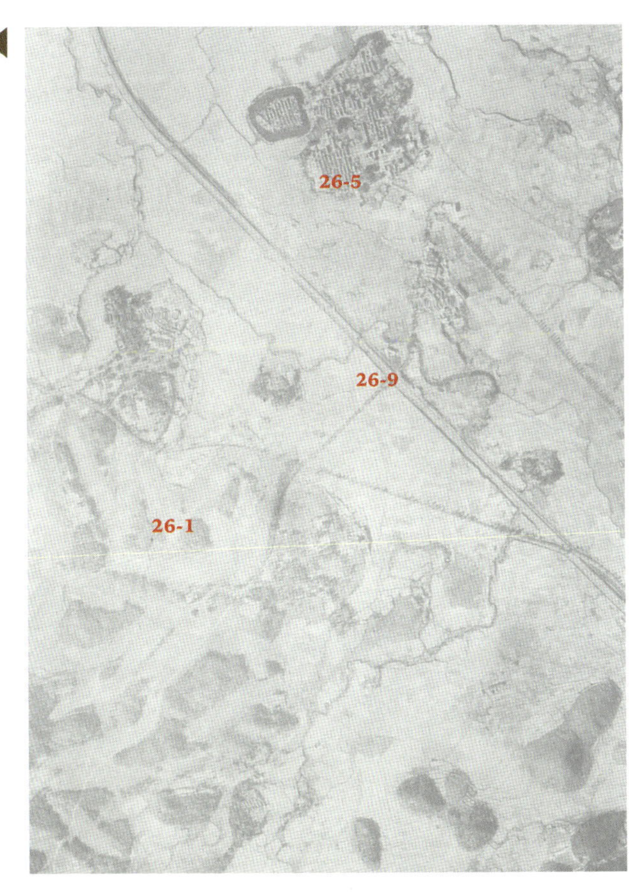

H06458 - ON024728 - 10189309 - (JX83) - N22E114-210 - Nr 030

太平洋戰爭爆發後，日軍從羅湖架橋南下，經上水、粉嶺一帶進入大埔道和青山道往南前進，其間第 38 師團曾以上水為駐紮地。香港淪陷後，總督部成立了上水區，其範圍包括今日羅湖、上水、粉嶺、河上鄉一帶，具體為北至羅湖、香園圍，東至鶴藪，南至和合石、西面則包括金錢村和哥爾夫球場。在 1943 年的普查中，上水區有人口 14,874 人，其中有 10 名日人和六名其他族群的人士。[1]

總督部在上水墟（26-5）內建立了區役所，並維持了上水醫局。[2] 從總督部對區域的劃分，顯示當時上水墟應有一定規模，因為新界中只有上水墟、大埔墟，以及荃灣眾安街等地，以街道而非村落劃分區域。在上水墟中，總督部劃分了區所街、巷仔街、街市街、永生街、民權街、民生街、萬好街、理髮街、廟街、魚街，以及大馬路等。[3]

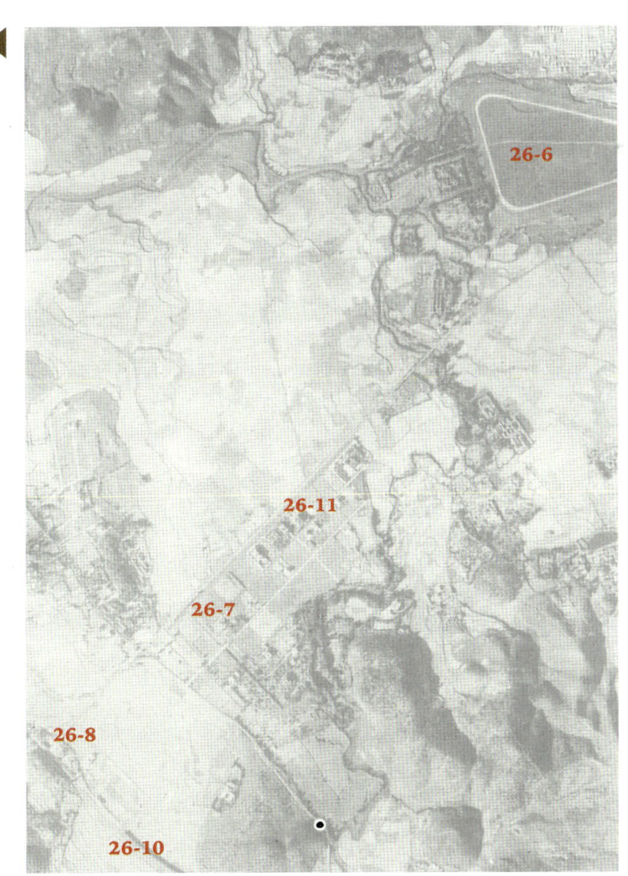

1《華僑日報》，1943 年 2 月 19 日，頁 1。

2《華僑日報》，1942 年 12 月 1 日，頁 4。

3 香港佔領地總督部公佈，《香督令特輯》（香港：亞洲商報，1943），頁 29。

由於上水區位於邊境，而且接近游擊隊活動地區，所以日軍派有固定的駐軍。日軍香港防衛隊的北區警備隊、國境地區警備隊本部和預備隊均駐紮在粉嶺一帶，另有日軍駐紮在羅湖邊境，包括駐港英軍使用的新圍軍營（26-6）。日軍曾於白虎山一帶築構陣地，包括水泥機槍堡和戰壕。戰後，港府在這些陣地上興建了較大型的警崗，被稱為麥景陶碉堡／麥景陶大教堂。日軍憲兵隊派駐的新界地區憲兵隊曾將其總部設於粉嶺，其後則改設上水憲兵派遣隊，並於粉齡、打鼓嶺等地設立分隊，但規模不明。[4] 由於日軍駐兵規模不少，雖然有游擊隊襲擊個別投日者，但未有太多游擊隊活動，美軍亦沒有對這區發動空襲。在淪陷初期，邊境一帶有地方武裝蕭天來部活動，但該部其後勢力瓦解。[5]

1942 至 1943 年間，日軍在上水區進行了航空拍攝，其中可見已被日軍佔領用作軍營的安樂村一帶（26-7）、上水墟、粉嶺站（26-8）、上水站（26-9），甚至正在行進中的火車（26-10）。此外，照片亦攝得當時尚未被臺拓接管的哥爾夫球場以及軍地馬場。1943 年，臺拓開始在新界開墾數個地點，其中在上水區包括哥爾夫球場以及軍地馬場。臺拓計劃在這兩個農場生產米、甘薯、粟米、蔬菜、花生等農作物。從航空照片可見，這兩地尚未被大規模開發為農場，但哥爾夫球場內可能已出現耕地。此外，照片中亦見到在 1940 年成立、香港戰役期間被日軍騷擾、後來在日據時期繼續運作的粉嶺孤兒院（26-11）。在德布登女士（Mildred Dibden）等經營下，孤兒院得到慈善總會的援助，在戰爭結束時尚在運作，直至 1945 年 9 月被皇家海軍陸戰隊人員解放。

4「香港佔領地總督管区警備配置要図」，〈状況報告〉，《陸軍省大日記》，アジア歷史資料センター（JACAR），Ref：C01000250100，頁 1343。

5 "Waichow Intelligence Summary No. 13," 6/12/1942, Australian War Memorial, PR82/068, attached map.

第七節　沙頭角區

總督部設立的沙頭角區，範圍大致為蓮麻坑以東的地段至沙頭角海，南至涌背以西的吐露港北岸，包括吉澳島。在 1943 年的普查中，沙頭角區有人口 11,717 人，其中有 12 名日人。[1] 沙頭角本來是日軍進攻香港的其中一個發起點。1941 年 12 月 18 日，以步兵第 229 聯隊為骨幹組成的一隊日軍由沙頭角進入香港，同時其他部隊則從羅湖、落馬洲等地入侵。12 月 9 至 10 日左右，廣東抗日游擊大隊人員亦進入香港，部分人員繼續前往西貢，其餘則於沙頭角南涌建立根據地。[2] 有見沙頭角游擊隊活動活躍，日軍曾嘗試在沙頭角區進行掃蕩。1943 年 3 月 3 日，日軍圍攻消滅了游擊隊位於老龍田的電台和政戰室。[3]

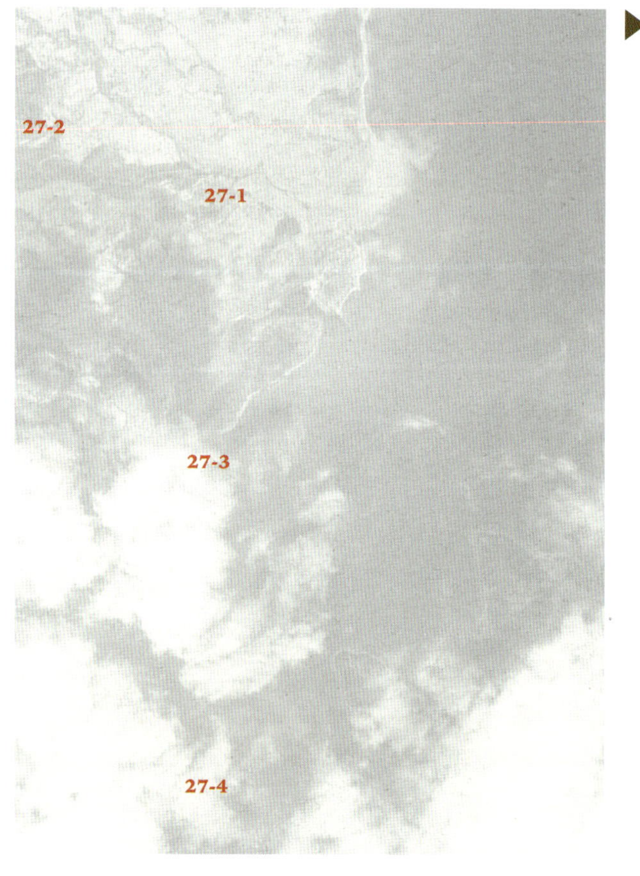

1 《華僑日報》，1943 年 2 月 19 日，頁 1。

2 鄺智文、蔡耀倫，《孤獨前哨：再論 1941 年香港戰役》，頁 316。

3 劉智鵬、劉蜀永，《港九大隊志》，頁 43。

1944-03-13 - F12037 - ON061219 - T153947338 – (21PR-4MB-21) - N22E114-165 – Nr 016

1944-03-13 - F12037 - ON061219 - T153947338 – (21PR-4MB-21) - N22E114-165 – Nr 016

總督部成立後在沙頭角墟建立了區役所，並派駐了沙頭角憲兵派遣隊。由於沙頭角位於鯊魚涌和沙頭角及西貢的游擊隊根據地之間，加上沙頭角海適合大部隊登陸，日軍為抵禦盟軍登陸及阻隔游擊隊活動，在沙頭角各處建築防禦工事，目前被發現者包括山嘴（27-1）、紅花嶺（27-2，位於紅花嶺郊野公園內，在航空照中並不明顯）、砲台崗（27-3），以及鹿頸（27-4）等地。[4] 目前唯一可以看見這些陣地的航空照片，攝於 1944 年 3 月 13 日（21PR-4MB-21），由於其比例太小，加上雲層覆蓋，難以清楚見到陣地，只能在山嘴一帶發現土木工程的痕跡。

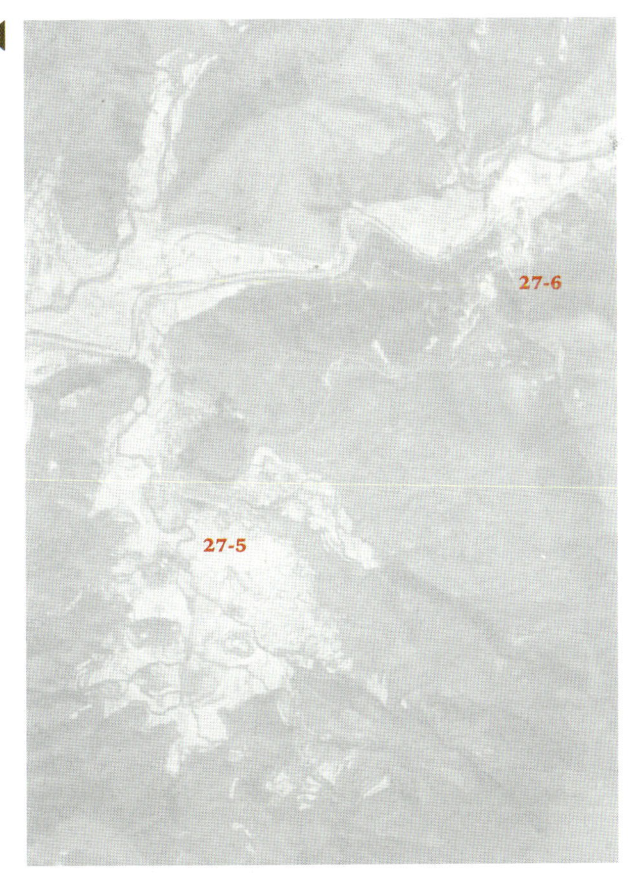

4 Stephen N.G. Davies, Y.K. Tan & Lawrence W.C. Lai, "Japanese Occupation Period Military Structures near Hong Kong's Northeastern Border: 64-147 An Initial Survey," Surveying & Built Environment, Vol. 31, No. 2, (Dec 2022), pp. 64-147.

沙頭角區是當時香港與東江之間歸鄉和貿易路線的中途站，《華僑日報》報道：「新界沙頭角為入東江捷徑，故東江一帶遵陸路歸鄉之僑胞，多由此路前往，查由九龍尖沙咀來火車至粉嶺下車後，沿公路步行至沙頭角，約三小時半可達，在沙頭角留宿一夜，翌晨啟程前往惠州，故沙頭角為東江歸僑必經孔道，日趨興旺，沙頭角一地，為昔日中英交界之一要點，墟內有一條街道，上半街為華界，而下半街即為英界，祇立一木閘於中間為界限，因此兩地居民往來甚便，日中來往以數千計，邇來沙頭角更日見旺盛，東江農民恒以白菜乾、惠州霉菜、土麵、米糧，及落花生等什糧運來沙頭角發售，脫售各購同故衣藥品鹹魚香皂皮鞋等物品回東江發賣。」[5] 以上報道提到故衣和皮鞋，即歸鄉或前往內地者在沙頭角為籌措盤川或減輕行李而售出衣履。此外，沙頭角區居民亦進行水腳買賣，即把貨物帶進帶出兩地邊境賺取差價。[6]

總督部在沙頭角區最重要的設施，是位於蓮麻坑村（27-5）附近的鉛礦（27-6），在航空照片中只能隱約看到其位置。自 19 世紀末，這裏的鉛礦已被開發，至 1920 年代由容閎兒子容覲彤（Morrison Brown Yung）等經營。1937 年 1 月，鉛礦由美國人尼爾森（Laurie Reuben Nielson）接手，1939 至 1940 年間共有約 5,500 噸精礦，被太平洋礦業購買，運到朝鮮鎮南浦（今韓國南浦）的工廠。香港戰役結束後，日本陸軍省曾派員到香港視察，認為蓮麻坑每月可生產 500 噸鉛礦石、7,000 安士的銀礦石，應從速恢復開採工作。[7] 其後，太平洋礦業接管了蓮麻坑礦，並於 1942 年 12 月 8 日恢復生產，使用了尼爾森在附近設立的辦公室和宿舍。可是，由於物資短缺和糧食騰貴等問題，參與的日本技術人員回憶，日據時期蓮麻坑礦只大約生產了 1,000 噸精礦。[8] 1943 年 4 月，報載總督磯谷廉介曾前往新界巡視一個鉛礦，又提到其一行人沿大埔道坐車前進。在當時新界被大規模開發的鉛礦，似乎只有蓮麻坑礦。[9] 另一方面，游擊隊亦三次嘗試破壞鉛礦，並於 1945 年 3 月 3 日的一次襲擊中對設施造成破壞。據日軍記錄，當日晚上有 500 名（數字可能誇大）游擊隊員襲擊礦場，並將之「徹底掠奪」，而且燒掉倉庫，以致採礦工作完全停頓。[10] 從航空照片中，亦可見

5 加上標點符號。《華僑日報》，1944 年 11 月 1 日，頁 4。

6 《華僑日報》，1945 年 5 月 22 日，頁 2。

7 「第 3　現況」，〈香港九龍出張報告（原材料工場事業場之部）　昭和 17 年 2 月 4 日　森川史料〉，《陸軍一般史料》，JACAR，Ref：C14010467300，頁 895-899。

8 《華僑日報》，1943 年 4 月 3 日，頁 4。

9 並河栄治郎，《南方鉱山とともに 50 年：ある鉱山業者の回想》，頁 130。

10 並河栄治郎，《南方鉱山とともに 50 年：ある鉱山業者の回想》，頁 131。

蓮麻坑礦的大約位置。

1945 年初左右，中共游擊隊已大致控制了沙頭角至鯊魚涌之間的海岸線，並相繼在南涌、鹿頸、烏蛟騰等地成立了鄉政府。[11]期間，日軍和游擊隊之間未有太多戰鬥，直至戰爭結束時游擊隊嘗試攻擊粉嶺一帶的日軍以收繳其武器和裝備，但被擊退。[12]

11 港九獨立大隊史編寫組，《港九獨立大隊史》，頁 164。

12 鄺智文，《重光之路：日據香港與太平洋戰爭》。

第八節　離島四自治區、青衣及南丫島

總督部除了把香港分為香港、九龍，以及新界各區外，尚有不少部分未被納入任何一區，例如大嶼山、南丫島等，於是陸續在坪洲、梅窩、長洲、大澳建立了自治區，由總督府扶植的鄉紳和日人共管。[1] 雖然日軍進攻香港時，曾以為青衣是重要目標而特地派兵進攻，但日佔時期青衣反而相對平靜，青衣島和馬灣均被納入到荃灣區內（頁 369、371 照片）。

長洲在香港戰役期間被日本海軍陸戰隊佔領，其後憲兵隊派員前往建立駐地，並成立了維持會。維持會其後改組為自治會，向香港地區事務所所長負責，並有選舉制度，又成立自衛隊和戎克漁業組合。[2] 由於漁業相對得到發展，長洲人口在 1943 年 1 月增長至 17,885 人。從 1943 年 10 月拍攝的照片中可見，長洲灣有不少

1《華僑日報》，1942 年 7 月 14 日，頁 3；1943 年 4 月 8 日，頁 4；1943 年 1 月 11 日，頁 4；1944 年 5 月 9 日，頁 4；1945 年 4 月 8 日，頁 2。

2《華僑日報》，1943 年 9 月 1 日，頁 4；1943 年 11 月 21 日，頁 4；1944 年 11 月 11 日，頁 2。

1943-10-07 - F10076 - ON061226 - T153947340 - (21PRS-M10-9-B) - N22E114-161 - Nr 022

漁船，規模堪比筲箕灣和香港仔（頁 372 照片）。[3] 可是，由於照片比例太小，只能大概看見長洲中間部分的街道和建築物輪廓。與此相比，坪洲的漁業規模明顯較小（頁 373 照片）。在佔領期間，梅窩（頁 374 照片）成為日軍據點之一，大嶼山各處亦有游擊隊活動。日軍曾於 1944 年 5 月進行掃蕩但沒能消滅游擊隊。8 月，游擊隊曾於梅窩附近攻擊日軍，後者向居民報復。大澳在有日軍憲兵駐在大澳警署，日人亦曾嘗試在大澳附近開林採柴。[4] 可是，現時尚未發現覆蓋大澳一帶的戰時航空照片。在戰爭期間，我們暫時只發現一張南丫島的航空照片，攝於 1945 年 3 月 4 日。當時日軍尚未在島上興建砲台。至戰爭結束時，島上有數個砲台，以及供自殺小艇使用的山洞（頁 375 照片）。

3《華僑日報》，1943 年 4 月 5 日，頁 4。

4《華僑日報》，1943 年 11 月 14 日，頁 4。

1943-10-07 - F10076 - ON061226 - T153947340 - (21PRS-M10-9-B) - N22E114-161 - Nr 023

1943-10-07 - F10076 - ON061226 - T153947340 - (21PRS-M10-9-B) - N22E113-095 - Nr 025

1943-10-07 - F10076 - ON061226 - T153947340 - (21PRS-M10-9-B) - N22E113-095 - Nr 025

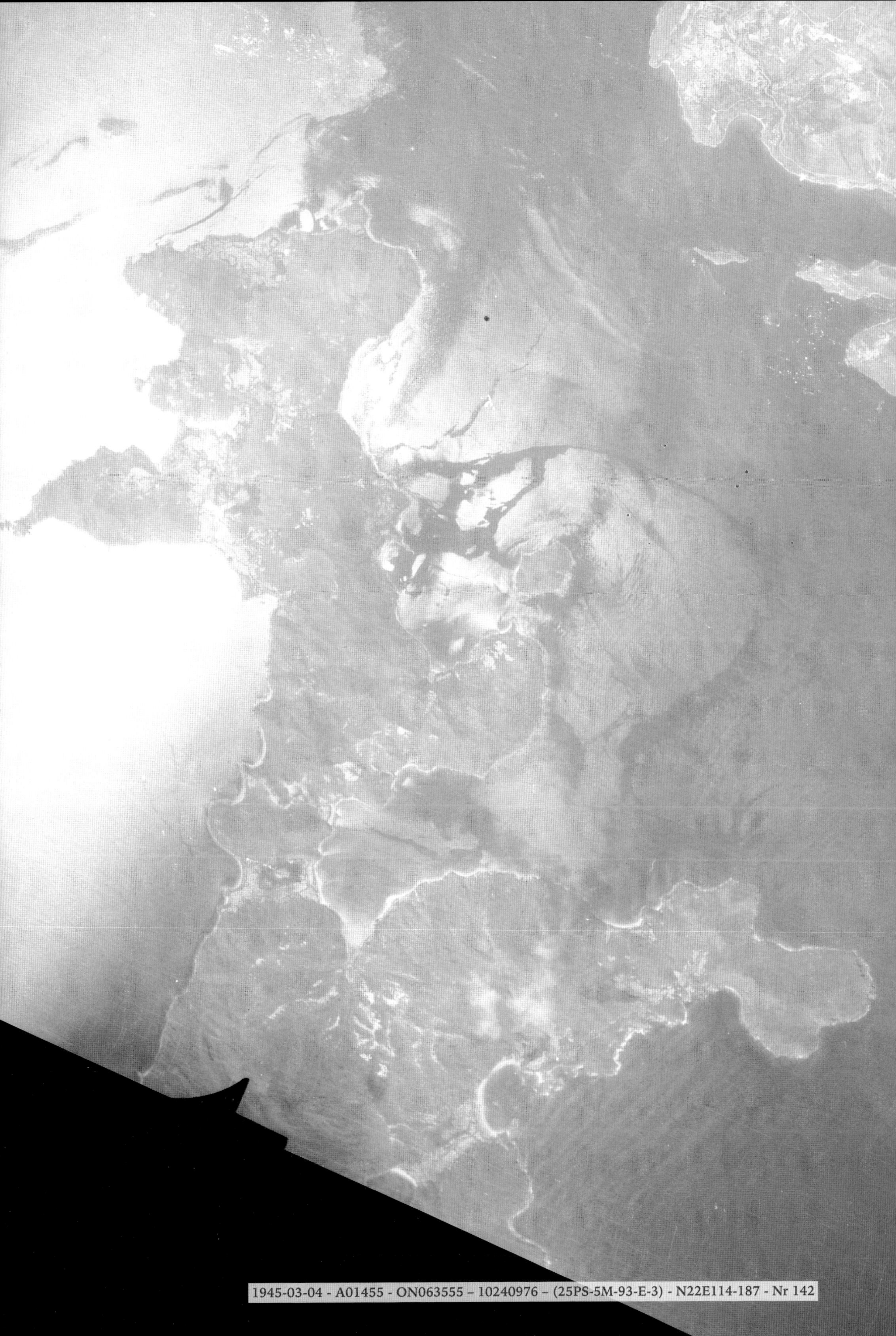
1945-03-04 - A01455 - ON063555 – 10240976 – (25PS-5M-93-E-3) - N22E114-187 - Nr 142

1945-01-20 - B07658 - ON066145 - T153947138 - (21PR-5MB-3) - N22E114-182 - Nr TV026

結論

香港城市發展史的空白一頁

戰時航空照片對研究香港歷史的重要性

從戰時航空照片可見，日據時期不同地區的佔領經歷不可一概而論，主要視乎日人對這些地區的空間佈局、盟軍空襲、抗日活動的程度，以及經濟活動變化等因素。戰前城市發展的歷史中，1930 至 1940 年代的資訊相對混亂，不少在 1937 至 1941 年完成的建築資訊並不完整，部分更只有戰時照片及報紙可見其身影。這批航空照片，至少可以為香港城市發展的歷史作一補充，使我們對 1940 年代城市空間的變化有更清晰的圖像，更能由此理解 1937 至 1945 年的戰爭時期對香港的影響，而非再停留於以文字集中敘述某些面向（如香港戰役、戰俘和被拘留者經歷）的狀態。

淪陷時期城市空間的轉變

從航空照片可見，戰時香港城市空間的轉變可能比以往想像中要大。除了較為人瞭解的大型公共建築，如擴建啟德機場及興建忠靈塔以外，日人亦曾在香港進行其他工程，例如清拆啟德濱、九龍塘模範村及附近的新建房屋、九龍城街市、摩利臣山採石場、各地的陣地與隧道工程、長洲島的神風洞、臺拓農場的開墾，以及西貢道路的建設。在戰爭末期，市區不少空地開始變成農田，反映了當時海運斷絕下糧食問題的迫切。照片中亦可見各區有不少興建中或被拆卸的建築物（例如皇仁書院、卅間等），顯示即使處於佔領時期，香港的城市面貌仍在不停改變。

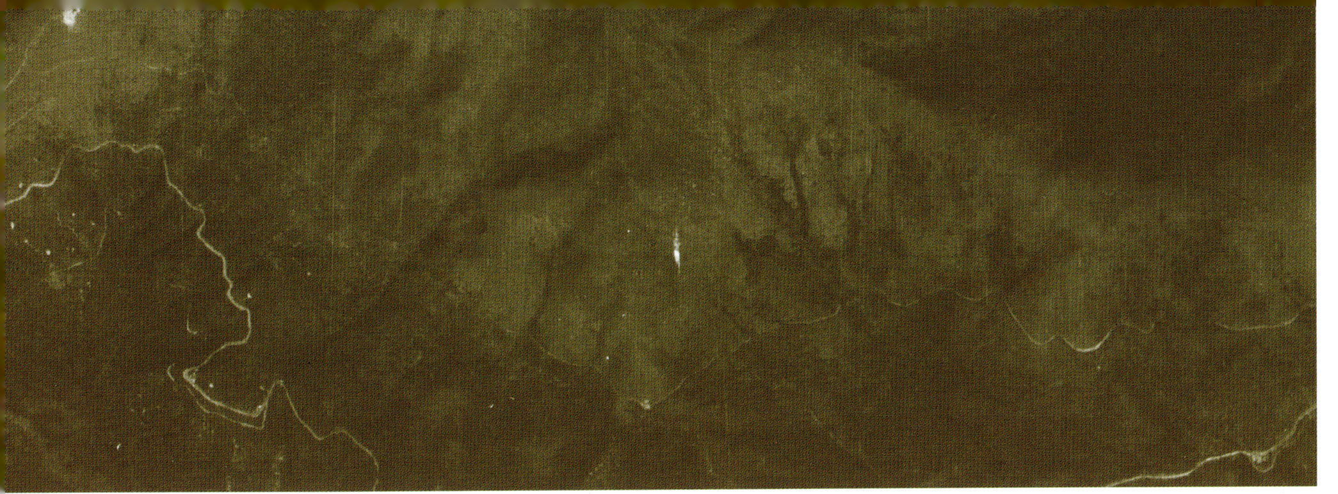

另一方面，仔細查看香港在 1941 至 1945 年城市面貌可以發現，香港早於戰前已有相當規模的工業化。不但集中開發的工業區例如深水埗—長沙灣、紅磡—土瓜灣一帶，而且在荃灣、筲箕灣等地亦出現了大型的廠房。此外，1930 年代開始，香港出現了數個有一定規模的礦場，雖然它們在商業上似乎不太成功，但例如馬鞍山鐵礦卻在戰後有一定重要性。因此，除了討論戰爭對香港城市空間的轉變外，戰前和戰後香港在諸如工業化等方面的延續性亦不可忽略。

日人對香港空間的再劃分

如把航空照片與總督部的物業登記（家屋登記及地產台帳），以及其他例如情報檔案等史料一同研究，我們會發現日本對香港不同地區賦予了特定的功能，有時候這些功能甚至反映在地區的命名上。對日本而言，香港雖然有長遠價值，但戰爭期間日本只能盡量使用這個城市與戰爭有關的功能，就是海港、醫療，以及工業設施。由此角度看，九龍的鹿島區、湊區，以及山下區是日軍的戰略要地，分別擔任了防衛 / 醫療、港口 / 倉庫，以及造船 / 工業的功能。與陸軍相關的日人亦集中居住在鹿島區的九龍塘及湊區南部。至於青山、大角、香取三區，則是華人聚居地，同時有工業設施可資使用。元區亦是華人聚居地，它與旁邊的啟德區最重要的設施，自然是擴建中的啟德機場。荃灣與啟德兩區雖然屬於九龍，但可算是九龍與新界之間的緩衝地帶，日人亦佔用了這兩區的主要設施。值得留意者，是日人在其空間佈局上並沒有理會新界與九龍在國際條約中的不同地位，而是把香港看成整體看待，反映了日本本來打算在戰後併吞香港的想法。

至於港島，中區自然是香港的政治與經濟中心，它有總督部與日本各大企業於佔領初期建立的總部，半山地區則有不少日人與台灣人居住。可是，進駐的日本企業很快就發現香港並非可以發展之地。中區以西的水城區、藏前區，以及山王區，大多是華人聚居地，其中藏前區則如其名，屬於倉庫區。另一方面，東區實質上是日本海軍控制的地域，海軍更嘗試在旁邊的銅鑼灣區建立生產基地，其南面的青葉區則成為與海軍相關人員的居住點。至於筲箕灣區、赤柱區，以及元香港區，則似乎是總督部為方便管理港島郊區，根據三個華人聚居點而劃定的區域，顯示了其區域劃分也有控制華人人口的意味。在新界，以控制聚居點而劃分區域的傾向就更為明顯。新界各區均是以墟市為中心，從照片中亦見到這些墟市的規模，以及其交通關係，顯示了總督部主要對控制墟市和主要道路感到興趣，對游擊隊活躍的山區則以固定陣地以及相對流動的駐軍加以阻隔，以防止不同區域的游擊隊連成一氣或擴大控制範圍，其取態傾向防禦性。對於力量不大但要控制大量城市人口，以及各墟市的日軍而言，這個做法似乎最符合效益。

各區在淪陷時經歷之不同

從航空照片中，亦可以看到不同地區在淪陷期間經歷的端倪。除了與戰爭相關或是必要的基本民生物資流動，當時貿易與工業均已大部分停止。在戰爭末期，海上貿易只剩下小型機帆船在上環幾個碼頭活動，西區的大貨倉以及九龍倉則鮮有船隻活動，路上亦不見戰前常見的貨車，尖沙咀火車站只有稀疏的火車列。但是，漁業在佔領當局組織下在幾個地區卻有所發展，包括荃灣、筲箕灣、香港仔、長洲，以及油麻地，照片亦可見大量漁船停泊，岸上也有相關設施。其他史料顯示了這些區參與漁業的精英提升了地位，參與修廟、建校，以及慈善等工作。此外，照片亦可見當時工業只有與戰爭關係最深的業務，例如造船業才有所發展，其他工業則大多因為缺乏勞工與材料而停頓了。

從航空照片看戰爭對香港的破壞

航空照片比以往個別照片或文字敘述，更能使我們瞭解戰爭對香港的影響。我們可以清楚見到美軍歷次空襲在香港各區造成的破壞，特別是中環一金鐘、灣仔、銅鑼灣、太古、紅磡等地。以往我們可能會對日據時期的報紙報道內容抱有懷疑態度，但實際上在字裏行間可見當時報人是如何把香港社會的面貌向市民報道。如撇除誇張或情緒性的字眼，報紙對空襲破壞的描述，從照片可見並非不準確。航空照片中，亦可見到日軍沒收的大量汽車被集中在加路連山、西區海旁燒毀後未有重建的地段、卅間，以及半山的廢墟、西營盤醫院旁的亂葬崗、各區被棄置的房屋、空蕩蕩的街道、堆滿石材或其他物資的體育場地、被轟炸破壞的各個船塢和油庫，以至在維多利亞港載浮載沉的船隻。這些景象都清楚顯示了日據期間香港社會所受到的廣泛破壞。

戰爭對城市空間的影響

綜觀戰時航空照片，使我們得以看到戰前與戰後香港城市空間是延續而非斷裂。戰後，港府大致上延續了戰前數年對香港的規劃，在九龍兩邊繼續城市化建設。在土瓜灣、深水埗、長沙灣等戰前已經出現工業化的地區，戰爭未有中斷其發展趨勢，只是可能這些工廠的所有者有所不同而已。此外，本來有工業化與城市化苗頭的地段，例如荃灣、九龍灣、港島東等，戰爭亦沒有改變其發展方向，均在戰後逐漸城市化。至於遭到大規模破壞的紅磡、半山、灣仔與銅鑼灣等地，則被快速重建。部分這些區於戰後興建的房屋現在亦已不存在。在戰前屬於市區的啟德濱，以及衙前圍一帶的幾個鄉村，則因為機場擴張而永遠消失了。被發展為模範村的九龍塘一帶，則於戰後被快速改建為低密度的住宅區，恢復了原本的發展路徑。戰後港府在英軍的協助下，擴建了本來日軍在西貢興建的公路，使市區建立了和西貢一帶更多的聯繫。可是，從建築歷史來看，戰爭卻對香港而言是一場大災難。在何文田、跑馬地，以及港島各地建於 1930 年代的建築，大多因為戰爭與戰後的快速發展而消失，餘下少數政府興建的大型建築物如街市等，或是各區尚存的現代主義建築，象徵著那個本來正在快速發展但被戰爭打斷的時代。

附錄一

日本海陸軍拍攝的香港航空照片

第一次世界大戰後，日本全力發展航空兵力，並在各種技術上逐漸追上英、美、德、意等國。日本發展航空隊初期頗依賴英國，例如皇家海軍的援助，尤其在 1921 年前當兩國仍是盟國之時。日本的航空隊發展與美國一樣，由海陸軍分開進行，但日本海陸軍的協調遠比美國要遜色，因此海陸軍各自為政的結果，是雙方發展均受到局限。可是，這個情況在航空攝影的發展可能不太明顯，因為大規模的航空測量主要由陸軍負責。第二次世界大戰各交戰國中，日本的軍事航空攝影算是大國之中較落後者，雖然日本海陸軍發展了世界水平的飛機，但其照相和沖曬技術，以及作業流程則未有追上英美的水平。

自大正（1912-1928）年間，日本陸軍為日本本土及台灣進行了航空測量，拍攝了大量航空照片。在其後的中日戰爭期間，日本海陸軍拍攝了不少中國城市和戰場的航空照，包括垂直和斜影照片。這些照片使用了固定在飛機的相機拍攝，質量比手提相機拍攝的照片要好，但仍然與英美照片的質量有一段距離。其中一個最大的問題，是日軍通用鏡頭太小，其最大者只有 20 吋，通常皆為 10 吋，難以拍攝精細的照片。[1] 而且日軍使用的菲林質素亦不太理想，沖曬時照片顆粒度太高。

1941 年 11 月，日本海軍航空隊對香港進行了多次空中偵察。以往我們只能在檔案中讀到這些任務的內容，但九龍舊書店在 2024 年卻發現了部分當時拍攝的照片，使我們得以看到當時日本海軍的航空攝影技術。圖 29、30 是一張日本海軍偵察機在 11 月

1 Roy M. Stanley, p. 185.

16 日拍攝的九龍，可見到照片屬於大角度斜影照片，很可能是由手提攝影機拍攝。照片質素遠遜美軍所拍攝的照片，不少部分模糊一片，即使放大也無補於事。這張照片對研判英軍在香港的防禦極為有限，根本不能看見醉酒灣防線的設施，亦不能見到英軍部署在港島的砲台及機關槍堡，甚至大型要塞，如赤柱和摩星嶺亦難以看到其軍事設施。另一張照片的情況亦類似，只能看到深水埗軍營以及啟德機場的外貌，但沒能顯示太多資訊。

日軍佔領香港後，曾於 1942 至 1943 年左右在香港進行了一次完整的空中測量，負責的部隊應該是第 23 軍或是中國派遣軍屬下的飛行隊，執行的飛機則可能是日軍最先進的百式司令部偵察機。現時，部分照片的拷貝存放在美國國家檔案館，記錄顯示共有八卷，但實際存在者只有兩卷，分別為 JX83 和 JX84，每張照片長闊為 2：1，類似 K-17 的照片，共有 100 張照片。美軍文件顯示，這些照片的飛行高度約為 24,000 呎，使用鏡頭為 24 吋，但這些數據雖然大致準確，但可能屬於估計。[2] 照片覆蓋範圍大約是后海灣到船灣，其中可見新田、上水、粉嶺、沙田、八仙嶺一帶，但大埔剛剛位於兩卷菲林之間，因此沒有被攝進鏡頭內。據美軍估計，這輯照片的比例是 1:12,000，但其他的拍攝參數，如拍攝高度等則不清楚。由於比例頗大，照片顯示到不少細節，例如行進中的九廣鐵路列車、鄉間的房屋與祠堂、錦田機場、哥爾夫球場，以及其中的港督別墅等。（詳見第二部分第三章〈新界〉）

2 "JX 83," "JX 84," in "Aerial Flight Overlays for Degree/Square N22-00-00 / E 114-00-00," National Archives, College Park, NARA.

此輯照片可看出，至少日本陸軍航空隊在大戰期間的航空攝影技術已頗為先進，即使與英、美、德、等國空軍仍有一段距離。至於日本海軍，如從其航空隊在香港戰役前拍攝的照片看，其技術似乎不及陸軍以及各國水平。

圖 29　日本海軍航空隊於 1941 年 11 月拍攝的航空照片（九龍舊書店）

圖 30　日本海軍航空隊於 1941 年 11 月拍攝的航空照片（九龍舊書店）

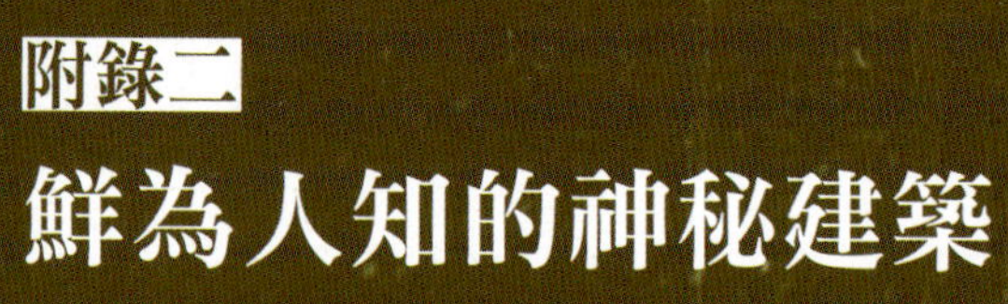

附錄二

鮮為人知的神秘建築

閱讀這些航拍照片時，我們經常發現一些從不認識的建築，部分更是規模宏大。我們有時能找到相關資料，但有時即使現有資料亦未能說明該建築為何。部分這些建築興建於 1930 年代中後期，其記錄因為戰爭而殘缺不全，但它們又於 1950 至 1970 年代被拆卸，其時社會對舊建築亦未有太大留戀，而且不少這些建築亦未算「舊」，因此這些建築最終只能在照片中留下身影，等待後人發掘其故事。

重慶市場

從戰時航空照片中，常可見到尖沙咀半島酒店附近有一大型的圓形建築物，其外圍有一 U 型結構。此地今日是重慶大廈，此圓形建築則是其前身重慶市場。據研究香港商業歷史與人物的 York Lo 指出，重慶市場建於 1941 年，其發展商為菲律賓華僑蔡天普。完工時，重慶市場是新穎的商場，但啟用不久香港即被捲入戰爭。淪陷期間，由於它以戰時陪都重慶為名，因此被改名為中興市場，蔡氏一家則繼續留港。戰後，市場重新命名為重慶市場，直至 1958 年被拆卸。清拆期間，曾有一枚 500 磅炸彈被掘出。[1]

1 "Jaime Chua Tiampo（蔡天普）–Developer of Chungking Mansions（重慶大廈）," The Industrial History of Hong Kong Group, Link: https://industrialhistoryhk.org/jaime-chua-tiampo-%E8%94%A1%E5%A4%A9%E6%99%AE-developer-of-chungking-mansions-%E9%87%8D%E6%85%B6%E5%A4%A7%E5%BB%88/; *South China Morning Post*, 21/10/1959, p. 6; 22/10/1959, p. 6.

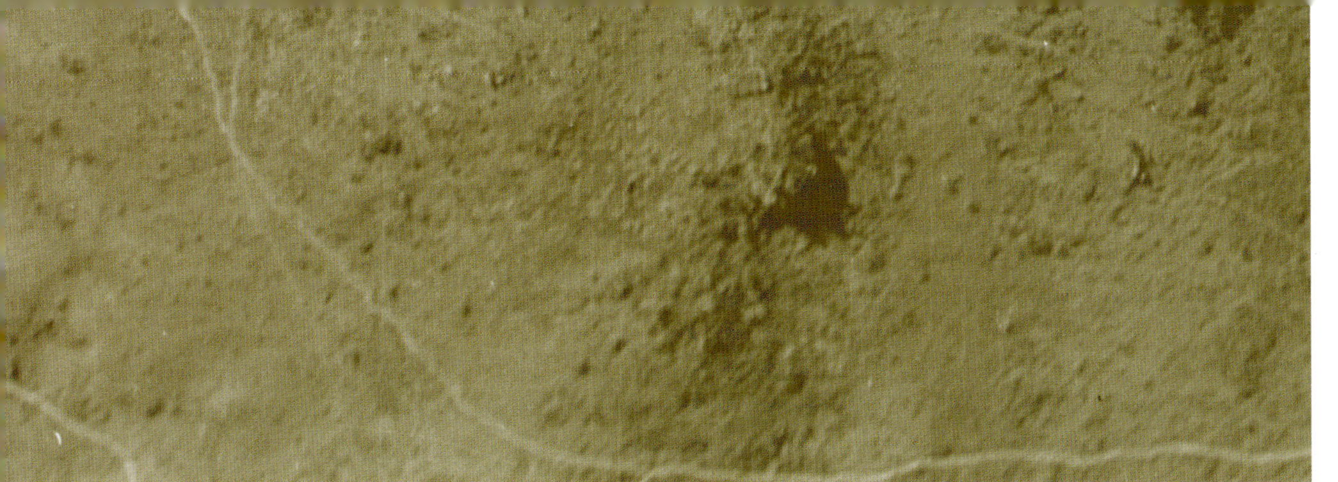

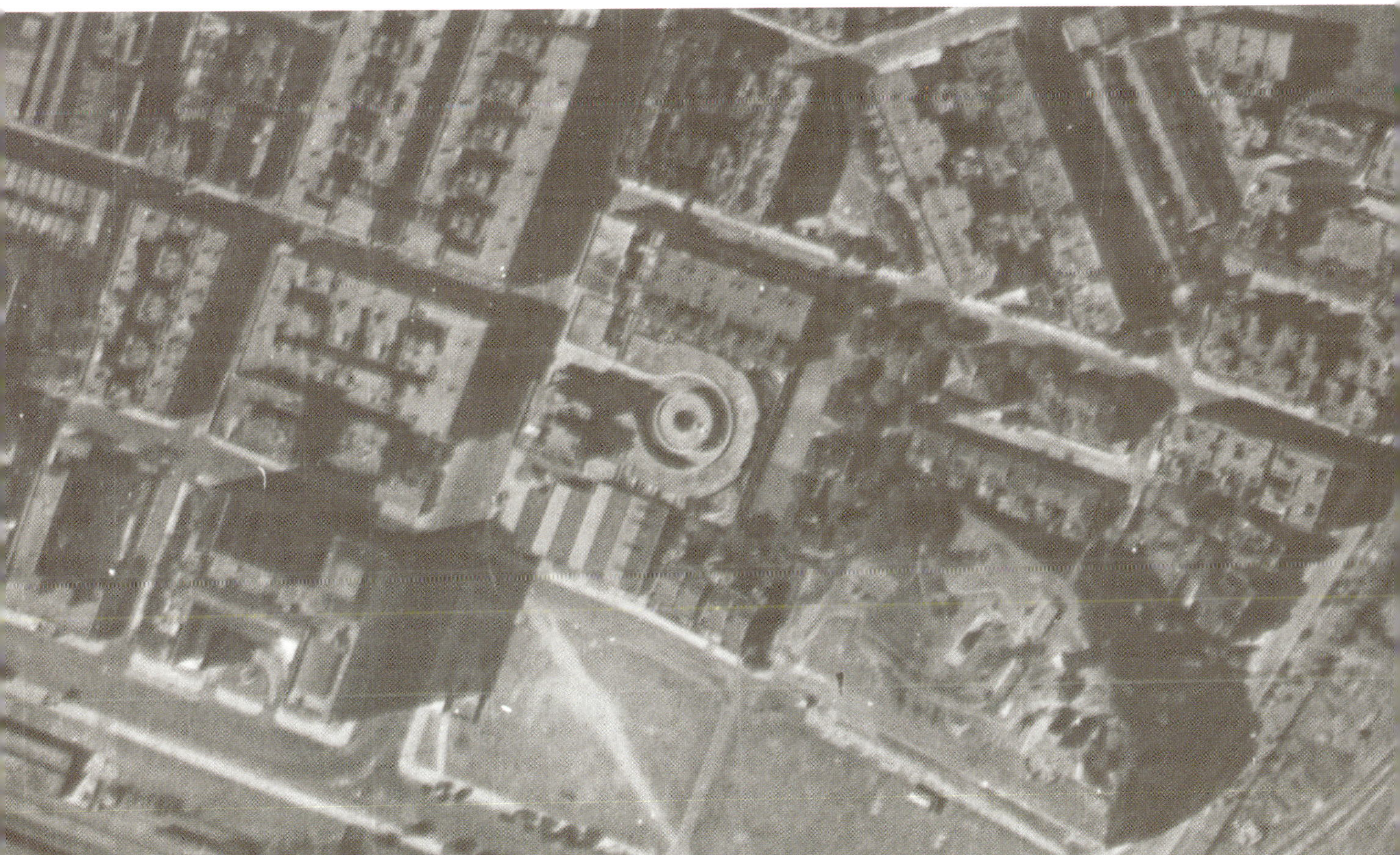

圖 31　1944 年 2 月的重慶市場（21PS-M11-18，NARA）

大坑東神秘大宅

從 1945 年 2 月的航拍照片中，可見大坑東的馬球場東北角有一大宅或校舍，其長闊約 30 米 ×15 米，前方正面有一修好的道路和迴旋處，以及一個大花園和一棟位於出入口處的小建築。從 1949 年航空照片中，可見建築物仍然存在，而且花園似乎打理得井井有條。1952 年的地圖中亦可見其蹤影，但 1957 年該區即已重建，變成一排新屋。最終，Victor Li 先生與我們分享了一張 1950 年代的中文九龍地圖，上面顯示此地為火葬場。1941 年 11 月，港府曾研究興建另一個火葬場，但工程尚未開始戰爭已經爆發。在日據時期，未有日人接管這個火葬場的記錄，但它在戰後似乎運作一段時間，直至余達之在 1950 年代發展又一村。

圖 32　1945 年 2 月的大坑東火葬場（21PR-5MB-5，NARA）

昂船洲日式建築

在日據時期，昂船洲與戰前一樣成為軍事地段，所以此地的資料頗為散亂。我們從航空照片中，可見島上有一座中式或日式建築，但由於 1924 年和 1934 年的航拍照片均未有包括昂船洲，因此我們不肯定這建座築物何時興建。至 1960 年代，此建築仍然存在。

圖 33　昂船洲的中式或日式建築（21PR-5MB-9-N22E114-186，NARA）

調景嶺麵粉廠遺址

在美軍的航空照片中，其中一張攝於 1945 年 2 月底的照片，可見到調景嶺連尼麵粉廠的遺址。由於它從海邊延伸出去，因此較容易辨認。從照片可見，遺址後方有一山徑直通今日被稱為茅湖石堡的建築。石堡與其他清朝建築的砲台相比式樣完全不同（清朝砲台沒有呈圓形者），而且窗門大小和佈置亦不似用作配備大砲之用。在 1924 年的地圖中，可見石堡的地段為 K.N.I.L 31。

圖 34　調景嶺麵粉廠和茅湖石堡遺址（21PR-5MB-9-N22E114-186，NARA）

半山現代大廈

1930 年代，半山部分建築已開始出現重建，其中有數棟 19 世紀興建的建築被拆卸成為現代住宅大樓。香港戰役期間，部分這些建築可能已經受損，部分則被日人用作宿舍居住，例如 1937 年完成的 Hillcrest，它在日據期間被總督部佔用為宿舍。戰後，不少這些建築很快被新建築取代，所以它們只存在於 1930 至 1970 年代之間。

圖 35　半山的 Hillcrest（21PR-5MB-5，NARA）

何文田 Cherry Hill Lodge

今日何文田何文田街與何文田山道的轉角處，在戰時航空照片中可見一棟大型建築物，其屋頂可見類似循道衛理香港堂（三角教堂）的中式頂建築，可以推斷此建築建於 1930 年代左右。戰後，這座建築被稱為 Cherry Hill Lodge，至 1970 年代初被拆卸，成為一個屋苑。

圖 36　1944 年 2 月的何文田 Cherry Hill Lodge（21PR-5MB-5，NARA）

禮頓山舍利塔與大坑朗園

香港戰役期間，禮頓山（大圈位置）被密集砲火攻擊，結果其上方的建築幾乎全毀，部分只剩下外牆。日據時期，佔領當局曾於 1943 年在這個重要戰場的山上，建立一個舍利塔以紀念陣亡者，但從航空照片則難以辨識位置。[2] 在日軍砲擊禮頓山及大坑（當時虎豹別墅附近有英軍砲兵陣地）時，位於樂景臺後方高地有一大型住宅，為 1930 年建成的朗園。由於它在禮頓山後方，所以從北面與東北面的砲彈亦可命中該地，因此該地居民應早已在戰役期間離開，但從航空照片可見，大宅似乎未有遭到太大破壞，其屋頂與外牆沒有明顯損壞痕跡，附近的房屋亦似乎未有倒塌。朗園在戰後成為培僑學校的校舍，當時有記錄提到該地已經荒廢。培僑學校使用該地至 1970 年代，直至重建為止。

2 《華僑日報》，1943 年 9 月 10 日，頁 4。

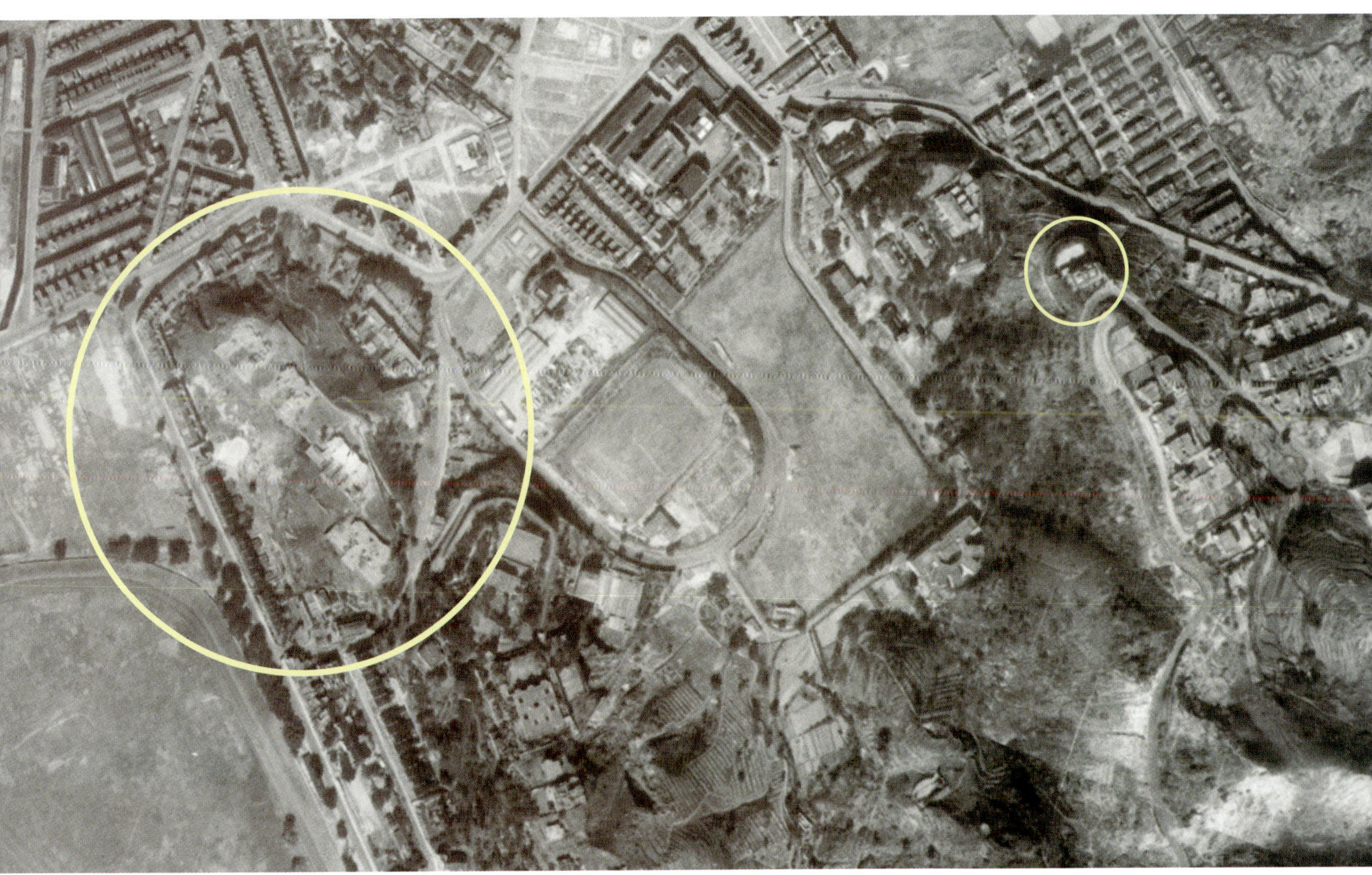

圖 37　禮頓山舍利塔與大坑朗園（21PR-5MB-5，NARA）

附錄三

雙方軍機比較

第各型飛機	推出年份	速度	引擎數	航程	載彈量
英軍					
角羚式魚雷機	1933	230km/h	1	2,010km	500kg
海象式水偵	1936	215km/h	1	965km	220kg
美國陸軍航空隊					
P-40E	1939	580km/h	1	1,100km	450kg
P-38（F-5）	1941	667km/h	2	2,100km	907kg
P-51D	1944	703km/h	1	2,755km	907kg
B-25	1941	438km/h	2	2,174km	1,360kg
B-24	1941	488km/h	4	6,000km	3,600kg
美國海軍					
PBY#	1936	314km/h	2	4,030km	1,814kg
F6F	1943	621km/h	1	2,460km	1,357kg
SB2C	1942	475km/h	1	1,876km	907kg
TBF/TBM	1941	442km/h	1	1,610km	907kg

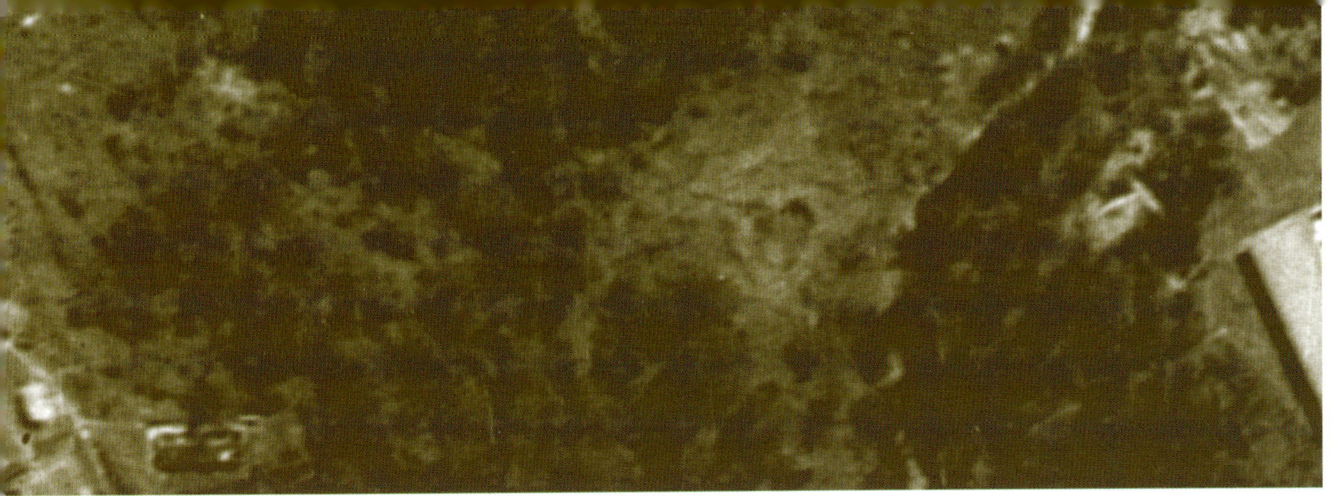

日本陸軍航空隊					
九七式重爆	1937	478km/h	2	2,700km	1,000kg
九八式輕爆	1938	423km/h	1	1,220km	450kg
九七式戰鬥機	1937	468km/h	1	600km	120kg
一式戰鬥機	1941	492km/h	1	1,000km	120kg
二式戰鬥機	1941	605km/h	1	1,600km	200kg
四式戰鬥機	1944	624km/h	1	2,500km	500kg
九八式直偵	1938	349km/h	1	1,000km	150kg
九七式司偵	1937	510km/h	1	2,400km	-
百式司偵	1940	630km/h	2	4,000km	-
日本海軍航空隊					
一式陸攻	1941	437km/h	2	2,500km	800kg
九六式陸攻	1936	348km/h	2	2,854km	800kg
九二式艦攻	1933	219km/h	1	985km	800kg
零式戰鬥機 *	1940	565km/h	1	2,560km	120kg
九四式水偵 #	1934	239km/h	1	2,200km	120kg
九六式輸送機	1936	420km/h	2	4,300km	-

* 五二型 # 水上飛機

參考資料

香港歷史檔案處（Hong Kong Public Records Office）

HKRS141-19-29-1 REGISTER OF ENEMY PROPERTIES - VOL. 1.

HKRS141-19-29-2 REGISTER OF ENEMY PROPERTIES - VOL.2.

HKRS41-1-1338 GEORGE WONG - SENTENCE OF DEATH PASSED ON... FOR HIGH TREASON.

香港歷史博物館（Hong Kong Museum of History）

《磯谷廉介資料（無標題）》，KL Leung 捐贈。

東華三院檔案及歷史文化辦公室（TWGHs Records and Heritage Office）

「卅三年十月十六日 甲申年八月卅日」。《廣華醫院總冊》，檔號：C159 19440925-19441210。

〈董事局第十七次會議錄（地點東華醫院）〉。1945 年 9 月 2 日。

香港社會發展回顧（Hong Kong Heritage Project）

EMR-1B-02 Waichow Intelligence summary 16-72, 1943–1944.

EMR-1B-04 Kweilin Intelligence summary 32-64, 66-72, 1944.

EMR-1C-02 Maps and diagrams.

英國國家檔案館（The National Archives）

WO 325/167 Trials and executions of British and Indian prisoners of war in Hong Kong by Japanese, from 1943.

WO 235/999 Defendant: Noma Kennosuke. Place of Trial: Hong Kong.

WO 235/1107 Defendant: Ito Takeo. Place of Trial: Hong Kong.

美國國家文書暨檔案總署（National Archives and Records Administration）

Aerial Flight Overlays for Degree/Square N22-00-00 / E 114-00-00.

RG 226, NM-54 8, Box 49, attached map.

伊利沙伯賴德私人藏品（Elizabeth Ride Collection）

“Lui Ka Yan.” Personnel Files.

澳洲戰爭紀念館（Australian War Memorial）

PR82/068 Colonel Lindsay Tasman Ride Papers.

AWM G7940.A4 H772.

澳洲國立圖書館（National Library of Australia）

Plan to Accompany Report by Sir David J. Owen on the Future Control and Development of the Port of Hong Kong, February 1941.

美國空軍歷史研究機構（Air Force Historical Research Agency）

“Mission No. 505 - Bombing of the Royal Naval Yards, Hong-Kong.” GP-0308-HI Jan-Aug 1945.

“21st Photo Recon Squadron History 1 June 1944 to 31 July 1944.” 9 August 1944. IAW EO12958.

"528th Squadron History." SQ-Bomb-528-HI, April 1945.

"Headquarters 22nd Bombardment Group (H) Unit History." GP-22-HI, April 1945.

"Headquarters 22nd Bombardment Group (H), June 1945." GP-22-HI (Bomb), June 1945.

"Headquarters 22nd Bombardment Group (H)." GP-22-HI (Bomb), April 1, 1945.

"History of the 319th Bombardment Squadron (H)." SQ-Bomb-319-HI, 1 April–30 April 1945.

"History of the 320th Bombardment Squadron, 1–30 April 1945." SQ-Bomb-320-HI, 1 April–30 April 1945.

"History of the 321st Bombardment Squadron, Mcguire Strip, Mindoro, Philippines, 1–30 April 1945." SQ-Bomb-321-HI, 1 April–30 April 1945.

"History of the 400th Bombardment Squadron, 1–30 April 1945." SQ-Bomb-400-HI, 1 April–30 April 1945.

"History of the 43rd Bombardment Group (H), 1–30 April 1945." GP-43-HI (Bomb), April 1945.

"History of the 43rd Bombardment Group (H), Period 1–30 June 1945." GP-43-HI, June 1945.

"History of the 529th Bombardment Squadron." SQ-Bomb-529-HI, April 1945.

"History of the 530th Bombardment Squadron." SQ-Bomb-530-HIT, April 1945.

"History of the 531st Bombardment Squadron." SQ-Bomb-531-HI, April 1945.

"History of the Sixty Fifth Bombardment Squadron, 1–30 June 1945." SQ-Bomb-65-HI.

"Flight C: Twenty First Photographic RCN Squadron." 9 April 1945. IAW EO12958.

"History of the 21st Photo RCN Squadron." 24 November 1945. IAW EO12958.

"Narrative Attached Sheet, Group Mission Report No. 278, Bombing of Kowloon Docks at Hong Kong." 16 October 1944.

"Short History of the 21st Photographic Reconnaissance Squadron and Its Operations in China." 26 September 1944, IAW EO12958.

"Short History of the 21st Photographic Reconnaissance Squadron and Its Operations in China." 26 September 1944. IAW EO12958,.

"Squadron History, during the Month of April." 26 June 1945. IAW EO12958.

"Squadron History: Month of November." 26 December 1944. IAW EO12958.

"Squadron History: Month of October." 26 December 1944. IAW EO12958.

"Squadron History: Month of September." 12 October 1944. IAW EO12958.

"Squadron History: Twenty First Photographic RCN Squadron." 19 July 1944, IAW EO12958.

靖國偕行文庫（Yasukuni Kyōkō Bunko）

第一砲兵隊彈丸效力調查委員會，《香港攻略ニ於ケル重砲彈丸效力調書》。1942 年 1 月。

日本アジア歴史資料センター（Japan Center for Asian Historical Records）

《海軍一般史料》。

《陸軍一般史料》。

《陸軍省大日記》。

《外務省茗荷谷研修所舊藏記録》。

報刊

《華僑報》，1944-1945。

《大眾報》，1944-1945。

《華僑日報》，1942-1947。

《香島日報》，1942-1945。

《工商日報》，1941、1946。

《信報》，2024。

Hongkong News, 1942-1945.

South China Morning Post, 1911-1959, 2021.

書籍

Banham, Tony. *We Shall Suffer There: Hong Kong's Defenders Imprisoned, 1942–45*. Hong Kong: Hong Kong University Press, 2009.

Banham, Tony. *Reduced to a Symbolical Scale: The Evacuation of British Women and Children from Hong Kong to Australia in 1940*. Hong Kong: Hong Kong University Press, 2017.

Brons, Franziska. "Faksimile: 'siehe oben.' " In *Bilder ohne Betrachter*, edited by Matthias Bruhn, 58–63. Berlin: Akademie Verlag, 2006.

Carter, Kit, and Robert Mueller, eds. *U.S. Army Air Forces in World War II Combat Chronology 1941–1945*. Washington: Center for Air Force History, 1991.

Charter, John, and Yvonne Charter. Anthony Crowley Charter, ed. *The First Shall Be Last: The War Journal of John Charter and the Memoirs of Yvonne Charter: Hong Kong 1940–1945 & Stanley Civilian Internment Camp*. Tolworth, Surrey: Grosvenor House, 2018.

Cracknell, Philip. *The Occupation of Hong Kong 1941–45*. Stroud: Amberley Publishing, 2022.

Cunich, Peter. *A History of the University of Hong Kong, Vol. 1, 1911–1945*. Hong Kong: Hong Kong University Press, 2012.

David St Maur Sheil, Kwong Chi Man, and Tony Banham, eds. *More than 1001 Days and Nights of Hong Kong Internment*. Hong Kong: Hong Kong University Press, 2022.

Geddes, Alistair, and Ian Gregory. *Toward Spatial Humanities: Historical GIS and Spatial History*. Bloomington, IN: Indiana University Press, 2014.

Glines, Carroll. *Chennault's Forgotten Warriors: The Saga of the 308th Bomb Group in China*. Atglen, PA: Schiffer, 1995.

Goddard, George, and Dewitt Copp. Overview: *A Life-Long Adventure in Aerial Photography*. Garden City, NY: Doubleday, 1969.

G. S. P. Heywood. G. C. Emerson, ed. *It Won't Be Long Now: The Diary of a Hong Kong Prisoner of War*. Hong Kong: Blacksmith Books, 2015.

Hoffman, Paul. *Wings of Madness: Alberto Santos-Dumont and the Invention of Flight*. London: William Collins, 2016.

John Whyatt. *Street Index of the City of Victoria &c., Hong Kong*. Hong Kong: Noronha and Co., 1938.

Kwong, Chi Man. *Hongkongers in the British Armed Forces, 1841–1997*. Oxford: Oxford University Press, 2022.

Livock, G. E. *To the Ends of the Air*. London: Her Majesty's Stationery Office, 1973.

Maurer, Maurer, ed. *Combat Squadrons of the Air Force - World War II*. Washington: Albert F. Simpson Historical Research Center and Office of Air Force History Headquarters USAF, 1982.

O'Sullivan, Patricia. *Policing Hong Kong: An Irish History*. Hong Kong: Blacksmith, 2017.

Hase, Patrick. *Villages and Market Towns in Hong Kong*. Hong Kong: Chinese University Press, 2024.

Penlington, Valrie Ann. *Winged Dragon: The History of the Royal Hong Kong Auxiliary Air Force*. Revised E-Book Version. Hong Kong: Tiger Bay Enterprises, 2021.

Selwyn-Clarke, Selwyn. *Footprints: The Memoirs of Sir Selwyn Selwyn-Clarke*. Hong Kong: Sino-American Publishing, 1975.

Siamak Khorram, Frank H. Koch, Cynthia F. Van der wiele, stacy A.C. Nelson, Remote Sensing. New York: Springer, 2012.

Stanley, Roy M. *World War II Photo Intelligence*. New York: Charles Scribner's Sons, 1981.

Steven Bailey, Bold Venture: the American Bombing of Japanese- Occupied Hong Kong, 1942–1945, Lincoln, NE: Potomac Books, 2019.

Anslow, Barbara. *Tin Hats and Rice: A Diary of Life as a Hong Kong Prisoner of War 1941–1945*. Hong Kong: Blacksmith Books, 2018.

Van de Ven, Hans. *China at War: Triumph and Tragedy in the Emergence of the New China*. Cambridge, MA: Harvard University Press, 2018.

《馬鞍山風物誌：礦業興衰》編研小組，《馬鞍山風物誌：礦業興衰》，香港：沙田區議會，2002。

一般財団法人日本地図センター，《1945 · 昭和 20 年米軍に撮影された日本：空中写真に遺された戦争と空襲の証言》，東京：日本地図センター，2015。

並河栄治郎，《南方鉱山とともに 50 年：ある鉱山業者の回想》，アグネ，1972。

佐佐淳行，《香港領事 佐佐淳行》，東京：文藝春秋，1997。

劉智鵬、劉蜀永，《港九大隊志》，香港：商務印書館，2022。

周佳榮、黃文江，《聖保羅堂百年史》，香港：中華書局 ，2013。

姬田光義，《重慶中国国民党在港秘密機関検挙状況》，東京：不二出版，1988。

山本喜代人，《華南商工人名錄》，廣州：國際情報社廣東支局，1943。

岡村恆四郎，《香港工作部》，岡村八重子，1977。

工藤洋三，《米軍の写真偵察と日本空襲 —— 写真偵察機が記録した日本本土と空襲被害》，周南市：工藤洋三，2011。

李樹芬，《香港外科醫生》，香港：李樹芬醫學基金，1965。

東洋經濟新報社編、香港占領地總督部報道部監修，《軍政下の香港：新生した大東亞の中核》，香港：香港東洋經濟社，1994。

林寬司，《日本艦船戦時日誌：大東亜戦争：洋上戦没者の行方を語る海軍艦艇・雑役船 1,262 隻と陸軍船及び 20 総屯以上民間船 6,051 隻の行動と戦闘記録 下巻：昭和 19 年 4 月 – 昭和 20 年 9 月》，林寬司，2012。

梁植穎，《英皇書院師生 133 載愛國愛港情》，香港：明報出版社有限公司，2013。

港九獨立大隊史編寫組，《港九獨立大隊史》，廣州：廣東人民出版社，1989。

潘廣檁，《家事雜記（第二卷）》，未刊稿，頁 51。

潘惠蓮，《尋找美人魚楊秀瓊：香港一代女泳將抗日秘辛》。香港：潘惠蓮，2019。

甘志遠著、蒲豊彥編，《南海の軍閥 甘志遠 — 日中戰争下の香港 · マカオ》，東京：凱風社，2000。

科大衛，〈日治時期的西貢〉，收入趙雨樂、程美寶編，《香港史研究論著選輯》，香港：香港公開大學出版社，1999。

莫世祥，《香港抗戰親歷記》，香港：中華書局，2023。

謝榮滾編，《陳君葆日記：卷二 1941–1949》，香港：商務印書館，2004。

鄺可怡，《跨越歐亞：香港報刊抗戰文藝資料翻譯與選輯（1937-1945）》，香港：中華書局，2024。

鄺智文，〈在華的英美情報機構競合〉，收入吳淑鳳、李道緝編著，《東南亞戰場的情報與敵後工作》，台北：政大出版社，2022，頁 127–58。

鄺智文，〈從東華董事局工作初探日本佔領當局與華人精英互動（1942-1945）〉，《香港大學中文學報》。即將出版。

鄺智文、蔡耀倫，《孤獨前哨：再論 1941 年香港戰役》，香港：三聯書店，2024。

鄺智文，《重光之路：日據香港與太平洋戰爭》，香港：天地圖書有限公司，2015。

防衛庁衛研修所戰史室，《香港 · 長沙作戦》，東京：朝雲新聞社，1971。

陳君葆著，謝榮滾主編，《陳君葆日記全集》，香港：商務印書館，2004。

陳智衡，《太陽旗下的十架：香港日治時期基督教會史》，香港：建道神學院，2009。

張慧真、孔強生編，《從十一萬到三千：淪陷時期香港教育口述歷史》，香港：牛津，2005。

陸上自衛隊衛生學校編，《大東亞戰争陸軍衛生史》，東京：陸上自衛隊衛生學校，1971 年，頁 132-134。

香港佔領地總督部公佈，《香督令特輯》，香港：亞洲商報，1943。

香港海軍会，《香港海軍の年譜》，東京：香港海軍会，1989。

香港電話局，《日本人關係電話番號》。

楊秀玲、梁進希編，《善心相連：145 年的保良故事》，香港：保良局，2023。

鮫島盛隆著、龔書森譯，《香港回想記：日軍佔領下的香港教會》，香港：基督教文藝出版社，1971。

黃同弘，《反轉戰爭之眼：從美軍舊航照解讀台灣地景脈絡》，新北：暖暖書屋，2019。

期刊論文

Campbell, James B. "Origins of Aerial Photographic Interpretation, U.S. Army, 1916–1918." *Photogrammetric Engineering & Remote Sensing* 74, no. 1 (January 2008): 77–93.

Davies, Stephen N.G., Y.K. Tan, and Lawrence W.C. Lai. "Japanese Occupation Period Military Structures near Hong Kong's Northeastern Border: 64-147 An Initial Survey." *Surveying and Built Environment* 31, no. 2 (December 2022): 64–147.

England, Vaudine. "Zindel's Rosary Hill—Hong Kong's Forgotten War." *Journal of the Royal Asiatic Society Hong Kong Branch* 57 (2017): 36–66.

James, Riding, and Joyce Lucas-Clark. "The Life and Scientific Work of William R. Evitt (1923–2009)." *Palynology* 40, no. S1 (2016): 2–15.

Kwong, Chi Man. "Reappraising the Battle of Hong Kong: Preliminary Observations from a Spatial

History Project." *Canadian Military History* 30, no. 2 (2021): 1–47.

Kwong, Chi Man. "The Failure of Japanese Land-Sea Cooperation during the Second World War: Hong Kong and the South China Coast as an Example, 1942–1945." *The Journal of Military History* 79, no. 1 (January 2015): 69–91.

Kwong, Chi Man, Wallace W. L. Lai, and Michael B. C. Rivera. "Showcasing, Contextualizing, and Explaining the Diversity of Human Experiences in Combat Using GIS: The Battle of Hong Kong in 1941 as an Example." *International Journal of Military History and Historiography* (2024). Online published version: https://doi.org/10.1163/24683302-bja10067.

Tan, Y.K. "World War II Japanese Pillboxes along Castle Peak Road at Kar Wo Lei & Brothers Point (Tai Lam Kok)." *Surveying and Built Environment* 32, no. 2 (2023): 35–47.

〈民國空軍偵察機部隊簡史〉，《航空知識》，第 7 期，（2019）。

唐飛，〈「乾坤一鏡」－空軍照相偵察機部隊史（一）〉，《空軍學術雙月刊》，第 651 期，（2016 年），頁 121–150。

唐飛，〈「乾坤一鏡」－空軍照相偵察機部隊史（二）〉，《空軍學術雙月刊》，第 652 期，（2016 年），頁 135–158。

陳柏棕，〈獻身戰地的青春：從軍看護助手林言的戰爭經驗〉，收入《國史研究通訊》，第 12 期，（2017），頁 14–20。

孫揚，〈抗戰時期中共國際統一戰線在香港的實踐〉，《歷史研究》，2024 年第 2 期，頁 124-145。

網頁

"Alhambra Theatre." *Hong Kong Memory Project Website*: https://www.hkmemory.hk/MHK/collections/Theatre/All_Items/images/202006/t20200623_94509.html?cf=search

"Astor Theatre." *Hong Kong Memory Project Website*: https://www.hkmemory.hk/MHK/collections/Theatre/All_Items/images/202006/t20200623_94506.html。

"Hospital Gardens & Recreation Ground / King George V Park [c.1880–]." *Gwulo.com*: https://gwulo.com/node/38217#17~22.28571~114.14452~Map_by_GovHK-Markers~100.

"Ngauchiwan / Fukui Shipyard during the Japanese Occupation, 1942-1945." *Industrial History of Hong Kong Group*: https://industrialhistoryhk.org/ngauchiwan-fukui-shipyard-japanese-occupation-1942-1945/.

"About the RAF Aerial Photographs, 1943–1947." Wageningen University & Research (WUR) Library: https://www.wur.nl/en/article/about-the-raf-aerial-photographs-1943-1947.htm.

"Aerial Camera Types K-17, K-18, K-19B, and K-22." 20th Combat Mapping Squadron Website: https://web.archive.org/web/20121012190620/http://mysite.verizon.net/yenrav/20cms/cameras.htm.

"Aerospace History: Hong Kong." Air Cadets Hong Kong Website: https://www.aircadets.org.hk/web/form/ah_hk.html.

"Caltex-Texaco-Chevron in Hong Kong." *The Industrial History of Hong Kong Group*: https://industrialhistoryhk.org/caltex-texaco-chevron-in-hong-kong/.

"Castle Peak Mine – Mining Lot No 12." *The Industrial History of Hong Kong Group*: https://industrialhistoryhk.org/castle-peak-mine-mining-lot-no-12/.

"Historic Building Appraisal Nos. 5 and 7 Broom Road, Wan Chai, Hong Kong." Leisure and Cultural Services Department Website: http://www.lcsd.gov.hk/ce/Museum/Monument/form/brief_information_grade3.pdf.

Historic Map Hong Kong Website: https://www.hkmaps.hk/.

"Jaime Chua Tiampo (蔡天普)–Developer of Chungking Mansions (重慶大廈)." *The Industrial History of Hong Kong Group*: https://industrialhistoryhk.org/jaime-chua-tiampo-%E8%94%A1%E5%A4%A9%E6%99%AE-developer-of-chungking-mansions-%E9%87%8D%E6%85%B6%E5%A4%A7%E5%BB%88/.

"Ma On Shan Mine – Part One, The Open Cut Years." *The Industrial History of Hong Kong Group*: https://industrialhistoryhk.org/ma-on-shan-mine-part-1-the-open-cut-years/.

"Old Aerial Photography of Thailand." *Travel and History*: https://travel-and-history.com/old-aerial-photography-of-thailand/.

"Significant Aviator & Aviation Event Profiles: Aerial Photography Part 3 - Developments during World War II." South Australian Aviation Museum: https://www.saam.org.au/history_group_docs/SAAM%20History%20-%20Aerial%20Photography%20Pt3%20WWII.pdf.

"STATEMENT OF MRS. LUBA ESTES (NEE LUBAALEXANDRA SKVORZOV) December 8, 1941." *Hong Kong's War Crimes Trials Collection*: https://hkwctc.lib.hku.hk/archive/files/luba-estes-statement_674d0cfb3d.pdf.

"Strategic Bombing." *Britannica.com*: https://www.britannica.com/topic/strategic-bombing.

"The Ho Family of Tsuen Wan and Caltex in the New Territories and Southern China." *The Industrial History of Hong Kong Group*: https://industrialhistoryhk.org/the-ho-family-of-tsuen-wan-and-caltex-in-new-territories-and-southern-china/.

“The Hume Pipe (Far East) Ltd – Jock Inglis.” *The Industrial History of Hong Kong Group*: https://industrialhistoryhk.org/hume-pipe-far-east/.

“The South China Iron Works during World War Two.” *The Industrial History of Hong Kong Group*: https://industrialhistoryhk.org/south-china-iron-works-world-war/.

〈天主教香港教區歷史建築探索〉。天主教香港教區網頁：https://heritage.catholic.org.hk/tc/home/index.html。

《2014 香港灣仔奇力島皇家遊艇會部分建築擴建工程考古調查報告》。古物古蹟辦事處網頁：https://www.amo.gov.hk/filemanager/amo/common/form/2014_Archaeological_investigation_report_RHKYC_FINAL.pdf。

《神召會禮拜堂 90 周年特刊》。神召會禮拜堂網頁：https://www.faog.org.hk/faog90th/。

「九龍尖沙咀彌敦道 190 號文物價值評估報告」。古物諮詢委員會：https://www.aab.gov.hk/filemanager/aab/sc/content_4/202303_historic_7_new_items_c.pdf。

日本製鉄株式會社。《日本製鉄株式会社史：1934-1950》。1959。渋沢社史データベース網頁：https://shashi.shibusawa.or.jp/details_nenpyo.php?sid=4940&query=&class=&d=all&page=34

日立造船株式會社。《日立造船株式会社七十五年史》。1956。渋沢社史データベース網頁：https://shashi.shibusawa.or.jp/details_nenpyo.php?sid=6380&query=&class=&d=all&page=27。

曾發。〈深切懷念葉文秋同志〉。烽火網頁：http://www.wphoto.net/qianbei/article/ts/show/articleid/9793/。

「屯門（乾山）青山鎢礦場 -- 初探記」。尋礦 · 香港礦石及礦場網頁：https://c18h27no3bms.blogspot.com/2018/09/blog-post.html。

「彌敦道 190 號文物價值評估報告」。活現香港：https://walkin.hk/wp-content/uploads/2022/06/190_Nathan_Assessment_Final_v2_20220604.pdf。

「心光歷史」。心光盲人院暨學校網頁：https://www.ebenezer.org.hk/tc/1912-1953。

「曉天丸の船歷」。大日本帝國海軍特設艦船網頁。網址：http://www.tokusetsukansen.jpn.org/J/A206/A206_113.htm。

「曉空丸の船歷」。大日本帝國海軍特設艦船網頁。網址：http://www.tokusetsukansen.jpn.org/J/A206/A206_108.htm。

「朱石年」。鄺智文 (2024)。日據香港空間史研究計劃，1941-1945。檢索於 2025 年 2 月 1 日，取自香港浸會大學圖書館《史庫》：https://digital.lib.hkbu.edu.hk/japanese_occupation_of_

hongkong/faceofwar_item/FW0036。
「杜煥．一代瞽師的故事」。香港記憶網頁。網址：http://hkmemory.org/douwun/。
「歷史背景」。香港華人基督教聯會廣蔭頤養院網頁。網址：https://hkcccu.kych.org.hk/zh-hant/about/history/。
「白理桃」。日據香港空間史研究計劃網頁：https://digital.lib.hkbu.edu.hk/japanese_occupation_of_hongkong/faceofwar_item/FW0056/。
「蕭紅在香港：抗日戰爭與香港淪陷，1940-1942」。網頁：https://storymaps.arcgis.com/stories/1f3c33ae873a408c853240870fb091c9。
「霍克」。日據香港空間史研究計劃：https://digital.lib.hkbu.edu.hk/japanese_occupation_of_hongkong/faceofwar_item/FW0079/。
Schultz, Colin. "This Picture of Boston, Circa 1860, Is the World's Oldest Surviving Aerial Photo: A Sight from 2,000 Feet, a View of 1860s Boston." Smithsonian Magazine, March 4, 2013. https://www.smithsonianmag.com/smart-news/this-picture-of-boston-circa-1860-is-the-worlds-oldest-surviving-aerial-photo-14756301/.
Historic England. "The Shadbolt Collection": https://historicengland.org.uk/images-books/archive/collections/photographs/shadbolt-collection/.

其他

「劉文成先生訪問紀錄 第十二段」，2023 年 5 月 30 日。
「陳乃坤先生訪問紀錄」，2024 年 6 月 8 日。